中央财政支持高等职业学校提升专业服务能力项目成果教材

市场调查与分析

王绍飞　主编

中国农业大学出版社
·北京·

内容简介

本书针对高职高专院校市场营销等经管类专业编写。本书共8个工作任务，包括市场调查与分析概述、市场调查计划的编制、调查问卷的设计、抽样方案的设计、数据资料的收集、数据处理、数据分析与市场预测、市场调查与分析报告的撰写。每个任务附有知识目标、能力目标、引导性案例、案例资料和思考题。

本书除作为高职高专院校经管类专业的教材外，也适合企业市场调查人员的培训之用。

图书在版编目(CIP)数据

市场调查与分析/王绍飞主编. —北京：中国农业大学出版社，2013.8
ISBN 978-7-5655-0798-4

Ⅰ.①市…　Ⅱ.①王…　Ⅲ.①市场调查-教材 ②市场分析-教材　Ⅳ.①F713.52

中国版本图书馆CIP数据核字(2013)第187731号

书　名　市场调查与分析
作　者　王绍飞　主编

策划编辑　姚慧敏　伍　斌　　**责任编辑**　冯雪梅
封面设计　郑　川　　**责任校对**　王晓凤　陈　莹
出版发行　中国农业大学出版社
社　址　北京市海淀区圆明园西路2号　　**邮政编码**　100193
电　话　发行部 010-62818525，8625　　读者服务部 010-62732336
编辑部 010-62732617，2618　　出　版　部 010-62733440
网　址　http://www.cau.edu.cn/caup　　**e-mail** cbsszs @ cau.edu.cn
经　销　新华书店
印　刷　北京时代华都印刷有限公司
版　次　2013年9月第1版　2013年9月第1次印刷
规　格　787×1 092　16开本　15.5印张　382千字
定　价　30.00元

编写人员

主　编　王绍飞（北京农业职业学院）

副主编　李伟伟（北京农业职业学院）

王丽珍（北京农业职业学院）

刘保莲（北京农业职业学院）

连　有（北京京北职业学院）

王　方（北京京北职业学院）

前　言

企业生存与发展的基础是满足市场需要，认识市场、把握市场是企业的重要任务。市场调查与分析的任务是获取市场信息、研究市场特性，以此指导产品开发、投资、生产和营销，保证企业经营决策的正确性。市场调查与分析在企业经营活动中的重要作用，使人们对这项工作格外重视。市场调查与分析也是市场营销等经管类专业普遍开设的课程，是很多相关专业的核心骨干课程。

本书编写的依据是高等职业教育要求和企业市场调研工作规范。根据教育部《关于全面提高高等职业教育教学质量的若干意见》(教育部[2006] 16 号)文件，高等职业教育要以企业岗位需要为目标，通过工学结合、任务驱动等教学模式，加强学生的职业技能训练，提高学生的综合职业素质。本书把市场调查与分析视作一项企业经营管理中的常规工作，以相关基础知识、基础技能为核心，重点使学生理解相关工作的原理和方法，并通过操作训练使学生掌握相关工作的技能、技巧。市场调查与分析具有很强的规范性，一般企业和专业市场调研机构在市场调查与分析实践中总结了大量经验和工作技巧，形成了相当完整的工作流程和工作标准。本书将体现这些工作规范，使学生的所学和所用保持一致。

本书的编写思路是以市场调查与分析的工作流程为主线，将关键的工作环节作为任务。全书共分 8 个工作任务，分别是市场调查与分析概述、市场调查计划的编制、调查问卷的设计、抽样方案的设计、数据资料的收集、数据处理、数据分析与市场预测、市场调查与分析报告的撰写等。在任务下分有子任务，用以介绍该工作主要的相关内容。子任务的具体内容突出原理、方法、工作内容和工作标准。在每个任务中选编了案例资料，以使学生在学习时有所参照。

本书由王绍飞担任主编，李伟伟、王丽珍、刘保莲、连有、王方为副主编。具体分工如下：任务一、任务五由李伟伟(北京农业职业学院)编写，任务二、任务三由王丽珍(北京农业职业学院)编写，任务四由王方(北京京北职业学院)编写，任务六由刘保莲、王绍飞(北京农业职业学院)编写，任务七由王绍飞(北京农业职业学院)编写，任务八由连有(北京京北职业学院)编写。

由于编者知识和经验水平有限，书中难免有疏漏和不当之处，敬请使用本教材的老师、同学和其他读者批评指正。

编　者

2013 年 6 月

目　录

任务一　市场调查与分析概述

◈ 知识目标

1. 了解市场调查与分析的概念、特点和作用；
2. 掌握市场调查与分析的过程；
3. 掌握市场调查与分析的内容；
4. 了解市场调查的机构和人员。

◈ 能力目标

1. 能够说明市场调查与分析中的关键工作任务；
2. 能够说明市场调查与分析的主要内容和调查方式。

◈ 引导性案例

可口可乐的一次市场调研

20世纪70年代中期以前，可口可乐一直是美国饮料市场的霸主，市场占有率一度达到80%。然而，70年代中后期，它的老对手百事可乐迅速崛起，1975年，可口可乐的市场份额仅比百事可乐多7%；9年后，这个差距更缩小到3%，微乎其微。百事可乐的营销策略是：第一，针对饮料市场的最大消费群体——年轻人，以“百事新一代”为主题推出一系列青春、时尚、激情的广告，让百事可乐成为“年轻人的可乐”；第二，进行口味对比。请毫不知情的消费者分别品尝没有贴任何标志的可口可乐与百事可乐，同时百事可乐公司将这一对比实况进行现场直播。结果是，有八成的消费者回答百事可乐的口感优于可口可乐，此举马上使百事的销量激增，百事以口味取胜。

对手的步步紧逼让可口可乐感到了极大的威胁，它试图尽快摆脱这种尴尬的境地。1982年，为找出可口可乐衰退的真正原因，可口可乐决定在全国10个主要城市进行一次深入的消费者调查。可口可乐设计了“你认为可口可乐的口味如何?”“你想试一试新饮料吗?”“可口可乐的口味变得更柔和一些，您是否满意?”等问题，希望了解消费者对可口可乐口味的评价并征询对新可乐口味的意见。调查结果显示，大多数消费者愿意尝试新口味可乐。

可口可乐的决策层以此为依据，决定结束可口可乐传统配方的历史使命，同时开发新口味可乐。没过多久，比老可乐口感更柔和、口味更甜的新可口可乐样品便出现在世人面前。为确保万无一失，在新可口可乐正式推向市场之前，可口可乐公司又花费数百万美元在13个城市中进行了口味测试，邀请了近20万人品尝无标签的新/老可口可乐。结果让决策者们更加放心，六成的消费者回答说新可口可乐味道比老可口可乐要好，认为新可口可乐味道胜过百事可乐的也超过半数。至此，推出新可乐似乎是顺理成章的事了。

可口可乐不惜血本协助瓶装商改造了生产线，而且，为配合新可乐上市，可口可乐还进行了大量的广告宣传。1985 年 4 月，可口可乐在纽约举办了一次盛大的新闻发布会，邀请 200 多家新闻媒体参加，依靠传媒的巨大影响力，新可乐一举成名。看起来一切顺利，刚上市一段时间，有一半以上的美国人品尝了新可乐。但让可口可乐的决策者们始料未及的是，噩梦正向他们逼近。很快，越来越多的老可口可乐的忠实消费者开始抵制新可乐。对于这些消费者来说，传统配方的可口可乐意味着一种传统的美国精神，放弃传统配方就等于背叛美国精神，"只有老可口可乐才是真正的可乐"。有的顾客甚至扬言将再也不买可口可乐。

每天，可口可乐公司都会收到来自愤怒的消费者的成袋信件和上千个批评电话。尽管可口可乐竭尽全力平息消费者的不满，但他们的愤怒情绪犹如火山爆发般难以控制。迫于巨大的压力，决策者们不得不作出让步，在保留新可乐生产线的同时，再次启用近 100 年历史的传统配方，生产让美国人视为骄傲的"老可口可乐"。

案例来源：糖酒快讯网《市场调研失败案例分析》。

通过上述案例，请思考：可口可乐的调研活动为何是失败的呢？

子任务一　市场调查与分析的特点和作用

一、市场调查与分析的概念

市场调查与分析是一个含义广泛的概念，它与市场调查、市场调研、市场调查与预测等概念近似。有时，在不是非常严格的定义下，这几个概念所涵盖的工作领域是一致的。

关于市场调查，欧洲的国际商会及欧洲民意和市场研究协会曾给出了如下定义："市场调查是市场信息领域中的一个关键元素。它把消费者、顾客、公众与商家通过信息的形式联系在一起。这些信息用于判断市场营销中的机会和问题；制定、改进和评估营销活动；加深对营销过程的理解，对达成更有效的营销活动的途径的理解。市场调查包括将相应问题所需要的信息具体化；设计收集信息的方法，管理并实施数据收集过程；分析研究结果；得出结论并确定其含义。"

对于市场调研，美国市场营销协会也给出了一个类似的定义："市场调研是一种通过信息将消费者、顾客和公众与营销者连接起来的职能。这些信息用于识别、确定营销机会和问题，产生、改进和评估营销活动，监督营销绩效，改进人们对营销过程的理解。市场调研规定了解决这些问题所需的信息，设计收集信息的方法，管理并实施信息收集过程，分析结果，最后要沟通所得的信息并理解其意义。"

在我国，市场调查与分析的服务对象不仅限于市场营销，而更多地被作为企业经营的一项常规工作。市场调查与分析在内涵上更加突出数据分析和研究，是对市场调查或市场调研更具体的理解。

市场调查与分析是运用科学的方法，有目的、有计划地收集、整理、分析有关供求、资源的各种情报、信息和资料。它把握供求现状和发展趋势，为制定营销策略和企业决策提供正确依据的信息管理活动。市场调查与分析是市场调查与市场研究的统称，它是个人或组织根据特定的决策问题而系统地设计、搜集、记录、整理、分析及研究市场各类信息资料、报告调研结果的工作过程。市场调查与分析是市场预测和经营决策过程中必不可少的组成部分。

市场调查与分析包含不同的分类方向，在方法属性分类中，包括定量研究、定性研究，在研究领域中，可分为渠道研究或零售研究、媒介和广告研究、产品研究、价格研究等；在行业属性中，可分为商业和工业研究；以及针对少数民族和特殊群体的研究、民意调查以及桌面(案面)研究等相对独立的研究。近年来，伴随着互联网的发展和新技术的应用，市场调查与分析往往借助专业在线调查收集信息，处理数据。

二、市场调查与分析的特点

一般来说，市场调查与分析工作有如下三个明显的特点。

1.目的性

市场调查与分析是一项由企业或受企业委托的市场调查与分析代理公司有组织、有计划和有步骤进行的有关企业商业情报的工作，其目的性非常明确。每次进行市场调查与分析，一开始总要预定调查的范围和通过调查应该达到的目标。没有明确调查范围和目标的市场调查与分析是非常盲目的商业行动，除了给企业造成不必要的人力与物力浪费之外，对企业的营销活动是没有任何意义的，自然也就算不上真正的“市场调查与分析”。总的来说，市场调查与分析的目的性体现在以下几个方面：

(1)为本企业开发生产新产品提供有力的市场需求信息服务。

(2)为本企业产品成功推销服务。

(3)为本企业不断改进生产技术或提高业务和管理工作的水平服务。

(4)为本企业的发展和在产品营销活动中牟取最大经济效益服务。

2.实践性

市场调查与分析不是纸上谈兵，更不是闭门苦想就能获取有关市场信息的，它离不开实践，具有鲜明的实践性，主要表现为：

(1)参加调查的工作人员必须深入实践才能收集到具体而全面的调查资料。

(2)参加调查的工作人员不仅仅要承担收集资料的责任，更重要的是还须综合分析所收集到的各种资料，从中得出富有行动意义的结论以便为企业管理部门提供决策依据。所有这一系列的市场调查与分析工作的目的都是为了指导企业实践，以便更好地组织产品营销工作。在整个市场调查与分析工作中，调查人员经常要考虑企业实际工作中可能发生的问题，思想更是时刻不能脱离实践。

(3)企业管理部门或有关人员根据调查工作人员所提供的情况进行决策，所有的一切决定无不与企业的营销活动有直接的关系。

(4)企业管理部门或有关负责人根据市场调查与分析资料作出的决策是否得当，还须经受实践的检验，再通过各种反馈信息，不断修正企业决策。

可见，市场调查与分析活动自始至终都离不开实践。

3.与企业产品的营销业务直接有关

市场调查与分析一般均以某种产品的营销活动为中心开展具体工作，整个活动都与产品的营销业务有直接的关系，这一特点也是市场调查与分析有别于其他的一些社会调查活动的一个特点。例如，我国每十年举行一次的人口普查，以及政府为制定某项政策而举行的人口抽样调查，尽管这些调查所提供的资料也可能对于某一家或几家企业的市场调查与分析或产品的营销业务十分有用,但它们毕竟不是专门针对这些企业的营销活动设计的,所以不能称为市场调查。同样的一项人口抽样调查活动,如果是某家企业针对其营销业务开展的,则可称之为市场调查。有时候一项调查活动虽说由政府出面组织,但它的调查结果却是为整个社会的经营活动服务,这样的调查也可以称作市场调查。可见,一项调查活动是否属于市场调查范畴,不仅要看它是否有较强的目的性和实践性,而且还应看它是否与企业的营销活动有直接的关系。

三、市场调查与分析的作用

市场调查与分析对企业的市场营销管理的重要性主要表现在:①市场调查与分析是市场营销运营的出发点。产品策略、价格策略、促销策略、流通策略构成了市场营销活动的四大支柱。而市场调查与分析是先导,产品策略、价格策略、促销策略、流通策略必须以市场调查与分析为出发点。这一方面说明了市场调查与分析的重要性,同时也说明只有市场调查与分析能为产品策略、价格策略、促销策略、流通策略提供决策的依据。②市场调查与分析有助于企业营销管理目标的实现。市场营销管理的主要任务,就是要发现消费者的需求,捕捉市场机会,并制定与之相适应的营销策略和计划来满足消费者的需求。换句话说,就是发现营销问题和解决营销问题。而其成功与否,在很大程度上有赖于市场调查与分析活动的开展。同时,来自以下的因素的影响,将使市场调查与分析的重要性更加突出。

首先,来自市场:一方面市场将愈加成熟,增长的空间狭小。在很多行业、很多产品种类中,市场占有率的竞争越来越激烈,这在某种程度上将改变市场调查与分析的方式与目的;另一方面,市场的迅速变化发展,将使企业进行更加快速的市场调查与分析,市场调查与分析计划也须更加完善。

其次,来自产品:新产品更新换代的速度越来越快,在带来利润之前,新产品在上市后的三年内失败的可能性越来越大。因此,企业离开市场调查与分析,就很难得以生存,尤其是在正在成熟的市场中。此外还表现在新产品失败的代价将会更高。这就迫使管理人员将通过调研来帮助减少日益增加的广告成本、开发成本、管理成本等。

第三,消费行为的多变性,消费者变得更加精明和富有经验。然而,在提到了市场调查与分析重要性的同时,也应该认识到市场调查与分析局限性的存在,例如,并非所有信息都可以通过市场调查与分析获得,市场调查与分析不是万能的;企业仅仅根据市场调查与分析进行决策和生产时,有时难免要迟到一步,可能会有一些不适应;市场调查与分析获得的信息并不一定都是真实的,其结果也并不一定公正;此外,在大多数市场调查与分析中,由于受到抽样方法及人为原因等一些主观、客观因素的影响,都会存在一定程度的误差。

因此,企业在开展市场调查与分析时,应该对市场调查与分析有一个比较清楚的认识:随着企业竞争的加剧、消费者行为的多变,使得市场调查与分析的重要性更加突出;同时,企业竞争的加剧、消费者行为的多变,也使得人们对信息的需求不断膨胀,而仅仅通过市场调查与分析活动有可能使企业随波逐流,提供与其他企业相同的产品和服务。这就要求通过创造性的市场调查与分析,满足多元化的信息需求,使企业准确地、及时地把握信息并制定相应的营销策略。

以下,我们以普瑞辛格调研公司的经验为例,说明市场调查与分析的质量对市场营销的重要作用。

3个小细节1千万大风险

普瑞辛格调研公司给《中国财富》出示了两组数据，来说明调研的严谨性。同样的调研问卷，完全相同结构的抽样，两组数据结论却差异巨大。邵志刚介绍说，国内一家知名的电视机生产企业，2004年初设立了20多人的市场研究部门，就是因为下面的这次调查，部门被注销、人员被全部裁减。

问题：列举您会选择的电视机品牌？

其中一组的结论是：有15%的消费者选择本企业的电视机；另一组得出的结论却是：36%的消费者表示本企业的产品将成为其购买的首选。巨大的差异让公司高层非常恼火，为什么完全相同的调研抽样，会有如此矛盾的结果呢？公司决定聘请专业的调研公司来进行调研诊断，找出问题的真相。

普瑞辛格的执行小组受聘和参与调查执行的访问员进行交流，并很快提交了简短的诊断结论：第二组在进行调查执行过程中存在误导行为。调研期间，第二组的成员佩戴了公司统一发放的领带，而在领带上有本公司的标志，其尺寸足以让被访问者猜测出调研的主办方；其次，第二组在调查过程中，把选项的记录板(无提示问题)向被访问者出示，而本企业的名字处在候选题板的第一位。以上两个细节，向被访问者泄露了调研的主办方信息，影响了消费者的客观选择。

这家企业的老总训斥调研部门的主管："如果按照你的数据，我要增加一倍的生产计划，最后的损失恐怕不止千万。"

市场调查是直接指导营销实践的大事，对错是非可以得到市场验证，只是人们往往忽视了市场调查本身带来的风险。一句"错误的数据不如没有数据"，包含了众多中国企业家对数据的恐慌和无奈。

子任务二 市场调查与分析的过程

市场调查与分析是一项十分复杂的工作，要顺利且很好地完成调查任务，必须有计划、有步骤地进行。根据调查活动中各项工作的自然顺序和逻辑关系，市场调查与分析一般可分为几个步骤：确定问题、制订方案、实地调查、数据整理、数据分析与市场预测、撰写市场调查与分析报告。

一、确定问题

市场调查与分析通常是由营销活动中一些特定的问题引起的。但是，这些问题本身并不一定构成营销调查的主题，因此，正确地确定营销调查的主题是进行营销调查的首要任务。

首先，界定调查的范围。根据调查人员的经验，在任何一个问题上都存在着许许多多可以调查的内容，除非对该调查问题做出明确的界定，否则收集信息的成本是不能满足调查工作的目的。如果对调查问题界定得太宽，可能会得到许多不需要的信息，而实际需要的信息又没有得到；如果对调查问题界定得太窄，也会束缚调查者的思路，不利于调查工作的顺利进行。

其次，明确调查的主题。在界定调查问题范围之后，调查者需要收集和分析企业内部关于问题的各种记录和企业外部的相关资料，同时还需咨询企业内部和外部对有关问题具有丰富知识和经验的专家，从而使所调查问题更加明确，并从中提炼出调查的主题。

再次，确定调查的目标调查目标与调查问题密切联系。调查目标不明确也会导致调查问题的模糊。例如，某企业近来销售量大幅度下降，此时确定的目标可能是“发现引起企业销售额下降的原因”。但如果企业知道销售量下降的原因是由于竞争者产品的大幅度降价造成的，在这种情况下，研究的目标就不是寻找原因，而是“寻找解决这一问题的对策”。可见，研究目标往往是以研究问题的形式出现的，它表明市场调查主要是为了解决实际问题或预测未来发展的。

二、制订方案

在确定调查问题后，就需着手进行调查方案的制订。调查方案是指导调查工作顺利进行的详细蓝图，其主要内容包括：确定资料来源和收集方法、设计调查问卷、设计样本方案、确定联络方式、拟定实施计划、编制调查项目预算等。

1. 确定资料来源和收集方法

根据调查的主题和调查的目标，确定收集资料的范围与类型。一般来说，资料的来源有两大类，即原始资料与二手资料。原始资料是通过现场调查或其他方法获得的第一手资料。二手资料是为其他目的而收集的已经存在的资料。

收集第一手资料的方法很多，主要有四大类：观察法、访问法、定性研究和实验法。每类方法适用面不同，究竟采用哪种方法，要依据调查的目的、性质以及调查经费的多少而定。观察法是通过观察特定活动的实际运行来收集资料，这种方法多用于探测性调查；访问法是利用人员访问、电话访问和邮寄访问等方式进行调查，是收集被访问者的社会经济条件、态度、意见、动机以及外在行为的行之有效的方法，这种方法适用于描述性调查；定性研究是根据市场现象所具有的属性以及市场活动的特点，从市场的内在规律来对市场进行调查的；实验法是唯一能够用于因果关系调查的方法，它通过对环境及现象的某些变数加以控制，观察了解相关系数之间的因果关系。

二手资料又分为两类，一是内部资料，二是外部资料。内部资料是企业经营管理过程中收集、整理和保存的资料。外部资料是来自于企业之外的资料，主要包括政府资料、行业资料、工商研究机构的资料等。一般来说，进行市场调查应尽可能地多利用二手资料，因为二手资料费用较低且收集花费的时间较短。但是，由于二手资料是过时的，而且是为其他目的收集整理的，因而很难直接满足企业为特定目的进行的调查的需要，所以直接收集和掌握第一手资料是十分必要的。

2. 设计调查问卷

在确定了调查方法之后，就要进行工具或手段的设计。如采用访问法进行调查，就需要事先设计调查问卷，问卷设计中的关键是提什么问题以及提问的方式等。如采用观察法或实验法，则需要设计记录观察结果的记录表和登记表，还需考虑进行观察、实验时使用何种设备仪器等。在设计上述各种调查手段时，应考虑到被访问者或参加观察、实验者的文化水平、专业技术等方面的因素。

3. 设计样本方案

市场营销通常都是抽样调查，样本计划就是根据调查的目的确定抽样单位、样本数量及抽样的方法。抽样单位即向什么人调查问题;样本数量即对多少人调查;抽样方法即采取随机抽样还是非随机抽样技术。在其他条件相同的情况下,样本越多越具有代表性,样本数量的多少直接影响结果的精度,但样本数量过大也会造成经济上的浪费。因此,在实践中决定样本大小的主要因素是研究经费、允许误差、问题的性质和决策者敢于承担的风险。

4. 确定联络方式

联络方式是调查人员与调查对象的接触方法,一般来说,这种接触方法主要有信函、电话和访问。究竟采取哪种方式或以哪种方式为主,应根据调查的实际情况和客观要求来决定。

5. 拟定实施计划

实施计划是调查活动各个阶段以及各个方面工作的总体安排,它是保证营销调查工作顺利进行的指导性文件。它不仅包括实施调查活动的具体内容和具体步骤,还包括实施调查活动的经费预算、人力配备和时间安排等。

6. 编制调查项目预算

调查项目预算决定了市场调查项目的质量。市场调查项目的经费预算方案就是关于调查经费的详细说明,界定付款方式及其时间,以保证调查项目的顺利实施。这些费用包括调查方案设计费、抽样设计费和实施费、问卷设计费和测试费、问卷印刷和装订费、调查实施费用、数据录入费、数据统计分析费、调查报告撰写费、资料费、复印费等办公费用、管理费。

三、实地调查

在制订调查方案之后,除了一些调查资料可以通过案头调查获取外,其他更多的调查资料必须通过实地调查才能收集到。

1. 实地访问的形式

在实地调查的方法中,访问法是最常见和最为广泛采用的一种方法。实地访问的基本形式有两种:固定问卷访问和非固定问卷访问。

采用固定问卷访问方式要求调查人员必须严格使用同一问卷向不同的走访对象轮流进行会晤与接洽。例如,在走访30家零售商店后,调查人员可能记录出其中20家喜欢用柜台上的广告牌作为陈列材料。如果不是向每一个应答人提出同样的问题,这样明确的信息是不会得到的。固定问卷访问的明显缺点是调查人员仅仅得到所要求的资料。除了问卷所要求的资料外,没有进一步探索应答人的需要和看法。

非固定问卷访问是一种事先不拟定调查表,由个人自由交流的访问方法。调查人员根据拟定交谈的要点与被调查人自由交谈,以了解被调查人的真实动机和意见。非固定问卷访问常常被称为“深层访问”,因为它所调查和探讨的问题不受约束。应答人常常提出一些想法、意见和建议,而这些可能是在固定问卷访问形式下调查人员所没有想到的。

2. 实地访问的过程

进行实地访问的过程及所遇到的问题有:访问的安排、访问的准备、访问的进行、访问的记录、访问的事后工作。

(1)访问的安排　访问安排应视情况而定。最好让已经有联系的客户来安排访问,如果没有这种客户,调查人员就要靠发出要求会见的信函或者用电话办理。

(2)访问的准备　事先准备充分是访问成功的关键。调查人员在进行一连串访问之前,应该详细通读有关调查项目的全部资料,以便了解哪些是需要进行调查的问题等。

(3)访问的进行　访问进行的一般顺序是:首先,调查人员自我介绍,说明来意,作为双方对话的开始;接着在调查人员与应答者之间初步建立起某种个人联系的基础,调查人员开始提问,提问是访问的主要部分;提问和应答过程完成后,调查人员不应急于结束访问,而应该与应答人就某些问题展开简短、非正式的自由讨论,试图引导对方回答先前他们不愿意提供答案的问题,或鼓励对方透露一些暂时保密方案中的某项细节,然后才结束访问。

(4)访问的记录　调查人员在访问结束之后,必须及时做访问记录。访问记录内容一般应包括的事项有:走访企业的名称和地址;走访企业的规模,如职工人数、营业额等;应答人的姓名与职务;访问内容,并加以系统归纳和整理。

(5)访问的事后工作　调查人员在结束实地调查工作后,还需做好一些事后工作。例如,对有关访问单位和个人在调查中给予的合作和接待表示谢意;如果曾向对方做出某种许诺,应逐一兑现;另外,还应注意根据被访问者的要求,在使用调查资料的时候对某些资料严格保密;同时,还可与有关访问单位和个人保持适当联系,以便今后继续开展营销调查工作。

四、数据整理

市场调查的数据资料收集完成后,需要对这些数据资料进行整理。

数据资料整理的主要原因是原始数据资料大多是分散的、零乱的,难免出现虚假、差错等现象,如果直接使用这些数据资料进行分析研究,将会导致错误的结论。因此,必须对这些数据资料进行审核与校对,通过去粗取精、去伪存真使数据资料更加真实、准确和完整。当发现数据资料存在遗漏或错误时,可以及时进行补访、修正,防止把错误带到数据资料的分析阶段。市场调查分析使用了较多的定量分析方法,对数据资料的精确度要求很高,有时细微的数据差异都会造成不同的结论。因此,数据资料的整理也是一个要求质量很高的工作,必须认真鉴别、整理调查数据,校订或淘汰不合格的数据,这样才能保证数据资料的真实、准确和完整。数据资料整理还有一个重要作用,即便于今后对数据资料的长期保存和研究。数据资料经过整理后可以录入计算机的数据库,或以其他方式进行长期保存,这使得这些数据资料具有长久的研究价值。

市场调查的原始数据资料除调查问卷外,还会有多种其他形式,包括专家访谈记录、政府机关的档案资料、录音带或其他多媒体资料等。

数据资料的整理需要按照市场调查方案来进行,其中部分工作与收集数据资料一起进行,而多数工作在收集完数据资料后进行。数据资料的整理主要有数据的审核编辑、数据编码、数据录入、数据清理等。

1.数据的审核编辑

数据审核编辑是审核所有调查收集的数据资料,以保证其齐全、没有差错,并对不完整或有差错的数据资料进行修订。数据审核主要检查应该被调查的单位是否都已调查,问卷的各项目是否都填写齐全;被调查者的回答是否前后不一致,答案有无逻辑错误;调查数据资料的口径、计算方法、计量单位等是否符合要求;调查记录是否字迹清楚,明白易懂;被调查单位是否都按规定日期填写和送出等。数据审核主要通过经验判断、逻辑检查、计算审核来完成。从项目组织过程看,数据审核与问卷复核是一致的,一般也分为现场复核和集中复核,两者有时就是同一项工作,有时两者分开进行。数据资料编辑是对原始数据资料的修订,这项工作与数据审核交叉进行,一般由人工完成。

2. 数据编码

编码是将问卷信息转化为统一设计的计算机可识别的代码,以便于对其进行数据录入与分析。编码可以把文字等复杂信息转化为数字形式的简单信息,从而大大减少录入的工作量。编码可以将定性数据转化为定量数据,把整个问卷的信息转化为规范标准的数据库,这样有助于使用计算机进行数据分析。数据库信息容易保存,也容易进行数据修订,因而信息使用更为方便。数据资料需要进行编码的地方包括问卷的代码、变量的定义、取值的定义,一般是将这些内容编制成编码表。编码表与问卷设计是对应的,如果编码表设计得准确、全面、有效,将有助于提高调查数据的分析质量。

3. 数据录入

数据录入是将编码以后的数据录入到数据库中的工作。数据录入在多数情况下是由录入员向计算机中的数据库以手工方式进行的,少数情况下使用扫描、电子阅读等方式进行。计算机人工录入需要具备计算机、数据库软件,它的优势是简便快捷,可以利用专门软件直接进行数据分析;它是劣势是录入工作量很大,容易产生错误,变量设置较少。在专业调查机构,一般会选择工作认真、有责任心、技术熟练的录入人员;采用两台计算机分别录入相同的数据,然后将两部分数据相比较,根据不一致的数据检查错误并加以改正;同时利用抽检复查方式,保证录入的数据质量。

4. 数据清理

数据清理是对录入计算机数据库的数据所进行的一致性和逻辑检查。一致性检查主要包括变量的取值是否超出合理范围、有无逻辑错误以及有无极端值。逻辑检查就是检查数据有无逻辑错误。当数据出现一致性和逻辑错误时,数据清理时可以删除有关数据,或者通过复制估算等方法替换有错误的数据。

五、数据分析与市场预测

1. 数据分析

数据分析是指根据一定的市场调查目的,在较为完备的调查数据基础上,按照一定的程序和分析方法,对数据进行分组、汇总、检验和分析等,以得到市场现象的本质特征及内在规律。数据分析与市场调查前期的调查计划、数据收集、数据整理密不可分,良好的数据质量是得出有效结论的前提。

市场调查的数据分析是以数据作为基础的,但由于数据分布于市场的全过程,因而数据分析涵盖了市场调查的多个方面。

对市场调查的目的进行分析,得到整个调查的方向、过程和侧重点等结论。每一项市场调查都有其特定的目的和要求,这些目的和要求体现在调查问卷、抽样方案、调查过程的各个环节。在数据分析时,要对市场调查项目的方向、过程和侧重点等重新审视,从而对数据所蕴含的意义有更深刻的理解。

对调查方式及其分析方法进行研究。调查方式在调查方案中就已经确定下来,但这时的调查方式还处于预想状态,在调查项目实施时调查方式会产生变化。数据分析方法也会遇到相似问题,即预想与实际情况有所差异。当数据分析真正开始时,需要再次对调查方式和分析方法的特性和针对性进行研究,以保证数据分析结果的科学性、有效性。

对调查数据的可靠性和代表性进行分析。由于样本选择、调查误差、数据缺失值等原因,最终数据与调查计划所设想的会有差别。如果简单地使用数据，则会使分析结果不可信，甚至产生误导性结论。因此，对数据的再次审核仍是必要的。

数据资料的分析研究。这是数据分析的实质性工作，是以调查目的为方向，从数据资料中寻找答案和解释。调查目的进行分解后形成详细、具体的问题，而调查数据则围绕具体问题来展开。数据分析时将利用适宜的方法，对数据进行解读，并把结果作为相应问题的答案。

综合分析。综合分析是在对调查数据逐一解读、研究后，对全部数据及其背景进行一种综合，这一工作是使单一问题的分析相互联系、校验，并形成一个完整的形象。综合分析是技巧性、经验性较强的工作，需要分析者对市场现象有深刻的理解和洞察力。

数据分析方法的种类繁多，这与人们认识市场现象和市场调查实践有关。在市场调查实践中，人们把数据分析方法分为定性分析方法和定量分析方法。

数据的定性分析方法是指不采用数量分析，而依赖人们的市场经验、人们对市场规律的认识和把握的一类方法。市场调查中，定性分析的对象是数据资料，分析人员通常在深入理解数据资料的基础上，感知数据资料所蕴含的市场特性和规律，并最终上升成为理性认识。在定性分析时，强调市场现象的真伪校验和相互联系。真伪校验是用数据资料论证、判断市场现象，以得出方向、程度等特性。相互联系则偏重于一种市场现象对其他市场现象的影响，通过建立多种市场现象之间的因果关系而形成市场的整体形象。数据的定性分析方法使用较多的有比较分析法、分类分析法、归纳分析法、演绎分析法、结构分析法、功能分析法、系统分析法等。

数据的定量分析是指从事物的数量特征方面入手，运用一定的统计或数学分析方法进行数量分析，从而挖掘出事物的数量中所包含的事物本身的特性及规律性的分析方法。市场活动是一种经济活动，是可以用货币表述的，因此市场现象特别适合使用定量分析。定量分析中最常用的分析方法是统计分析方法，按其目的不同，可以描述性统计分析和推论性统计分析等。

2. 市场预测

市场预测是指企业在通过市场调查获得一定资料的基础上，针对企业的实际需要以及相关的现实环境因素，运用已有的知识、经验和科学方法，对企业和市场未来发展变化的趋势作出适当行的分析与判断，为企业营销活动等提供可靠依据的一种活动。

市场预测提出是在数据分析基础上进行的，内容包括市场需求变化、消费结构变化、产品销售、产品价格、产品生命周期、商品资源、市场占有率、生产技术变化趋势、市场环境、市场供给、市场供求状态、消费者购买行为、产品市场、市场行情、市场竞争格局、企业经营状况等。

市场预测的过程中的重点工作是选择方法、分析修正。选择方法是根据预测的目标以及各种预测方法的适用条件和性能，选择出合适的预测方法。有时可以运用多种预测方法来预测同一目标。预测方法的选用是否恰当，将直接影响到预测的精确性和可靠性。运用预测方法的核心是建立描述、概括研究对象特征和变化规律的模型，根据模型进行计算或者处理，即可得到预测结果。分析修正是分析判断是对调查搜集的资料进行综合分析，并通过判断、推理，使感性认识上升为理性认识，从事物的现象深入到事物的本质，从而预计市场未来的发展变化趋势。在分析评判的基础上，通常还要根据最新信息对原预测结果进行评估和修正。

六、撰写市场调查与分析报告

市场调查与分析报告是根据调查数据资料，经过深入细致的分析研究后，将分析研究结论写成书面报告，它是市场调查项目的最终成果。

市场调查与分析报告是市场调查活动最终结果的集中表现，它是整个市场调查活动不可缺少的重要环节。市场调查与分析报告不同于调查数据资料，它是从调查数据资料中提炼总结出来的，反映了调查人员对市场现象的分析研究思想。市场调查与分析报告记载了调查项目实施的全过程、市场调查结论和相关建议。一般情况下，企业经营管理人员或调查项目委托人不会过多查看调查数据，但对市场调查与分析报告却会深入阅读。市场调查与分析报告对企业经营管理人员或调查项目委托人的决策有直接意义。对于调查机构而言，市场调查与分析报告还是工作成果和经验总结的载体，在以后的调查活动中可以用作参考；同时市场调查与分析报告还可以作为评价市场调查活动质量高低的重要标志，帮助调查机构提高调查水平。

市场调查与分析报告有比较固定的格式，其主要内容包括封面、信件、目录、摘要、引言、调查方案、数据分析方法说明、调查结果、局限性及一些必要的解释说明、结论和建议、附件等。封面包括调查报告的标题、研究人员或机构、报告提交日期等。正式的调查报告会附有致项目委托人的信和项目委托人的授权信。目录列出报告各部分或分部分的标题及其对应的页码。摘要是调查报告中最重要的内容，一般按照市场调查项目的顺序将问题展开，并阐述对调查数据资料进行选择、评价，以及得出的结论、建议等。引言包括项目背景、调查问题定义等。调查方案详细描述了调查项目实施的具体方案。数据分析方法说明描述了据分析方案并论证其正确性。调查结果是调查报告中内容最多的部分，用来提出调查的发现，包括基本结果、分组结果和关联性分析结果等。局限性及一些必要的解释说明是对调查项目存在的不足、问题进行的解释说明。结论和建议是对引言和正文部分所提出的主要内容的总结，它与调查报告的数据资料、结论建议要完全吻合。附件是指调查报告正文包含不了或没有提及，但与正文有关，必须附加说明的部分。

市场调查与分析报告的撰写一般包括准备、构思、选取数据进行论证、撰写初稿、定稿等过程。准备针对的是调查数据资料，特别是数据分析后得出的结果。构思是通过收集到的各类资料，认识市场现象，确立主题思想，然后列出主要论点、论据和报告的详细提纲。调查报告的论点、论据要有调查数据资料支持。在选取数据资料后，将调查项目的主题分解成题目，草拟和扩展成调查报告的主体。调查报告的摘要、目录、附录等内容在主体报告完成后撰写。调查报告定稿后，一般要有调查机构予以认可，然后才能提交给企业经营管理人员或调查项目委托人。

子任务三　市场调查与分析的内容

市场调查与分析范围很广，有宏观方面的，也有微观方面的，可以说涉及了市场营销和企业经营的方方面面。

一、消费者调查

消费者是市场需求的主体，满足市场需求是市场营销活动的中心和出发点。因此，市场调查与分析应将消费者调查作为首要内容。消费者调查主要有消费者使用商品实况调查和综合调查。

1.消费者使用产品状况调查

这种调查又称为品牌调查,其具体内容有以下两个方面。第一个方面是在一定的时间、地点对消费者使用商品的现状进行调查。这种调查一般提出的问题是:“你目前是否用奶油,如果用,是什么牌子的?第二个方面是对消费者使用商品的习惯进行调查。一般提问是:“你平常用奶油吗?使用较多的是什么品牌?”通过对消费者使用产品状况调查,可以了解市场上使用商品的消费者群体及阶层情况,从而为市场营销决策提供重要依据。

2.消费者综合调查

这种调查是对影响消费者消费需求及购买活动的一系列因素状况的调查。主要包括以下内容。

(1)影响消费者消费需求的基本因素调查　影响消费者消费需求的基本因素除了宏观的经济、政治、法律、科技和文化等因素外,更直接的因素是与消费者本身密切相关的因素,它包括消费者数量、消费者构成、消费者家庭结构以及消费者收入状况等。一般情况下,消费者数量的多少决定了市场需求量的大小。数量越多,对商品的需求就越大。消费者数量的增减,会直接引起消费需求的变化。尤其是基本生活品,其需求量必然随着消费者数量的增加而相应增加。在对消费者数量进行调查时,除了了解常住人口数量外,还应考虑流动人口数量及其增减变化。消费者构成主要指年龄构成、职业构成、性别构成、文化构成等。不同的消费者构成会引起消费者的需求和购买行为的差异。了解消费者构成情况及其特点,可以有针对性地进行市场营销活动。消费者家庭结构包括家庭规模、家庭平均人口、家庭收支比例和家庭购买模式等。在我国,家庭是基本的消费单位,家庭结构的变化会带来市场消费的变化。消费者经济状况主要包括工资、工资外收入、储蓄、资产、债务、借贷能力等。消费者收入状况对市场需求有决定性影响,它的增长变化决定着市场规模。

(2)消费者购买动机及行为调查　消费者购买动机及行为具有多样性、可诱导性等特点。消费者购买动机和行为调查就是了解影响消费者的购买动机和行为的因素及类型,从而有助于开展有效的市场营销活动。消费者购买动机是购买行为发生的原因。它的构成有心理的、生理的、经济的和社会的几种因素。心理因素是由于人们的心理活动而引起的购买动机。通信、友谊、交往等情感活动能产生情感动机;而心理素质、文化程度、职业习惯、生活环境能产生偏爱心理等。生理因素是指由于生理上的需要而产生的购买动机。经济因素是指消费者在购买商品中对经济因素的考虑。主要有商品价格、收入水平、经济负担等。社会因素是指社会风尚、消费趋势的影响而产生的购买动机。如为体现一定的社会和经济地位而产生的求名心理,为随潮流、赶时髦而形成的购买动机等。

消费者的购买行为受购买动机和消费者自身的信念、思维、性格等因素的影响,可分为习惯型购买、经济型购买、理智型购买、感情型购买、冲动型购买等几种类型。习惯型购买是根据以往的习惯,对某些商品比较偏好,在需要时首先考虑购买这些商品。经济型购买是有些消费者从经济方面考虑,比较注重商品价格的购买行为。理智型购买是购买商品前,对商品作周密地考虑,比较分析后,有了明确目标才购买。感情型购买是消费者购买商品易受感情或情绪的影响,易被宣传和广告所吸引,有时会因售货人员的热情接待而产生购买行为。冲动型购买是消费者受到商品的外观、价格和广告等方面的吸引而迅速做出购买决定的购买行为。

二、市场需求调查

市场需求就是市场机会。掌握当前市场需求和潜在需求及其变化趋势信息，是企业营销决策的前提。

1. 市场需求总量调查

市场需求总量是指在一定的地理区域和一定的时间期限内，在一定的营销环境和一定的营销努力下，一定消费者群体所会购买特定产品的总量。市场需求总量是各种条件变量的函数，不可能固定不变。因此，市场需求总量的调查需要经常进行。

2. 市场需求结构调查

生活消费品的结构随着社会的进步、生产的发展和人民生活水平的提高会发生变化，其基本规律是食品比重下降，其他消费品与服务比重上升；低档品比重下降，中高档品比重上升。

生产资料产品的结构则会因科学技术的发展、产业结构的改变、产品结构的调整、管理体制的改进，以及自然环境的变化、社会环保意识的增强而发生变化。对于始终处于变化中的需求结构的调查，主要从购买力的投向入手。

3. 市场需求的影响因素调查

市场需求是受到各种因素制约的，其中有企业可以控制的因素，通过调查了解到这些影响因素对产品功效、产品价格、分销方式、促销力度的影响力的强弱和方向，企业可以强化或改变某些策略，扩大市场需求；对于那些影响市场需求的企业不可控制的因素，企业则可以在充分把握后，采取措施利用或预先避免，甚至通过营销努力创造某些局部的有利环境，以扩大市场需求。

4. 市场未满足需求调查

在现代竞争激烈的市场上，尚未满足的市场需求，是最佳的市场机会，是企业梦寐以求的。市场永远存在未满足的需求，问题是企业如何去发现它，并且采取有效的战略和策略，把这个需求未满足的市场机会转化为企业的营销机会，开展市场调查是发现未满足需求，把握市场机会的最重要的途径。

三、产品调查

对任何一家企业来说，产品必须要适合消费者的需要，才能促使消费者进行购买。然而这样还不够，还要使产品能够得到越来越多的消费者的认可并购买，这才称得上是成功的产品。推出一种成功的商品，既可以在原产品的基础上进行某种改良，也可以另创一种崭新的产品，究竟应该采用哪种方法，这就需要对有关产品的许多方面进行调查。

1. 产品生产能力调查

生产能力与市场商品的可供量直接相关，同时也关系到企业产品未来发展的潜力。对生产能力的调查有如下内容：原材料来源是否能保证按时、充分供应；生产设施的现代化程度，机器设备的先进程度；采用的是否是先进技术，在同行业中技术水平处于什么样的地位；生产成本与利润、贷款与自有资金的比例、负债情况、资金周转等；人员素质，包括管理人员、设计人员及实际操作人员的资历、学历和经验。

在以上的调查项目中值得重视的是，生产该类商品的生产技术水平达到了什么样的层次，在企业中高水平技术的利用程度如何等，这些是增强生产能力的最有力的潜在因素。

2.产品实体调查

产品实体调查是对产品本身各种性能的优劣程度所作的调查，它包括以下几个方面。

(1)产品的规格。产品规格大小，会在不同的消费者中有不同的反应，对于一个特定的市场，产品规格必须适合当地人们的习惯或爱好。比如有些市场需要产品的所有规格，越齐全越好；而有些市场可能只青睐某种或某几种规格。

(2)产品的颜色及图案。颜色在不同地区会有不同的象征意义，人们对颜色的偏好也会因地而异，而消费者对颜色的偏好会直接影响产品的销售。图案也存在着类似的情况，在某些地区受人欢迎的图案，在其他地区可能是忌讳或不祥的表示。

(3)产品的味道。不同消费者对产品味道的反应是多种多样的，在不同的地区，消费者会偏好不同的味道。所以人与人之间、地区与地区之间普遍存在着对各种味道或口味的不同偏好，如果在这个方面不能符合消费者的需求，产品就可能出现滞销问题。

(4)产品的式样和类型。对服装和一些日用品而言，式样和类型的要求在不同的地区也存在着差异，如城市与农村之间、国家之间、地区之间等。此外，式样和类型也容易因时尚的改变而迅速发生变化，因此，必须了解各地区之间存在的差异及未来可能发生的变化。

(5)原料。产品的原料构成会因地区、国家的不同而存在不同的需求。如有些国家喜爱用纯天然原料制成的衣服；有些国家习惯于用混纺原料；有些则喜欢用化纤作为原料。不同的需求和习惯会对某种商品产生出不同的市场容量。

(6)产品的性能。产品性能是消费者最为关注的问题之一。产品的耐用性、功率的大小、发热量、防水功能、能源损耗和方便保养等都是消费者在购买商品时考虑的问题，但不同的消费者对产品的某个或某几个性能的关注程度会有很大差别。有些消费者注重产品的耐用性，有些则关心维修是否方便，而有些则关心功率及能源损耗方面的性能如何。

3.产品包装调查

产品的包装应该既美观、结实，又便于运输和装卸。所以，根据包装所起的作用，要在这方面进行以下内容的调查。

(1)销售包装。销售包装视产品的供应对象的不同而不同，对于日用工业品和食品，包装应该起到美观、保护和宣传的作用。美观作用可以对产品的推销产生很好的效果，在同类商品同时陈列时，醒目、独特、美观的包装会吸引顾客的视线，引起顾客注意，最终使顾客形成购买行为。保护作用指包装能否起到不损害使用价值的作用，如防潮、防晒及包装材料的质地是否结实。宣传作用指包装应该能向消费者传达产品的信息，使顾客更好地了解产品，如在包装上印刷产品的使用说明、产地、原料、数量、规格等。针对上述包装所起的作用，可在调查中查明。这些调查包括：包装与当地的推销环境是否协调，是否显得突出；消费者对何种图案或颜色有特殊的偏好；在同类产品中顾客认为最好、最受欢迎的产品包装的造型；竞争产品的包装式样；包装上是否需要详尽的说明。

除了上述几个调查项目以外，还要对各地消费者对包装规格大小的要求进行调查，那些不习惯经常购物的人可以接受大包装；反之，小包装则更适宜。

对于工业品的包装，需要有下列调查内容：包装是否易于储存、拆封；包装是否牢固、便于运输；包装是否便于识别商品；外包装是否有利于再利用、回收等；包装的费用情况。

(2)运输包装。在运输过程中，商品包装是否能适应运输方式的要求，以保证商品的使用价值不受损害、包装材料不破损；不同的运输工具要求什么样的包装形式，这些都是对运输包装的重要调查项目。对装卸方法、防盗、防潮、防晒、仓储形式及包装成本的调查，为决定采用什么样的运输包装材料和形式提供了很好的参考资料。

4.产品生命周期调查

任何进入市场的产品都有其市场寿命，也被称为产品的生命周期，它包括引入期、增长期、成熟期和衰退期四个阶段。企业要明确自己所生产和经营的产品处于什么样的生命周期，这就需要在产品的销售量、利润率、经营者和消费者对产品的兴趣等方面进行调查。

(1)当产品处于引入期时，这时产品初次进入市场，带有一定风险性，必须经消费者认可才能在市场上站住脚跟，此时市场调查的重点应是：消费者选择此种产品的动机；消费者对此种产品价格的承受力；消费者对此种产品的需求程度；市场上有无类似产品；产品的特殊优势。

(2)当产品处于增长期时，产品已在市场上保住了自己的阵地，并开始出现上升势头，这时的调查内容应包括：产品受欢迎的原因；产品在哪些方面尚有不足，还需改进；是否出现了竞争产品；潜在的消费者需求量有多大。

(3)在产品的成熟阶段，产品已进入销售的最高点，市场上出现了多家竞争，销售量已很难再提高，且还有下降的趋势，此时生产或经营单位应考虑转向或改进产品，因而对市场的调查应着重在消费者减少购买的原因、竞争产品的优势。

通过这样的调查，企业可以确定应采取什么样的公关、宣传及促销活动来促使消费者购买，维持市场占有率。

(4)当企业已确定产品进入衰退期后，就要停止生产或经营，而转向其他产品。随着市场商品的丰富、产品更新换代的速度加快，一些产品的生命周期并不按照四阶段来完成其市场寿命，有些产品进入市场以后，或者直接进入成熟期，或经过短暂的增长期后进入衰退期。此外在不同的地区同种产品会处在不同的生命周期阶段，如某种产品在城市处于成熟期，在农村可能进入增长期；某种产品在发达国家可能已进入成熟期甚至是衰退期，而在其他一些发展中国家可能只处于引入期或增长期。因此，只有通过调查来明确产品的生命周期，并采取相应的措施，才能制定出正确的产品政策。

四、市场竞争调查

面对异常激烈的市场竞争，企业仅仅了解消费者的需求是不够的，还必须了解自己的竞争对手。在“发现并满足消费者需求”的市场营销观念已经被企业广泛接受的今天，不研究竞争者的战略和策略而要取得竞争优势是不可能的。从某种意义上说，了解竞争者也是现代企业头等重要的事情，是企业选择营销战略和策略的先决条件。

1.企业竞争者调查

谁是企业的竞争对手？从广义的角度分析，凡是与自己争夺购买力的企业都可以看做是竞争对手。至于生产能满足相同需求或相同类型的产品的企业自然也属于竞争对手。狭义上说，竞争对手是那些生产相同或相近产品的企业。

同一层面上的竞争对手，还有主次之分、现实的竞争对手和潜在的竞争对手之分。因此，通过调查，明确企业目标市场上的主要竞争者和潜在竞争者是极其重要的。

2.竞争者的市场地位调查

企业直接竞争者的市场占有率有多高？尤其是该竞争对手在消费者心目中的心理占有率、情感占有率和知名度、美誉度有多高？因为这两者是夺得更高市场占有率的保证。

此外，还需要调查竞争者的财务状况、人力资源状况、产量、销量、边际利润、生产能力利用率等。了解了竞争者的市场地位，他们的优势和劣势，才能采取合适的有针对性的、有实效的战略和策略。

3. 竞争者的营销目标调查

营销目标决定企业的行动策略和对竞争、对环境变化的反应模式，了解竞争者的营销目标的目的是为本企业寻求一个有利的竞争位置并确立自己的目标。企业的营销目标，一般说来不是单一的，而是一系列目标的组合，包括市场占有率、利润最大化、技术领先、成本领先、服务领先等，但每一个企业都有其各阶段的重点目标。因此，竞争者营销目标的调查，首先要了解竞争者的重点营销目标。

此外，调查竞争者目标还要包括它的各个职能部门、各个经营项目，甚至关键管理者的目标。

4. 竞争者的营销策略调查

调查竞争者的营销策略，目的是为了确立本企业的差异化的竞争策略。各竞争企业采取的营销策略越是相似，竞争也就越激烈。只有选择与竞争者不同的策略组合，才会形成本企业的某种竞争优势，才能有效地吸引同一目标市场上的消费者。调查竞争对手的策略不仅要调查它的目标市场策略、产品策略、价格策略、分销策略、促销策略和服务策略等，而且要弄清它的策略组合。此外，还要了解竞争者的人力资源策略、研究和开发策略、财务策略、企业管理策略等。

5. 竞争者的竞争反应模式调查

竞争者的营销目标、战略、策略、优势和劣势、管理者的素质等，不仅决定了它的竞争行为，同时也决定了它对于市场竞争的反应模式。对本企业来说，在决定采取任何一项，诸如降低价格、强化促销、改进产品等竞争行动前，掌握了竞争对手采取的是不予理会、是行动迟缓、还是反应强烈等不同的反应模式的信息，可以作为本企业选择进攻、防御、回避、跟随战略的决策依据。

五、价格调查

产品价格是企业可控因素中最活跃、最敏感、最难以有效控制的因素。企业为产品所规定的价格是否适当，关系到产品的销量、市场占有率与利润的大小，产品与企业形象的好坏。然而，定价又不完全是企业单方面所能决定的，它涉及消费者和经销商的利益，受到他们以及市场供求状况、竞争产品价格以及其他各种社会环境因素的影响和制约。因此，企业在为产品定价或调整价格之前，进行价格调查是完全必要的。

1. 产品需求性质与价格弹性调查

需求是制约产品价格的最重要的因素。需求的性质和强度决定产品需求的价格弹性，即市场需求量对于产品价格变动的反应程度。不同性质的产品，价格弹性不同。如生活必需品弹性小，非必需品弹性大等。产品本身的质量、特色、知名度，竞争产品和替代产品的多少和效用的强弱等，也会影响价格弹性，所以，企业需要了解产品的需求性质、价格弹性的大小。

2. 消费者价值感受调查

主要以需求为导向进行定价而不是仅仅依据成本定价是许多企业采用的定价策略。实施这一策略的关键就是要准确地把握目标消费者对本企业产品价值在心理上的感受和认同程度，包括对现有价格的接受程度、可以接受的价格水平等。这种接受和认同程度的调查，也应同产品需求的强度、时间、地点、消费心理等因素结合起来进行，将调查项目进一步地细化。

3. 竞争产品的价格调查

竞争产品的价格水平是企业定价时不得不面对的一个重要因素，对采取以竞争为导向定价的企业来说，当然就格外重要。这种调查主要了解消费者对竞争产品价格的认同程度和意见；也可以搜集竞争者产品的价目表或者买回竞争产品研究产品价值和价格之间的关系等。

4. 成本调查

产品成本是盈亏的临界点，也是企业定价的最低经济界限，是影响定价的重要因素。充分地了解产品的生产成本、销售成本、财务成本、管理成本也是价格调查的主要内容。生产成本调查包括固定成本、变动成本、边际成本、规模成本、经验成本等具体项目；销售成本调查包括储运成本、流通成本、促销成本等具体项目。

六、广告调查

广告调查是指为了了解广告对广告对象的影响而做的调查，它主要包括广告概念测试，广告文案测试和广告效果测试等。

1. 广告概念测试

广告概念测试，是指为了获得适当的广告主题或营造商品概念，而对消费者进行的测试。

2. 广告文案测试

广告文案测试，是指为了了解不同广告文案对广告对象的影响程度而进行的测试。广告文案包括由广告文稿、图案、商标、企业名称等形成的整体以及广告媒体中的广告情节安排和制作等。广告文案测试的基本构想是从消费者看到广告到购买广告商品，其心理动态有以下9种情形：消费者是通过读还是听的方式了解这一广告的；了解这一广告，明白其意义；记忆广告的全部或部分；消费者对这一广告商品产生某种品牌印象；消费者对这一广告产生各种反应和评价；相信这一广告所主张的内容；接受其主张；打算购买广告所宣传的商品品牌；按广告的建议，采取行动，如索取目录、观看样品乃至购买商品。对以上不同阶段消费者心理动态几个断面进行测试，就是文案测试的基本构想。

3. 广告效果测试

广告效果测试就是指为了了解不同广告对广告对象的影响范围和影响程度而进行的测试。广告效果测试主要有认知测试、回忆测试和分割测试等。

七、分销渠道调研

在商品经济中，由于生产和消费相分离而产生的空间矛盾、时间矛盾、产品品种数量矛盾、价格矛盾、所有权矛盾等是由分销渠道及其成员来解决的，因此，企业设计好能适应自己的产品特点、生产情况和市场情况的分销渠道，选择好合适的渠道成员，组建好分销渠道和有效地管理好自己的分销渠道是实现企业营销目标的必要途径。

1. 渠道类型调查

分销渠道的类型多种多样，并且不断有新型的分销渠道出现。对于企业的产品销售来说，不同类型渠道网络各有利弊，企业必须通过调查各种渠道与消费者的联系状况、成本和效益、企业对渠道的控制能力和渠道对产品的适应性等方面的情况，做出分销渠道设计决策。这方面的调查还包括对企业现有渠道的调查，如是否能满足产品销售的需要，是否畅通；消费者是否感到方便、满意；分销渠道的各环节产品库存是否合理，有无积压、脱销现象等等。

2. 渠道成员调查

对于选择间接渠道来分销产品的企业，需要从成千上万的各层面的中间商中挑选一些较为理想的中间商来作为自己分销渠道的成员，它们是否合适，极大地影响着企业产品分销系统运作的有效性和管理的经济性。渠道成员选择不当，即使渠道系统设计得再完美，也不会给企业带来效益，反而会严重损害企业的利益。企业在选择或调整渠道成员时，要调查研究各层面中间商的企业信誉、企业形象、经营稳定性、顾客类型、所在地的社会经济环境，以及中间商的实体分配能力、服务能力、销售能力、管理水平、营销技术、市场控制能力、信息搜集能力、产品知识和专业经验、协作意向等。

3. 渠道管理情况调查

企业在组建分销渠道系统之后，为了保证该系统的运行能达到营销目标，企业必须对其实行控制和管理，及时了解中间商的经营活动，如销售、服务、付款、促销、利润等，针对具体情况进行奖励或帮助。对出现的问题和工商冲突等及时进行沟通和处理。

八、促销调查

促销就是企业采用人员推销、营业推广和公共关系等方式将产品或服务的有关信息传递给消费者，从而引起他们的注意，激发他们的兴趣，刺激他们的需求，促进他们的购买。在现代竞争激烈的市场环境中，促销活动是企业营销活动的又一个重要组成部分。

1. 人员推销调查

人员推销调查是为了了解推销人员的基本素质、推销能力、推销技术和推销成效，以及推销的组织和管理的利弊得失，以便进一步合理地确定推销的组织结构，实施人员的奖励和培训。

(1)推销人员推销观念调查。现代推销观念是以满足消费者对产品使用价值、产品信息、产品服务的需求为核心的，这也是推销能否成功的关键，但是传统推销观念是以推销产品为唯一目的，而且不问该产品是否能适应消费者的某种需要，这种观念对推销人员的影响极大。因此，了解推销人员所持的推销观念，对于不断端正他们推销观念，有针对性地进行观念教育是很重要的。

(2)推销人员推销技能调查。推销是一项专业性很强的促销活动，需要掌握许多专门的技术，通过对推销人员在推销活动中所运用技术水平的调查，及时总结适合本企业产品的和行之有效的实战技术和经验教训，对于进一步巩固推销队伍，提高推销人员的水平，增强他们的推销信心，扩大推销成果是很有帮助的。

(3)推销人员培训效果调查。培训效果的调查是指对推销培训与推销业绩相互关系的调查，通常与推销业绩、销售网络的形成和发展状况联系在一起进行，以利于发扬先进和开展更有成效的培训。

(4)推销人员报酬调查。推销人员的酬劳制度是企业管理者必须解决的问题，也是难题，常常困扰着企业管理者。通过调查，研究可行又能最大限度地调动推销人员的积极性的方法，使得推销人员的报酬与推销业绩形成一种合理、互动的关系，是人员推销调查中一项富有现实意义的项目。

2.营业推广调查

所谓营业推广是一种在营业过程中，以富有创意的促销手段去激发市场的需求，直接吸引消费者和中间商迅速或大量地购买特定产品的促销策略。

(1)营业推广目标对象调查。只有充分了解每项营业推广促销对象的消费心理和购买行为特点，才能设计出针对性很强的促销方式，有创意地开展营业推广活动，以得到促销对象的积极响应。

(2)营业推广开展环境调查。营业推广活动的开展受到营销环境的影响，通过调查，把握环境为促销活动提供的某种契机或带来的某些约束，了解企业开展某项营业推广活动的优势和劣势，对于是否开展该项活动以及具体项目内容步骤的策划是至关重要的。

(3)营业推广工具调查。可供企业选择的工具很多，各有长处和局限。企业在决定使用某种工具时，需要根据促销目的、产品特点、环境背景等，具体调查这种工具的利弊和具体实施方式可能带来的效益。如对赠送样品这种营业推广工具，就要调查这样一些内容：赠送对象是谁？赠送面多大才会事半功倍？送给每位受众多少最合适？受众的区域分布怎样才最合理？什么时间赠送最好？应该采用什么具体的方式？这些决策只有在充分调查的基础上才能做出。

(4)营业推广效果调查。每项营业推广活动结束之后，及时调查消费者或中间商等促销对象的反应，以评估其促销效果是否达到策划目标，为本项活动做个总结，为下次活动提供经验或教训，是十分必要的。这方面的调查主要是调查活动开展前后的销售量变化的幅度、获利的大小、消费者对本次活动的响应程度和评价，如优惠券的回收率、参加抽奖的人数等，以及中间商的接受程度和参与程度，如是否增加店内广告、有无给予价格优惠等。

3.公关调查

企业的公共关系活动能优化企业的内外营销环境，塑造良好的企业形象，从而促进企业产品销售，增强企业产品的市场竞争力。

(1)企业当前营销状况调查。认识企业自身的长处和短处，是开展针对性公关活动的首要条件，公关调查要从了解自身的经营状况开始，调查企业的营销目标、营销策略、目标市场、销售量、市场占有率以及生产、人事和财务状况等。

(2)社会营销环境调查。企业公关的目的是为了让营销活动同社会环境达到最高层次的和谐。充分掌握环境信息，有助于企业策划针对性明确，能产生实际效果的公关活动。

社会环境的信息包括：制约企业营销活动的有关法律法规政策条例的信息；社会上已经发生的重大事件，正在形成的社会思潮和某种社会趋势等热点信息，以及政府和社会各方面对这些事件、思潮和动向的态度，正在和可能采取的对策等。

(3)公众舆论调查。公众舆论即社会公众公开表达的对企业共有的意见和态度，这种意见和态度在一定条件下会直接转为势不可挡的行动，产生难以预料的影响，是企业营销环境的重要构成，所以是任何企业都不可轻视的。

公众舆论调查即对公众的意见和态度进行了解、统计、测算，以具体的数据显示公众的整体价值取向和态度倾向。由于公众舆论具有广泛性和动态性的特征，因此，这方面的调查不能以一项调查而做出定论，需要定期进行，将各次的调查结果绘制成一张舆论走势图，为企业制定公关策略、策划公关活动提供依据。

(4)企业形象调查。企业形象调查就是了解企业目前的实际社会形象，主要调查公众对企业的知晓程度，对企业的好感、信任和偏爱程度。

这项调查不仅要在企业外部的社会公众中进行，还要在企业内部进行，以了解企业员工及其家属对企业形象的判断。

(5)企业公关活动条件调查。这项调查主要指的是企业对计划展开的公关活动的具体的主客观条件的调查。包括所能承担的人力、财力情况，活动所需要的场地、设备、协作单位和关系单位各方面的条件和配合程度等。只有事前做到胸中有数，做好充分准备，才不至于临场手忙脚乱，疲于应付，保证活动能收到预定的效果。在这种调查中有时还能当场捕捉到某种计划外的战机，获得意外的惊喜，使活动开展得更加有声有色。

这一类的调查具有很强的实用性、针对性和机动性，往往由活动的策划人、实施者亲自去进行。

(6)公关活动效果调查。企业在营销活动中，需要经常开展公关活动，调查每次公关活动的效果，可以评定其成效和不足，以利于后续公关活动的开展。此类调查经常性的项目有：企业在大众传播媒体的展露度；公众对企业公关活动的注意率、理解度、记忆度以及对企业态度的改变程度；企业产品销售量、销售利润的增长率，这也是计算该项公关活动投资回报率的方法。

子任务四　市场调查与分析的机构和人员

一、市场调查机构及其选择

(一)市场调查机构

市场调查业是现代信息咨询业的重要组成部分。它是根据特定目的，采用科学的调查手段，运用现代技术工具和研究方法，为解决经济、社会等方面问题而进行的咨询活动，是第三产业中有效利用智力资源服务于客户的智力密集型产业。发达的市场调查业是经济繁荣的必要条件，也是衡量一个社会文明进步的重要标志。

近30年来，全世界的咨询业已发展成为一个年营业额达数千亿美元、年增长率超过10%的庞大行业。各类咨询机构数10万家，从业人员已有数百万人，业务范围也从专业咨询发展到综合咨询，从经济领域扩展到政治、军事、法律、环境及全球性问题等诸多领域，出现了一批在国际上享有盛誉的综合调查机构。例如美国的兰德公司、日本的野村研究所、英国的伦敦国际战略研究所、罗马俱乐部等。中国的市场调查业产生于20世纪80年代初期，她是伴随着市场经济的确立而逐步成长起来的。按照执业主体的不同，中国的市场调查机构可分为民营机构、政府机关主办机构、合资机构、学术研究及新闻单位创办机构四种类型。

中国市场调查业的快速发育、成长，有其产生的时代背景和发展的市场条件。随着中国经济体制的剧烈转轨，长期服务于计划经济体制下的统计信息系统，已经很难适应发生了很大变革的市场现状。它所提供的统计信息，除一部分用于满足国民经济宏观管理的客观需要外，已很难或很少为现代企业的经营决策所急需。中国市场调查业的快速发展，在带给各界人士惊喜的同时，也引发了业内人士对其存在问题的诸多思考。因为从当前整体情况看，市场调查业的经营状况并不十分景气，一些地区的调查机构甚至门可罗雀，惨淡经营。受制于企业观念、经费、机构设置等问题，企业对市场调查的重视程度还不够高，事实上，中国目前市场调查业的业务80%来自于国外客户，尤其是一些知名度较高的公司基本上全靠国外客户的生意；20%的业务则主要来自国内少数效益好的大型企业集团和服务行业的龙头老大。此外，市场调查业内部的某些操作不规范、个别公司存在短期行为，有“捞一把就走”的想法，采取不正当手段压价与同行竞争、专业人才匮乏，数据处理不规范，大多数报告水平不高、深度不够等问题，常常导致企业对市场调查望而却步。

(二)市场调查机构的选择

企业或其他社会组织借助外部的专业性市场调查机构进行市场调查，可获得两点好处：一是这些机构具有高效的市场调查所必需的各种条件，如完善的资料、深厚的学术理论基础、有效的调查实务经验和精密的调查工具等，通过这些机构，能提高调查结果的准确性；二是由这些机构进行调查，工作人员比较超脱，容易得到比较客观和有助于决策的建议。

企业在委托市场调查机构完成调查任务时，应明确以下问题：

(1)希望调查机构提供何种调查活动。市场调查机构的活动范围日趋广泛，包括确定市场特征、衡量市场潜力、市场份额分析、企业趋势分析、竞争产品研究、价格调查、短期预测等多种内容。

(2)希望提供综合性服务还是某种专门或特定性服务？

(3)是长期合作还是短期合作？

(4)是否希望他们提供某种额外的服务？

(5)在调查时间上有何要求？提交调查报告的最后期限是什么？

(6)调查预算为多少？

(7)资料是归企业独家享用，还是与调查机构共享？

企业或组织可以根据上述问题，作出委托调查计划，用来与市场调查机构进行洽谈。

企业在选择市场调查机构时，应了解和掌握调查机构的以下情况：

(1)目前有哪些市场调查机构，如何与它们联系。

(2)调查机构的信誉。指调查机构在同业界的声誉和知名度，严守职业道德及公正原则的情况，限期完成工作的能力等。

(3)调查机构的业务能力。指调查机构内人员具有实务能力的高低，能否提供有价值的资讯，他们是否具备创新观念、系统观念、营销观念和观念沟通能力。

(4)调查机构的经验。包括调查机构创建的时间长短，主要工作人员服务年限，已完成的市场调查项目的性质及工作范围等。

(5)市场调查机构所拥有的硬件和软件条件。硬件包括信息搜集、整理和传递工具的现代化程度；软件包括调查人员的素质及配备情况。

(6)调查机构收费的合理性。包括调查机构的收费标准和从事本项调查的费用预算等。

对于委托调查的企业和组织来讲，一旦委托调查机构进行市场调查后，应给予信任和授权，并提供充分的协助，使调查能顺利进行。

二、市场调查人员的要求与培训

(一)市场调查人员的要求

调查人员是调查工作的主体，其数量和质量直接影响调查结果。按照营销调查的客观要求，营销调查人员应具备以下三方面的素质。

1. 思想品德素质

思想品德素质是影响营销调查效果的一个重要因素。一个具有较高思想品德素质的调查人员应能够做到以下几点：具有良好的职业道德修养，工作中能实事求是、公正无私；工作认真细致；具有创新精神；谦虚谨慎、平易近人。

2. 业务素质

一个调查人员应该具备的业务素质包括：

(1)具有较广泛的理论知识。营销调查是一项涉及面广、综合程度高的工作，除要求调查人员具有一定的文化程度外，还要求他们具有多方面的知识，包括营销调查理论、统计学、市场学、心理学等专业的知识。

(2)充分利用各种情报资料的能力，包括积极主动地参加各种会议，善于从会议中取得与调查有关的信息，能阅读涉及各类营销调查信息的报纸、杂志、年鉴等资料。

(3)对调查环境具有较强的适应能力。要想成为高素质的调查人员，应扎实苦练基本功，从点滴做起，努力形成敏锐的观察力、灵敏的反应力、超强的记忆力、敏捷的思考力、丰富的想象力和高度集中的注意力，不断提高自己的业务能力，能够快速地适应调查环境。

(4)具有能够分析、鉴别、综合信息资料的能力，即能够甄别各种资料的真伪，判断各种信息对本项调查的价值，综合各种信息资料，并加工整理成对决策有一定价值的咨询意见。

(5)具有较强的语言和文字表达能力。在口语表达上，不但要做到口齿清晰、表达准确、条理分明、观点鲜明、重点突出，而且应当做到坚持原则、态度端正、准确得体、朴实自然、深入浅出、生动活泼、逻辑性强。在文字表达能力方面，不仅要求调查人员将听到的、看到的、想到的、感觉到的东西用文字准确地写出来，而且要求对已经获得的材料通过认真的逻辑思维和理论抽象，进行去粗取精、去伪存真、由此及彼、由表及里的升华制作，不仅要求叙事清楚、说理透彻、观点正确，而且要求在找准问题的基础上提出解决问题的具体途径和方法。

3. 身体素质

身体素质包括两个方面：体力和性格。营销调查是一种十分艰苦的工作，特别是实地调查，有时要长途跋涉，顶风冒雨，连续作战，在生活上和工作上都会遇到各种困难，对体力有一定的要求。在性格方面，要求调查人员有高度的热情和良好的心态，在挑选实地调查人员时，尤其应注意其性格是否合适。实地调查人员的性格最好属于外向型，善于交际，谈吐适度，谨慎机敏。

在实际调查过程中，调查项目的顺利实施是通过组建一支良好的调查队伍来完成的。因此，除对调查人员的基本思想、品德提出要求外，调查机构还应对调查队伍完成任务的整体结构加以考虑，包括职能结构、知识结构、年龄结构，甚至包括性别结构等。通过人员的有机组合，取长补短，可以大大提高调查效率。

(二)市场调查人员的培训

市场调查人员的培训是一项不能忽视的工作。培训可以增强调查人员的责任心，调动他们的工作热情，提高他们的调查技巧，了解和熟悉调查项目与问卷。通过培训，可以保证调查人员以同样的方式来对待问卷，使所收集的数据具有一致性。

培训的基本方法包括以下几种：

(1)专家讲授。就是请有关专家、调查方案的设计者，对调查课题的意义、目的、要求、内容、方法及调查工作的具体安排等进行讲解，在必要的情况下，还可讲授一些调查基本知识，介绍一些背景材料等，采用这种培训方法时，应注意突出重点、针对性强、讲求实效。

(2)会议培训。即由主管市场调查的部门召集会议。有两种形式的会议：一是研讨会，主要就需要调查的主题进行研究，从拟定调查题目到调查的设计，资料的搜集、整理和分析、调查的组织等各项内容逐一研究确定；二是经验交流会。在会上可以互相介绍各自的调查经验、先进的调查方法和手段以及成功的调查案例等，以集思广益，博采众长，共同提高。采取会议培训方法，一般要求参加者要有一定的知识水平和业务水平。

(3)模拟训练。即人为地制造一种调查环境，由培训者和受训者或受训者之间相互分别装扮成调查者和被调查者，进行一对一的模拟调查。练习某一具体的调查过程。模拟时，要将在实际调查中可能遇到的各种问题和困难表现出来，让受训者作出，判断、解答和处理，以增加受训者的经验。采用这种方法，应事先做好充分准备，模拟时才能真实地反映调查过程中可能出现的情况。

(4)实习培训。即在培训者的带领下，让受训者到自然的调查环境中去实习和锻炼，这样，能使受训者将理论和实践有机地结合，在实践中发现各种问题，在实践中培养处理问题的能力。采用这种方法时，应注意掌握实习的时间和次数，并对实习中出现的问题和经验及时总结。

◈ 案例资料

海尔在美国成功的奥妙

一、前言

1999 年 4 月 30 日，在美国南卡罗莱纳州中都的一个人口为 8 000 人的小镇坎姆登，举行了海尔投资 3 000 万美元的海尔生产中心的奠基仪式。一年多以后，第一台带有“美国制造”标签的海尔冰箱从漂亮的生产线走下来，海尔从此开始了在美国制造冰箱的历史。海尔成为了中国第一家在美国制造和销售产品的公司。

二、海尔对美国市场的调查

1. 下棋找高手

在海尔首席执行官张瑞敏眼中，海尔国际化就像一盘棋，而要提高棋艺，最好的办法就是找高手下棋，张瑞敏找的高手是欧洲和美国。

海尔决定用自己的品牌进军欧美市场，其榜样是日本的索尼。20 世纪 60 年代，索尼在国际市场上海默默无闻，他们每一个新生产品上市时，都首先投放到欧美地区，打出影响后再到日本和其他国家销售，索尼由此成为第一世界性名牌。

美国家电市场名牌荟萃，竞争激烈，几乎是所有世界名牌的竞技场。而且在美国本土，家用电器也早已是处于成熟期的产品。通用(GE)、惠而浦(Whirlpool)和 Maytag 这三大美国电器生产商虎视眈眈，自然不会坐视不管，一场商业激战在所难免。那么，海尔靠什么来同这些美国著名企业叫板呢

2. 美国市场调研

(1)需求能力

1998 年、1999 年中国出口美国的冰箱分别为 4 718 万美元、6 081 万美元，其中海尔冰箱

分别占1 700多万美元、3 100多万美元。据统计，在美国建一个冰箱厂的盈亏平衡点是28万台，海尔现在的冰箱出口已经远远超过这个数字。

据统计，目前在美国180 L以上小冰箱市场中，海尔已占到超过30%的市场份额，2002年有望达到50%；但海尔大规格冰箱长期因远隔重洋而无法批量进军美国市场。项目见效后，海尔公司在美国市场的产品结构将更加合理，市场占有率将进一步提高。

(2)消费者的需求结构

目前，在美国200 L以上的大型冰箱被GE、惠尔浦等企业所垄断；160 L以下的冰箱销量较少，GE厂商认为这是一个需求量不大的产品，没有投入多少精力去开发市场，然而海尔发现美国的家庭人口正在变少，小型冰箱将会越来越受欢迎，独身者和留学生就很喜欢小型冰箱。

美国营销专家科特勒说：海尔战略的另一个部分是对消费者群体的定位，它很正确，它针对的是年轻人。老一代习惯于像GE这样的老品牌，年轻人对家电还没有形成任何习惯性的购买行为；因为他们刚有自己的公寓或者正在建立自己的第一个家，买自己的第一个电冰箱。所以，我认为定位于年轻人是明智的决策。

根据以上调查分析，海尔决定在美国市场开发从60 L到160 L的各种类型的小型冰箱，这些冰箱的需求潜力很大。

三、海尔在美国市场的发展

从海尔最初向美国出口冰箱到现在的短短几年时间里，海尔冰箱已成功在美国市场建立了自己的品牌。2003年海尔的零售巨人沃尔玛；连锁店开始销售海尔的两种小型电冰箱和两种小型冷柜，并同海尔签订了再购买100 000台冰箱的协议。海尔在美国最受欢迎的产品是学生宿舍和办公场所使用的小型电冰箱。目前，这类产品的市场占有率是该型号冰箱的25%，在赢得新的连锁店客户之后可望增至40%。海尔在卧室冷柜方面也取得了成功。该产品在美国同类型号中的市场占有率为1/3。海尔的窗式空调机也有广阔的市场前景，该产品已占美国市场的3%，2004年的销售量有望翻番。

四、海尔的成功经验

营销大师菲利普·科特勒曾说过“要管理好一个企业，必须管理它的未来，而管理未来就是管理信息。”

在现代市场营销观念的指引下，企业要想在市场中获得竞争优势，取得合理的利润，发现企业产品的不足及营销中的缺点，便于企业及时加以纠正，修改企业的经营策略，使企业在竞争中保持清醒的头脑，永远立于不败之地，就比喻从研究市场出发，掌握及时、准确、可靠的市场信息，要得到可靠的市场信息就必须进行全方位、多侧面的市场调研。

资料来源：百度文库。

根据以上案例总结以下几点海尔在美国成功的奥妙：

1. 海尔公司在调研过程中有明确的目标消费群，充分了解该地区的人口结构和消费习惯，具有较高的针对性。

2. 有明确的市场定位，充分考虑竞争者的优劣点，并以索尼为榜样，不断自我提高，采用以优制胜的方式将产品成功的推向市场，在电器行业站稳脚步。

3. 通过市场的调研发现新的机会和新的需求并开发新的产品去满足这些需求。如小型并向的开发。

4.最后，海尔不断提高企业的经营能力，增强竞争能力，这是克敌制胜的重要手段。

◈ 思考题

1.什么是市场调查与分析？市场调查与分析有哪些特点和作用？

2.市场调查与分析的实施过程是什么？

3.市场调查与分析应用的主要领域是什么？

4.如何选择市场调查机构？市场调查人员需要具备哪些素质？

◈ 参考文献

[1] 简明.市场调查方法与技术.北京：中国人民大学出版社，2012.
[2] 王秀娥.市场调查与预测.北京：清华大学出版社，2012.
[3] 胡丽霞.市场调查与预测.北京：科学出版社，2012.
[4] 刘立雁.市场调查.北京：中央广播电视大学出版社，2011.
[5] 王公达.市场调查.上海：复旦大学出版社，2009.
[6] 朱启保.市场调查.北京：中国科学技术大学出版社，2009.
[7] 柯惠新.市场调查.北京：高等教育出版社，2008.
[8] 赵轶.市场调查与分析.北京：北京交通大学出版社，2008.

任务二　市场调查计划的编制

◆ 知识目标

1. 熟悉市场调查计划的编制过程；
2. 掌握市场调查计划的内容与格式。

◆ 能力目标

1. 掌握编制市场调查计划的方法与技巧；
2. 能够针对具体的市场调查项目编制市场调查计划。

◆ 引导性案例

餐饮开店前如何做市场调查？

有的人一看见某某店铺转让，觉得其门面不错，价格也不贵，便贸然接手，殊不知开店之后才发现目标市场太小，甚至造成“无人上门”的窘境，但为时已晚。若你平时细心观察，有时便会发现某店铺上经常都写着转租二字，老板换了一个又一个，说明都没赚到钱。相反的情况是：有的店铺几年来一直没有改变，这说明该店有生意可做，有钱可赚，其选择是正确的。一般来讲，开店之前的市场调查包括以下几个方面。

①店铺周围环境如何。

环境的好坏有两种含义。一种含义是指店铺周围环境状况。比如有的店开在公共厕所旁或附近，不远处便是垃圾堆、臭水沟或店门外灰尘飞舞，或邻居是怪味溢发的化工厂等，这便是恶劣的开店环境。另一种含义指店铺所处位置繁华程度。一般来讲，店铺若处在车站附近、商业区域人口密度高的地区或同行集中的一条街上，这类开店环境应该具有比较大的优势。另外，三岔路口、拐角的位置较好，坡路上、偏僻角落、楼屋高的地方位置欠佳。

②交通条件是否方便。

顾客到店后，停车是否方便；货物运输是否方便；从其他地段到店乘车是否方便等。交通条件方便与否对店铺的销售有很大影响。

③周围设施对店铺是否有利。

有的店铺虽然开在城区干道旁，但干道两边的栅栏，却使生意大受影响。因此，在选择临街铺面时，要充分注意这点。如何选择呢？典型街道有两种：一种是只有车道和人行道，车辆在道路行驶，视线很自然能扫到街两边铺面；行人在街边行走，很自然地进入店铺。但街道宽度若超过 30 米，则有时反而不聚人气。据调查研究，街道为 25 米宽，最易形成人气和顾客潮。另一种典型街道是车道、自行车和人行道分别被隔开，其实这是一种封闭的交通，选择这种位置开店也不太好。

④服务区域人口情况。

一般来讲,开店位置附近人口越多,越密集越好。目前很多大、中城市都相对集中形成了各种区域,比如商业区、旅游区、大学区等,在不同区域开店应注意分析这种情况。

⑤目标顾客收入水准。

在富人聚集的地段开设首饰店、高档时装店便是瞅准了目标顾客高收入这一特点。城市周边建设的各种商业别墅群或有档次的小区,都是富人聚集的地方。影响开店位置的因素很多,因素也千差万别。为什么有的偏僻小巷的店铺生意年年兴隆,而有的繁华地段的店铺经营艰难,这正应了一句哲语:具体情况具体分析。位置的好坏,是相对的而非绝对的。生意的好坏不仅仅取决于店铺位置,还与店铺经营内容、经营方式、服务、形象均有密切关系。开店,绝非跟着感觉走就万事OK,只有理性和感性合二为一,才能成功。

案例来源:百度文库《实体店的开店流程》。

通过上述案例,请思考:开店经营前为什么要进行市场调查?如何根据一个具体的经营项目制订市场调查计划?

子任务一 市场调查计划

一、市场调查计划的概念与作用

市场调查计划就是根据调查研究的目的和调查对象的性质,在进行实际调查之前,对调查工作总任务的各个方面和各个阶段进行的通盘考虑和安排,提出相应的调查实施计划,制定出合理的工作程序。

市场调查是一个科学性很强、工作流程系统化很高的工作。它是由调查人员收集目标材料,并对所收集的材料加以整理统计,然后对统计结果进行分析以便为决策提供正确的方法。在实际中,面对一个调查项目,需要工作人员做的第一项工作是明确市场调查的任务,科学设计调查计划,以保证调查工作有秩序地进行,减少盲目性,从而最大限度地节约调查费用和时间。只有设计周密的调查计划,市场调查的各个环节才能有条不紊地进行,调查工作才能保质保量地完成。

调查计划要考虑调查项目的各个方面。调查无论大小,都要涉及调查目标、内容、对象、方法、人员、时间、资金等。只有把调查项目的各种因素全盘考虑,才能使调查项目低成本、高效率地完成,才能使调查结果真正解决企业的问题。由于市场调查是企业经营和市场营销的经常性工作,因此人们已经不仅仅局限于是否能够完成市场调查,而更注重市场调查水平、质量和效果,因此调查计划的水平、质量也日显重要。市场调查是一种具有工作周期的活动,一般要经历市场调查准备、调查资料的搜集、调查资料的整理、数据资料的分析等环节。市场调查必须对这些工作事先进行统一考虑和安排,这样才能保证调查工作有秩序、有步骤地顺利进行,减少调查误差,提高调查质量。编制调查计划对整个市场调查项目有重要作用。

编制市场调查计划是从定性认识过渡到定量认识的开始阶段。虽然市场调查所搜集的许多资料都是定量资料，但任何调查工作都是先从对调查对象的定性认识开始的，没有定性认识就不知道应该调查什么和怎样调查，也不知道要解决什么问题和如何解决问题。例如，要研究某产品生产企业的生产经营状况，就必须先对该企业的生产经营活动过程的性质、特点等有详细的了解，设计出相应的调查指标以及搜集、整理调查资料的方法，然后再去实施市场调查。因此可以认为，编制市场调查计划本身就是一个理解调查对象，形成研究思想，寻找解决问题方法，并从定性认识到定量认识的深入过程。

编制市场调查计划对市场调查项目具有统筹兼顾、统一协调的作用。市场调查是一项复杂的系统工程，对于大规模的市场调查来讲更是如此。在调查中会遇到很多复杂的矛盾和问题，其中许多问题是属于调查本身的问题，也有不少问题则并非是调查的技术性问题，而是与调查相关的问题。例如，抽样调查中样本量的确定，按照抽样调查理论，可以根据允许误差和把握程度大小计算出相应的必要抽样数目，但这个抽样数目是否可行则要受到调查经费、调查时间等多方面条件的限制。编制市场调查计划对市场调查项目的成败有直接影响。正因为如此，专业调查机构中编制市场调查计划是由经验丰富的人员承担的。

编制市场调查计划是调查实力的综合体现。市场调查人员通常包括资料收集人员、分析研究人员和项目管理人员，其中项目管理的水平就体现在制订计划和实施计划上。考察专业调查机构的业务实力，一般包括设施、人员、资料及信息系统、业务经验等，其中编制调查计划的能力是业务经验的重要组成部分。例如，成熟的专业调查机构在开展调查业务时，都必须借鉴以前的工作经验，而这些工作经验最集中的体现就是调查计划。因此，要想提高市场调查水平，就要非常重视编制调查计划。

二、市场调查计划的特点

市场调查计划应具有以下特点。

1. 可操作性

这是决定一份市场调查计划实践价值的关键所在，也是任何一个实用性计划的基本要求。否则市场调查计划的制订就是一个失败，市场调查计划就失去了它存在的价值。

2. 全面性

调查计划设计本身带有一种全局性与规划性特点，它必须能够统领全局、直指调查目标并保证目标的实现。

3. 规划性

市场调查计划设计本身正是对整个调查统筹规划而出台的，是对整个调查工作各环节的统一考虑和安排，未雨绸缪，谋划未来。

4. 科学性

调查计划的制订必须遵循科学性，这与如何使用调查资料、调查资料的采集方法等密切相关。比如样本量的确定，必须采用科学正确的抽样方式及正确的样本量计算方式，才能保证调查结果的可信。

三、市场调查计划的结构

一份完整的市场调查计划书格式通常如表 2-1 所示。

表 2-1 市场调查计划书格式

市场调查计划题目
目录 一、前言 二、调查背景 三、调查目的 四、调查内容 五、调查对象及抽样 六、调查方法 七、调查程序及安排 八、调查最终成果 九、调查经费预算 十、附录

前言概括说明了一项调查活动的要点，使他人能够对该项目有一个初步了解。调查背景描述了和市场调查问题相关的背景，包括委托人的情况，项目谈判过程和调查项目协议等。调查目的描述了调查项目要达到的目标，调查项目完成所产生的现实意义等，它通常也是调查项目委托人的根本意图。调查内容给出了调查采集信息资料的内容，以及根据调查资料所进行研究的领域；调查内容是调查目的的具体化或围绕调查目的来展开。调查对象及抽样说明了调查数据资料的来源，调查对象之间的相互关系，它是根据统计学原理而设计的。调查方法给出了收集资料的类别与方式，调查采用的方法，问卷的类型、时间长度、平均会见时间等，实施问卷的方法等。调查程序及安排则是调查项目的组织过程，包括从调查计划制定、问卷设计、抽样方案设计、具体抽样、访员培训、实地调查、数据整理、数据分析和撰写调查报告的各个环节。调查最终成果说明了调查结果的形式、质量要求，以及调查成果的递交方式和口头汇报等。调查经费预算是调查项目各种费用支出的明细和总额。附件是那些市场调查计划涉及，但又与正文有一定差距，篇幅较长或具有独立性的资料，包括调查问卷、调查表、调查人员介绍等。

市场调查计划不是一成不变的。多数市场调查机构在长期调查实践中常常总结出自己独特的市场调查计划框架。这些框架对市场调查计划的细节进行了长期拟合，因而使调查计划周密严谨且便于实施。另一方面，项目设计人员可以根据这些框架，填入相应部分就可以完成市场调查计划的设计，因而大大提高了编制计划的效率。

四、市场调查计划的编制步骤

编制市场调查计划是按照市场调查计划的结构进行的。一般的编制步骤也是围绕调查项目的基本要求，通过确定调查目标、资料收集的类型及方法、调查的范围与对象、问卷设计、资料的处理方法、组织安排计划等一系列工作完成的。这些工作基本包括以下一些内容。

1. 确定调查目的

调查者需要在分析调查问题与企业和所属行业相关的各种历史资料和发展趋势（包括销售额、市场份额、盈利性、技术、人口统计、生活方式等）基础上，掌握企业的各种资源和面临的制约要素，分析决策者的目标，通过与决策者讨论、会见专家、分析有关的第二手资料、开展定性调查等，确定市场调查问题及目标。

2. 确定调查的对象

调查对象是依据调查的任务和目的而确定的调查范围内需要调查的对象总体。

3. 确定调查内容和调查表

这可以达到解决如何把已经确定了的调查主题进行概念化和具体化，解决调查内容如何转化为调查表的问题。

4. 确定调查方式和方法

根据调查项目所要解决的问题和所要实现的目标，考虑获取信息资料的成本，确定需要哪些信息资料，然后逐项考虑其可能的来源，结合调查队伍的状况和预算，确定资料收集的方法。

5. 设计数据分析方式

预先对资料的处理与分析进行设计，形成资料处理的计划，其中应包括确定资料处理的基本目标和要求，数据资料的处理技术，使用的分析软件，数据资料的处理结果及形式等。

6. 确定调查项目预算

根据调查工作量的大小，确定工作对调查人员的要求及需求规模，设定调查需要的必备物资，充分考虑到各项可能的开支因素，尽可能确切地估算可能需要的经费总额。

7. 确定其他内容

包括确定调查时间，安排调查进度，确定提交报告的方式，调查人员的选择、培训和组织等。其中，调查时间规划必须在保证满足项目完工的日程要求的前提下，充分考虑各项工作的逻辑顺序、各项工作的难易程度、调查与预测力量的使用可能等因素，考虑到意外情况的出现，留有充分的时间余地，进行精心设计。

五、市场调查计划的可行性

调查计划的制订必须依据实际情况，不仅要科学，而且要具有可行性。只有操作性强的调查计划才能真正成为调查工作的行动纲领。

例如，进行概率抽样要具有抽样框。没有合适的抽样框，就难以实施真正的概率抽样。再例如，对调查中的敏感性问题，受访者的拒访率通常是比较高的。如果这些敏感性问题不是特别必要，在设计中可以删去，以便为调查创造一个宽松的环境。如果这些问题十分必要，不能删除，就要从可行性的角度想一些措施，降低问题的敏感性，使调查不会由此受到影响。总之，调查计划的各项内容设计都必须从事实出发，具有可行性。尤其对一些复杂群体和复杂内容的调查，可行性是评价计划方案优劣的主要标准。

以下我们选用一段小资料，来说明市场调查计划在可行性方面可能出现的问题。

市场调查常见的误区

1. 调查问题界定不明

同一个企业在不同发展阶段中所遇到的营销问题不同，不同的企业在市场中所处的环境也都不同。针对企业实际情况界定问题是市场调查所要解决的首要课题。不能准确地发现问题，所有的策略、创意以及营销手段都将成为空谈。企业在界定调查问题时，或将问题定得过于宽泛，或将问题定得过于狭窄，或弄不清究竟是要进行探测性、描述性还是因果性调查等。

2. 调查方法选取不当

市场调查常见的方法有：案头调查法、访问法、观察法和实验法。其中具体的访问调查又可分为面谈访问、邮寄访问、电话访问、小组讨论等，各种方法均有其特点和适用性，比如面谈访问法的有调查范围较窄、回收率较高、投入人力较多、费用高、时间长等特点，邮寄访问法则有调查范围较广、但回收率低、投入人力较少、费用较低、时间长的特点。多数企业或不知如何选取哪种方法，又或各种方法都运用，花费了大量的人力和时间，最好收集的资料也难以达到准确、及时、经济可行的要求。

3. 调查对象选择混乱

调查对象也叫调查样本，样本抽取的不合理也是企业经常发生的一个误区。不同年龄、不同性别、不同学历、不同职业的被调查对象对调查问题的反应是不同的，调查对象选择混乱将严重影响到市场调查的准确性，甚至可能得出错误结论。另外由于在实际抽样的过程中，除了由于随机抽样产生的必然误差外，还会有很多原因会导致其他各种误差，不少企业不注意误差的控制，最后使得调查的结论可信度不高。

4. 调查工具设计不合理

调查工具有访谈提纲、问卷等，对工具的设计应该周密、详尽、有序。调查工具在设计初稿后，还应进行试调查和若干次的修正，才能定稿并大规模运用。调查工具的设计和使用也是调查过程中容易出现误区的环节。

5. 调查人员不合格

调查人员不合格主要来自两方面：选择不当和培训不足。一些企业没有设置独立的市场调查预测部门，也无专职人员，在做具体的市场调查任务时，随意挑选企业的内部员工或外部兼职的调查人员组成调查团队，殊不知市场调查是一项高度智力性的工作，又是一项繁杂、辛苦的工作，能否选到合格的调查人员，将直接决定调查项目的成败，调查人员除了具备一般经济管理人员的素养外，还应有良好的沟通能力、高度的敏感性、良好的工作态度、严谨细致的作风等。另外，我国调查企业对基础统计分析方法的掌握程度良莠不齐，一般性描述统计分析在国内的调查企业中都常有运用，但复杂些的推断统计方法的使用则因企业人员专业素质的不同而差异很大。有些百人以上的民营研究公司中，真正懂推断统计方法的人员却寥寥无几。

上述小资料说明市场调查计划常常存在这样或那样的问题。因此，为保证市场调查计划的可行性，通常在市场调查计划编制完成后对该计划进行一定分析评价。这些分析评价主要从四个方面进行，即调查计划是否体现调查目的和要求，调查计划是否具有可操作性，调查计划是否科学和完整，调查计划是否能保证调查质量高、效果好。

有时，为保证调查计划的可行性，还可对部分调查计划进行模拟实施。调查计划的模拟实施是只对那些调查内容很重要，调查规模又很大的调查项目才采用模拟调查，并不是所有的调查方案都需要进模拟调查。模拟调查的形式很多，如客户论证会和专家评审会等形式。

通过调研计划的模拟实施，可以发现调研计划存在的问题，及时地修改计划，确保计划有效实施。

子任务二 市场调查计划的编制

一、编制市场调查计划前的准备工作

(一)收集相关信息

现代经济社会中市场变化的因素很多,市场调查所涉及的范围也十分广泛。在编制市场调查计划前,需要对相关调查所涉及的信息进行初步了解,以便对调查项目做到心中有数。一般来说,编制市场调查计划前需要了解宏观环境、周边环境和企业经营等信息。

1.宏观环境信息

影响市场营销的宏观环境主要包括:人口环境、经济环境、自然环境、技术环境、政治法律环境和文化环境。

人口是构成市场的第一位因素。因为市场是由那些想购买商品同时又具有购买力的人构成的。人口数量多少及其增长速度直接决定市场的规模及其潜力,而人口的结构与布局则直接决定目标市场和市场格局。

经济环境是企业市场营销所处的外部经济条件,其运行状况及发展趋势会直接或间接地对企业营销活动产生影响。一般来说,经济环境主要包括经济发展水平、产业发展状况以及居民个人收入状况等。

自然环境包括自然资源环境和自然地理环境,不同的自然环境状况会不同程度地影响企业市场营销活动。

现代科学技术是社会生产力中最活跃的和决定性的因素,它作为重要的环境因素,不仅直接影响着企业内部的生产经营活动,而且还同时与其他环境因素相互依赖、相互作用,影响着企业的生存与发展。

政治和法律环境是影响企业生产经营的重要的宏观环境因素。政治环境因素极大地控制和调节着企业的行为模式和发展方向,法律环境因素则规定和制约着企业的行为准则和经营效果。

文化环境是指一个社会的教育水平、价值观念、宗教信仰、风俗习惯等方面的总和,文化环境因素是市场营销策划不可忽视的一个重要因素。

2.周边环境信息

周边环境信息主要是指企业的微观外部环境信息和企业内部环境信息,它是市场营销信息的重要内容之一。周边环境信息主要包括企业的供应商、营销中介、顾客、竞争者、社会公众以及公司内部参与营销决策的各个部门。

供应商是指向企业及其竞争者提供生产产品和服务所需资源的企业或个人。供应商所提供的资源主要包括原材料、设备、能源、劳务、资金等。如果没有这些资源作为保障,企业就无法正常运转,也就谈不上提供市场所需要的商品。因此,供货商构成了对企业营销活动最直接的影响和制约因素。

营销中介是指协助促销、销售和配销其产品给最终购买者的企业或个人,它包括中间商、实体分配机构、营销服务机构和财务中间机构等。这些都是市场营销不可缺少的环节,大多数企业的营销活动都必须通过它们的协助才能顺利进行。因此，必须重视中介组织对企业营销活动的影响，了解并处理好企业同它们之间的关系。

企业的一切经营活动都是以满足顾客的需要为中心的。因此，顾客是企业最重要的环境因素。顾客是企业服务的对象，也是企业的目标市场。

竞争是商品经济的基本特征，只要存在商品生产和商品交换，就必然存在着竞争。任何企业在进行生产经营活动中，都不可避免地要遇到竞争者的挑战。从购销关系看，主要存在着三种类型的竞争关系：一是买者与买者之间争夺资源的竞争；二是卖者与卖者之间争夺销路的竞争；三是买者与卖者之间争夺优惠条件的竞争。不同的竞争关系及不同的竞争对手，直接影响着企业的营销活动。

公众对企业营销活动举足轻重。公众实际上是一个群体，他们对企业的生存和发展有着现实的或潜在的影响作用。一般来说，公众主要包括金融界、媒介公众、政府机构、公民行动团体、地方公众、一般公众和内部公众等。企业的营销策划必须关注公众这一重要群体，保持并发展同他们之间的关系。

影响市场营销活动的企业内部环境因素主要包括决策层、管理层、财务部门、研究与开发部门、采购部门、生产部门、会计部门等。这些管理层和职能部门存在着既竞争又合作的关系，它们之间的协调与配合直接影响着企业为市场服务的能力。

3. 企业经营信息

企业经营信息是指与企业本身生产经营活动直接关联的信息因素，它主要包括产品信息、价格信息、分销信息和促销信息等。

产品（包括服务）是企业赖以生存的物质基础，一个企业要想在竞争中求得生存与发展，就必须不断地生产（或提供）顾客需要的产品（或服务）。因此，了解产品信息是市场营销策划中必不可少的一项。产品信息主要包括：产品的设计，如功能设计、用途设计、使用方便和操作安全的设计、产品的品牌和商标设计以及产品的外观、包装设计等；产品的质量，如产品的性能标准、安全标准、卫生标准、耐用程度等；产品的生命周期；产品的组合与产品系列；老产品的改进，新产品的开发；产品的销售技术服务等。

价格对产品的销售和企业的获利状况具有直接影响，了解产品价格的信息，对于制定正确的价格策略具有重要意义。价格信息主要包括：市场供求情况及其变化趋势，影响价格变动的相关因素，产品的需求价格弹性，替代产品的价格，新产品的价格确定，老产品的价格调整，目标市场对本企业品牌价格水平及其变化的反映等。

销售渠道的选择是否合理，产品的储存和运输安排是否恰当，这些对于企业提高销售效率、缩短交货期限和降低销售费用有着重要的作用。分销信息主要包括：分销渠道的结构与类型；分销渠道的覆盖范围与销售效率，各类中间商包括批发商与零售商、代理商与经销商之间的比较；产品的储存与仓库选址以及储存的规模、时间；各种运输工具及其运输路线和成本的比较等。

促销也是企业经营活动的一项重要内容。促销信息主要包括：广告，即广告媒体、广告效果、广告时间、广告预算等；人员推销，即销售力量大小、销售人员素质、销售人员的分工、有效的人员促销等；各种营业推广；公共关系与企业形象等。

（二）探索性研究

探索性研究是指根据企业需要，对市场调查项目的目标进行定义，收集相关信息并进行初步分析，然后在此基础上拟定出具体调查项目。

对市场调查项目的目标进行定义就是对一个市场调查项目进行整体性描述，并确定该项目的具体组成。一般而言，一个调查项目只能解决一个方面或几个方面的问题，只有界定清楚市场调查项目的目标，才能进一步去设计与执行市场调查项目，否则市场调查的成本可能会超过调查的收益。

市场调查项目的目标进行定义后，调查计划编制人员需要收集信息和进行小范围的定性研究来进一步使调查项目的轮廓清晰化。收集信息的范围就是我们前面所述的宏观环境、周边环境和企业经营等信息。调查计划编制人员要尽可能地将收集到的信息资料阅读一遍，并从中摘录有关事项进行深入研究分析。这些对以后确定调查项目和调查对象等有重要帮助。

探索性研究的最后工作是拟定出具体调查项目，或将调查目标转化成可操作具体指标。这项工作是落实调查任务的关键环节，一般是根据调查主题和目标，详尽列出有关概念、相关因素，并判断这些因素或概念之间的关系。这种分析可以使编制调查计划的人员清楚地了解一个调查项目的范围，调查项目中哪些因素是关键性的、主要的。拟定具体调查项目也可以依据所制定的研究目标，决定需要何种资料，需要获得哪些统计数值。通过构想一个调查项目及可得到的统计数值，研究这个构想的数值对于调查目标有什么作用或对企业决策有什么作用。保留那些与调查目标密切相关的统计数值，而相关程度不高的统计数值进行修订或舍弃。

二、编制市场调查计划的具体内容

在探索性研究完成之后，开始正式编制市场调查计划。正式编制市场调查计划可以看做是把市场调查规范与具体市场调查项目要求相结合的过程。多数调查机构不会从头编制调查计划，而是在已有调查计划模板上进行修改。

市场调查计划的内容包括：确定调查目的；确定调查对象；确定调查内容；确定调查时间、地点和调查期限；确定调查方法；确定资料整理与分析方法；确定调查项目预算；确定提交报告的方式以及调查项目的组织10项内容。

（一）调查目的

市场调查的目的取决于一项调查具体想解决什么问题。

一般来说，企业进行市场调查可能有以下一些目的，了解投资环境、竞争对手表现、消费者需求、自身品牌影响力等，不同企业、不同部门、不同需要，市场调查的目的会相差很大。

明确调查目的，就是明确我们为什么要调查？通过调查要取得什么样的资料？取得这些资料有什么用途？等等。例如，某企业在经营过程中出现产品销售量下降的情形，此时确定的调查目的可能是“发现引起产品销售量下降的原因”。而这些原因可能是：产品结构不合理；服务质量下降；消费者购买力下降；企业促销不利；竞争者产品大幅降价等。这些问题涉及面广，比较笼统，需要找出主要原因。调查目的决定调查的范围和方式，在调查计划设计中，首先要明确调查目的，才能进行调查计划设计的其他内容。

例如，浙江省一软件开发商推出一个家教软件，同时他开始面临投资多少资金开发市场的决策问题。市场调查公司要帮他收集什么信息呢？这次的调查问题是：国内家庭电脑拥有量是多少？愿意购买家教软件的比例是多少？对该类软件的接受价位如何？然而，你可能已经发现了其中的毛病。第一个问题应该改为：国内在用并且配置能支持该软件的家庭电脑有多少？第二个问题也得改为：其中愿意购买正版家教软件的比例是多少？调查问题的明确决定了调查数据是否精确有效，而在调查设计中把这一重要环节“省略”的操作者，正是无效调查报告的始作俑者。

(二)调查对象

调查对象是根据调查目的选定的市场参与者。依据调查的任务和目的，确定本次调查的范围及需要调查的那些现象的总体，就是解决向谁调查的问题，它是由某些性质相同的调查单位所组成的。

确定调查对象，决定着调查的范围大小，牵涉到调查时间、方法等方面因素。不论是全面调查还是非全面调查中，调查对象的确定都非常重要。它决定着调查工作量的大小、调查结论的推广范围、调查费用的高低、调查方法的选择等具体问题。

(三)调查内容

确定调查内容就是确定调查的具体项目。调查项目是指取得资料的项目，它是表明调查对象特征的各种标志，也就是明确向被调查者调查什么问题。

调查项目可以有多种选择，选择的原则取决于调查目的，也就是说，应依据调查目的选择调查项目。例如，调查对象为消费者，常选择的调查项目有性别、年龄、收入、职业、受教育程度等。如要做某一产品的调查，项目则常包括产品质量、销售数量、价格、购买时间等。调查项目是为了取得资料而设计的，是调查内容的具体化。

在确定调查内容时，除了要考虑调查目的和调查对象的特点，还要注意以下问题。

(1)确定调查项目应当既是调查任务所需，又是能够取得答案的。凡是调查项目的需要又可以取得的调查项目，都要列入调查项目中，否则不要列入。项目亦不宜过多。

(2)调查项目的表达必须明确，要使答案具有确定的表达形式，否则被调查者会产生不同理解而给出不同的答案，造成汇总的困难。

(3)调查项目之间尽可能相互关联，使取得的资料相互对照，以便了解现象发生变化的原因、条件和后果，从而检查答案的准确性。

(4)调查项目的含义要明确、肯定，必要时还可附以解释。

(四)调查时间

调查时间是指调查在什么时间进行，需要多长时间完成。不同的调查课题和不同的调查方法，有不同的最佳调查时间。例如，对于入户调查，最好的调查时间是晚上或周末休息日，这时家中有人的概率大，成功率高；若采用观察法掌握超市的顾客流量，为了使样本具有更好的代表性，应选择不同的时间段。因为一天当中不同的时间段顾客流量有很大差异，在一周当中，工作日和休息日顾客流量也有很大不同，只有对观察的时间段精心设计，才能科学、合理地推断结论。另外，调查的方法和规模不同，调查工作的周期也不同。例如，邮寄调查的周期较长，而电话调查的周期较短，网络调查可能最快。大规模的入户调查，其周期也是比较长的。因此，对调查的工作时间和进度安排，需要事先有周密的计划。

(五)调查地点

调查地点通常与调查单位是一致的，但也有不一致的情况，二者不一致时，必须确定调查地点。例如，人口普查规定调查登记常住人口，即人口的常住地点，若登记时不在常住地点，或不在本地常住的流动人口，则需要明确规定处理办法。以免调查资料出现遗漏和重复。

(六)调查方法

在调查计划中,还要明确采用什么样的方法取得调查资料。

调查的方法多种多样,主要有实地调查和室内调查。实地调查就是运用科学的方法,系统地现场搜集、记录、整理和分析有关信息,为预测和决策提供正确可靠的信息。企业自行展开的实地调查,无论对于企业准备、实施或是调整经营战略和经营决策,都是不可缺少的。仅仅依靠室内调查的结果,就匆忙进行经营决策,往往会失之偏颇。反之,企业自行展开的实地调查,可以利用访问、观察和实验的方法,针对企业在室内调查中没能确认的问题,寻找确凿的答案。访问法又有入户调查、电话调查、邮寄调查等。

1. 实地调查

实地调查是指企业集中搜集可用于市场分析的和第一手信息,通常采用的办法是询问、观察和试验,然后用统计方法汇总和分类信息。而在询问法中,又可以依据调查人员与调查对象接触方式的不同,分为面谈询问、书面询问和电话询问等。

询问法就是利用调查人员和调查对象之间的语言交流来获取信息的调查方法。询问法的特点是,调查人员将事先准备好的调查事项,以不同的方式向调查对象提问,将获得的调查对象反应收集起来,作为市场信息。

面谈询问,即调查人员按照选出的调查样本和规定的访问程序进行的个人面谈或小组面谈,是调查中最常用的方法。

电话询问,即调查人员按照抽样规定用电话询问调查对象。这种方法的主要优点在于能迅速取得所需信息,调查人员不会对调查对象产生心理“压迫”。

书面询问,即将设计的书面材料交与邮寄给调查对象,请其填写,再收回或寄回。这种方法的主要优点是可以用于样本广泛分布的较大的地域,答复时间相对充裕,调查成本比较低,各地答案多寡不一,误差较大,调查对象可能误解问题的含义,不适宜询问较多问题,调查时间较长,无法获得观察资料。

观察法就是调查人员通过直接观察和记录调查对象的言行来搜集信息资料,这种方法的特点是调查人员与调查对象不发生对话,甚至不让调查对象知道正在被观察,使得调查对象的言行完全自然地表现出来,从而可以观察了解调查对象的真实反应。这种方法的缺点,是无法了解调查对象的内心活动及其他一些可以用询问法获得的资料,如收入情况、潜在购买需求和爱好等。观察法主要用于零售商家了解顾客和潜在顾客对商店商场的内部布局、进货品种、价格水平和服务态度的看法。

试验法,是目前普遍应用在消费品市场的调查方法。凡是要调查商品品种、品质、包装、价格、设计、商标、广告以及陈列方式时,都可以采取试验法。

2. 室内调查

室内调查有两重含义。企业搜集、整理和统计企业内外现成信息,这是“调查”的过程;企业搜集、整理和统计的企业内外现成信息和有针对性地开展的实地调查结果结合起来,进行统计、分析、预测和利用,以便为企业的经营战略和营销决策提供依据,这是“研究”的过程。

企业在进行市场调查时,从成本效益角度考虑,首先要进行的不是实地调查,而是室内研究,以便充分利用企业内外已经存在的信息。以一家房屋建筑企业为例,可以先行搜集、整理和分析企业已经掌握的本地区、乃至全国建筑市场的信息,特别是利用国家和地方政府统计部门发布的行业市场统计数据,这就是室内研究过程。然后,若仍需要特定的市场信息,再开展对建设方的调查。弄清他们对房屋建设和装修的需求,由此确定住房建设和装修的需求状况。这后一过程,就是实地调查。

室内调查的信息来源主要有企业内部资料、政府统计信息、政府专门出版物、行业统计资料、咨询公司情报、学术研究成果、互联网信息等。

(1)企业内部资料。企业可以充分利用自己内部积累起来的各方面资料,以达到市场调查的目的,这些资料主要如下:财务会计资料,特别是资金动用信息、未付账款信息和应收账款信息;企业统计资料,如生产数据、销售数据、营业额数据、广告数据、存货数据、成本信息和财务信息等;企业成本资料,如企业的成本预算情况、成本决算情况和成本核算结果;短期经营信息,如每月经营核算结果、每月上缴企业员工社会保险费用等;企业营销活动信息;此外,如果一家家具零售商,或是电器商场能够免费为顾客送货,那么将送货单收集起来就成了十分有价值的市场信息,据此可以确认潜在顾客和潜在市场所在,甚至可以确认现有顾客的大概数量和潜在顾客的地理分布情况。不过现实情况是,不少企业尚未认识到需要借助于企业的日常经营活动来搜集和整理信息,更没有认识到如此能为市场调查提供完备资料。

(2)政府统计信息。政府统计信息官方分布的统计性资料。中央政府统计资料包括国家统计局发布的国民经济运行情况数据,如统计年鉴、人口和收入统计等;政府发表的行业统计资料,如商业企业名录;政府发表的税赋报告,以及物价水平统计等。地方政府统计资料包括地方政府的统计和报告,如各省政府统计报告。这种统计报告大体有这么几类:人口与就业情况报告;制成品物价水平与价格指数统计;消费水平报告,如对居民收入和水平的抽样调查,说明平均居民户的收入来源、水平、开支水平与开支结构等。

(3)政府专门出版物。以德国为例,德国联邦经济部编辑和出版《德国国内市场统计报告》,每两年出版一集。该部的目录委员会负责出版《商业与经营研究机构目录》、《研究规划》和《商业经营概念定义》。这些资料可供零售商家研究竞争对手之用,如用来研究竞争对手经营规模的扩大情况和营业额集中程度。而后者则可以用作企业的销售研究和市场研究。

(4)行业统计资料。各行业协会会定期出版一些刊物,从这些刊物上获取信息是企业对行业了解的一个有效途径。如世界旅游组织发表世界旅游市场的分析提到,德国人旅游人数最多,在国外的日本人花钱最多,美国旅游业收入最多。像这样的背景信息,用于了解整个行业的发展情况,是十分有用的。

(5)咨询公司情报。如美国盖洛普公司,盖洛普公司在中国建的合资公司的总裁兰斯·塔兰斯说:"中国人了解盖洛普博上,知道盖洛普这个名字。"这家公司刚刚进入中国时,美国的巧克力生产商协会、华盛顿州苹果种植协会和中国农业贸易办公室就向这家合资公司提供了价值 10 多万美元的生意。

(6)学术研究成果。这主要指研究机构发布的信息。世界上现有各种关于经济和管理方面的学术刊物不计其数,各种半学术的大众读物更多里面通常载有关人国家、人口、收入水平、消费倾向等各方面情况的报道、研究报告、论文等,从中可以获得大量的二手信息。一般的经济、管理和商业类杂志包含有十分丰富的市场信息,而且专业性的日报也是如此。美国的商业日报、华尔街日报、财富杂志是这方面的典型代表。我国也为数不少,如中国经营报,销售与市场杂志等。

(7)互联网信息。在"Internet"已成为人们谈论最多的话题的时代里,互联网络无疑在众多信息获取手段中以速度快、信息量大、付费少的特点而受到青睐。这种数据库中通常有统计资料、研究报告等，一般来说，自1970年以来出版的专业资料在其中都可以找到。而且，电子商务发展迅速，许多商品都可以在网上交易和结算。利用互联网进行市场调查也是MR(Market research)业的新的发展方向。

资料搜集途径也是非常广泛的。

(1)一般搜集途径有订购公开出版物；从有关情报机构、信息咨询机构、信息预测部门获取信息资料；国家和上级主管机构发布的各种政策文件、法规、通知、计划等；与有关单位进行资料交换；通过各种经常性联系部门获取有关信息资料；通过各种会议、广告搜集资料；通过企业建立长期的人际关系网搜集所需要的信息。

(2)国际市场信息资料搜集途径有出国考察、进修、讲学、参加国际性会议；通过官方与企业驻外机构和经贸信息系统；与国际机构建立信息往来制度，如联合国开发计划署、联合国统计司、世界银行、国际货币基金组织、世界贸易组织、跨国公司中心、欧洲经济共同体，以及许多国家和地区官方、半官方的信息机构。

(3)从竞争对手获取信息资料，从竞争对手的去职或现职人员搜集信息，如从潜在的应聘者中套取信息情报，出高薪聘用对方的高级职员，以合作的形式套取对方的情报，雇用对方的设计人员做顾问，通过各种会议获取竞争对手的信息等。从竞争对手往来客户获取信息，如与竞争对手的基本客户交谈，与竞争对手的顾客接触，从竞争对手产品的包装、仓储、运输过程得到对方商品的有关情报等。从公开出版物和文件中了解对手的情况，如分析竞争对手的招聘广告和劳务合同，得知对手的人才状况；研究空中摄影照片，发现其产品变化的线索；对商业文件进行分析等。运用技巧观察和分析对方，如以假身份参观对方工厂，拆卸竞争对手的产品进行工艺还原，购买竞争对手的工业垃圾进行研究等。以上搜集情报的手段，从道德观念上来评论可能引起争议，但在激烈的市场竞争中，企业利用各种合法的手段去获取所需的信息资料往往是必要的，同时也是合理的。

(4)有偿情报信息有聘请业余信息员；向一些收费的情报部门、统计部门、信息中心、信息咨询公司购买所需的数据资料。向一些同行购买声像资料，或委托其复制、翻印、录制一些所需要的声像资料、图片等，并付给一定的费用。通过有偿、有奖征集取得所需的情报信息，即对提供信息资料的协作单位给予一定的经济报酬，对那些产生重大经济效益的情报信息给予重奖，对企业中提供了各种有价值情报信息和有价值建议设想的职工进行物质奖励。

市场调查常用的方法还有探索性调查、描述性调查、因果关系调查、预测性调查及其各种方法的有机结合。在调查时，采用何种方法不是固定和统一的。一般来说，调查方法应适应调查对象和调查任务。

调查方法还包括确定科学的抽样方法。抽样方法主要设计到样本数的多少、取样的比例分配以及取样的范围等。抽样方法有随机抽样和非随机抽样。在随机抽样中有简单随机抽样、系统抽样、分层抽样、分群抽样等方法可以选择；在非随机抽样中有判断抽样、方便抽样、配额抽样等常用方法可供选择。选择不同的调查方式和抽样方法，调查结果会有所不同，有时还会产生很大差别。

随着科技的进步，人们对于数据收集效率要求的提高，网络调查已成为现今调查获取数据的重要方式。如有些企业是完全依靠网络来展开调查的，有些则与传统方法相结合使用，将来还会出现无线网络调查。目前，数据的网络收集方式大致分为网上问卷和网上论坛两种。网上问卷又分为网站发布问卷和电子邮件传送问卷两种；网上论坛调查是指通过BBS和新闻组进行网上调查。不同的网络调查方式各有优劣，企业也应要灵活运用。

（七）资料整理与分析方法

实地调查方法得到的原始资料大多是零散、不系统的，只能反映事物的表象，无法深入事物的本质和规律性，也难免出现虚假、差错、短缺等现象，甚至加上调查人员的偏见，难以反映调查问题的本质与特征。这就要求对原始资料进行加工汇总，使其系统化、条理化。这阶段的工作包括整理初级资料、证实样本的有效性、编表和资料分析。

1. 整理初级资料

资料收集完成后需要进行整理。首先要审查初级资料，将不合逻辑、可疑或明显不正确的部分剔除掉，不时补充不完整的资料，统一数量单位，适当分类，并加以编辑，以供编表使用。具体做法是：

首先要检查资料的真实性和准确程度。真实性检验，既可以根据以往的实践经验对调查资料进行判断，也可以根据调查资料的内在逻辑关系进行判断。如收入和支出之间，如果调查资料显示支出大大超过了收入，显然不符合收支间的逻辑关系。还可以通过各种数字运算来进行检查，如检验各分组数字之和是否等于总数各部分之和的百分比，相加之和是否为100％。

其次要检查收集到的资料是否齐全，有无重复或遗漏。

三要检查记录的一致性和口径的统一性。经过检查，对含混不清的资料或记录不准确的地方，应及时要求调查人员辨认，必要时要复核更正。对于不合格的调查资料应剔除不计，以保证资料的完整性和准确性。如果不合格资料占的比例过高，则需要重新进行调查，予以补充。

2. 证实样本的有效性

要证明样本的真实性和可靠性，可以采用以下方法。

一是利用随机抽样法。此法可估计样本本身的统计误差。

二是采用配额式抽样。先决定样本是否够大，及样本的稳定性如何，然后与其他来源相对照，以检验样本的代表性。

三是比较样本与普通资料。这一方法比较常用。如查核消费者样本，可以比较样本与普查资料二者在性别、年龄、收入等种种特征方面是否有重大差异。如以中间商为样本，则可比较样本与普查资料中有关商店规模、经销商品和商店类型的分配情况。

3. 制作图表

为了方便资料进行分析和对比，必须将整理过的资料根据调查目的和重要程度进行统计分类，制成表格或图形，使资料简洁明了。一般来讲，资料较少时可人工列表，资料较多时需利用计算机列表。利用计算机时可以使用专业的市场调查软件SPSS对编表进行数据分析，也可以使用Excel软件编表并进行数据分析。

4. 资料分析

资料分析的方法主要有统计分析和理论分析两种。

统计分析包括两方面内容：描述统计和推论统计。描述统计，主要依据样本资料计算样本的统计值，找出这些数据的分布特征，计算出一些有代表性的统计数字，它是描述调查观察的结果，包括频数、集中趋势、离散程度、相关分析和回归分析等；推论统计，是在描述统计的基础上，利用数据所传递的信息，通过样本去对全体特征加以推断，即是以样本的统计值去推论总体的参数值，包括区间估计、假设检验等内容。

理论分析是分析数据阶段的重要环节，其任务是在对资料整理汇总统计分析的基础上进行思维加工，从感性认识上升到理性认识。这个程序是各种科学认知方法的结合，即从抽象上升到具体方法，分析综合方法包括：归纳法、演绎法、类推法、公理法、系统法及其他方法的综合。

（八）调查报告的方式

在资料整理分析之后，调查人员必须在规定的时间内完成向管理决策者说明调查结果，即撰写调查报告。调查报告是调查成果的集中体现，是对调查工作最集中的总结。撰写调查报告是市场调查的重要环节，调查者必须用足够的时间和精力，认真准备书面报告和口头汇报。

提交调查报告的方式主要包括报告书的形式与份数，报告书的基本内容、原始数据、分析数据、演示文稿和原始问卷等。有关调查报告的有关内容在专门的章节进行论述。

（九）调查项目预算

调查的开支费用会因调查项目的不同而不同。根据调查工作量的大小，确定工作对调查人员的要求及需求规模，设定调查需要的必备物资，充分考虑到各项可能的开支因素，尽可能确切地估算可能需要的经费总额。通常，在调查前期计划准备阶段的费用安排大体应占到总预算的20%左右；具体实施调查阶段的费用安排可占到40%左右，而后期分析报告阶段的费用安排也占总费用的40%。具体的支出项目包括包括调查策划费、交通费、调查人员培训费、公关费、访谈费、问卷调查礼品费、统计费、报告费等。总之，必须全面考虑各阶段、各项目的费用支出情况，避免节外生枝。

（十）调查项目的组织

实施调查计划，需要有一支训练有素的调查队伍，要做好调查的组织领导、机构设置、人员配备，要能对调查质量进行控制。因此，就要做好调查人员的选择、培训和组织工作。

调查一般都是由若干人组成的调查队伍来完成，所以在考虑调查人员个人素质的同时，还要注意调查队伍的整体结构，要从职能结构、知识结构、能力结构及年龄、性别结构等方面，对调查队伍进行合理安排。

一份完整的调查计划，上述内容均应涉及，不能有遗漏，否则就是不完整的。只有内容全面完整的调查计划，才能为调查提供全方位的指导，才能保证按统一内容、统一方法、统一步骤来开展调查工作，以便顺利地完成调查任务。

三、市场调查计划的评审

市场调查计划制订出来后，需要进行评审，以考察其适用性。调查计划的评审包括两个过程，即调查计划的可行性研究和调查计划的评价。

（一）调查计划的可行性研究

实际应用于一个市场调查项目的计划方案常常不是唯一的，其原因在于调查项目涉及的方面十分复杂，可能的解决方案和调查方法是多样的，而不同的调查计划在结果、成本、时间等方面具有差异。通常，一个市场调查项目确定下来后，会由调查机构和项目委托方共同研究，制订多个调查计划，通过对这些方案进行分析、测试，决定最终的实施方案。

调查计划的可行性研究是从计划方案的可操作性角度进行的分析，重点研究调查计划在财力、物力、人力或时间等限制条件下，所能够达到的最终结果，为方案决策提供依据。调查计划的可行性研究方法很多，最常用的有逻辑分析法、经验判断法和调查测试法。

逻辑分析法是检查所设计的调查计划的各部分内容是否符合逻辑和情理。调查计划设计的出发点是企业要解决的问题或调查目的，围绕调查目的把可能涉及的方面作为调查内容。调查内容是有内在逻辑关系的，并非杂乱无章的；由调查内容所决定的数据资料必须能够使企业所面临的问题得以解决，而与之无关的则不能作为调查内容。例如，对于学龄前儿童进行文化程度调查，对于没有通电的山区进行电视广告效果调查，对于没有使用手机的用户进行手机通话质量调查等，这些都是有悖常理和缺乏实际意义的。调查内容又决定着调查方法和调查项目安排，项目进程必须有条有理地推进。例如，在大城市调查农民生活状况，不考虑流动人口地调查城市交通等，这些调查都存在原理上的错误。

经验判断法是组织一些具有经验的人士，对设计出的调查计划加以初步研究和判断，以说明方案的可行性。多数情况下，市场调查是由专业机构或有一定调查经验的人员来完成的。专业机构或人员在长期调查实践中，会总结出很多经验，掌握特定的调查手段和方法，这些经验、手段和方法对提高调查效果非常有价值。例如，同一调查的数据资料来源不同，所需的成本、时间有明显差异；相关领域的专家知道哪些问题必须调查，而哪些问题是不需要调查的；多数专业机构有较成熟的问卷模板，可以减少从头设计问卷。经验判断法可以大大节省人力和时间，在较短的时间内做出结论。但这种方法也有一定的局限性，由于人的认识的差异性、有限性、客观事物的复杂多变性、各种主客观的因素都会影响人们判断的准确性。

调查测试法是通过试点来对市场调查计划的可行性进行研究。调查测试的目的是使调查计划更加科学和完善，而不是搜集数据资料。调查测试可以选择一些典型进行调查，由于调查规模较小，所以成本、时间的耗用也较小；同时典型调查在过程和方法上与正式调查是相同的，因此可以反映出调查计划的适用性。例如，通过试点来进行实地检验，检查目标制定的是否恰当，调查指标设计是否正确，哪些需要增加，哪些需要减少，哪些规定和说明需要修改或补充，这些试点都要分门别类地提出具体意见和建议，使调查计划的制订既科学合理，又能解决实际问题。

(二)调查计划的评价

调查计划的可行性研究之后，需要对调查计划进行综合评价。评价调查计划的根本目的是进行调查计划的选择，同时也是对调查计划修改完善的一种手段。

调查计划评价应考虑调查计划的目的性、科学性、质量和有效性等多个方面。调查计划的目的性是指该方案是否能够体现调查项目的目的和要求，具体而言，就是调查项目的方法、人力、物力和时间安排是否能够保证获得足够的、正确的数据资料，这些数据资料能否解决调查项目提出的问题。调查计划的可行性是指该方案是否科学、完整和适用，调查计划的设计是否包括了整个调查范围，是否设置了许多相互联系、相互制约的指标，形成了一套比较完整的指标体系，是否具有全面、系统、配套和适用性强的特点。质量是指该方案的各个工作环节是否能够为最终成果提供足够高的质量保证，能否在技术上、组织上降低系统性误差，当出现差错时是否能够发现和及时修正。有效性是指方案设想与现实条件的吻合程度，即在现实条件下哪些方法、手段是简便易行的，哪些方法、手段是效果较差的；对于效果较差的方法、手段有无可以替代的更好的方法、手段。

◆ 案例资料

休闲服装市场调查计划

地处广州的某服饰公司欲开发一种新的休闲服装，但是面对国内休闲服装市场品牌众多，市场竞争激烈的局面，公司决策层认为要取得产品开发与市场推广的成功，需要对目前的市场环境有一个清晰的认识，从现有市场中发现机会，做出正确的市场定位和市场策略。

因此，决策层决定委托市场调查机构开展市场调查与预测分析，通过对市场进行深入的了解，确定如何进行产品定位、如何制定价格策略、渠道策略、促销策略以及将各类因素进行有机整合，发挥其资源的最优化配置，从而使新开发的服饰成功介入市场。

某调研公司接受了该服饰公司的委托，欲承担项目的市场调查任务，制订了调研计划。

一、前言

调研公司通过多次与服饰公司沟通，就休闲服装市场调查达成了共识。目前我国休闲服装市场品牌众多，市场竞争激烈；但另一方面，整个市场又存在以下问题：①品牌定位不清晰；②产品款式同质化现象严重；③产品版型差距大；④市场推广手法雷同等。

服饰公司能否对目前的市场环境有一个清晰的认识，能否在目前的市场竞争状态下找到市场空间和出路，取决于正确的市场定位和市场策略，只有对市场进行深入的了解与分析，才能确定如何进行产品定位，制定价格策略、渠道策略、促销策略，使产品成功介入市场。

在本次调查中，调研公司将集中优势资源，严格把控调研质量，科学实施调研流程，确保调研的顺利完成。

二、调研目的

(1)通过市场调查，为××品牌寻找新的市场空间和出路；

(2)通过市场调查，了解目前男装休闲市场的竞争状况和特征；

(3)通过市场调查，了解竞争对手的市场策略和运作方法；

(4)通过市场调查，了解男装休闲市场的渠道模式和渠道结构；

(5)通过市场调查，了解消费者对男装休闲市场的消费习惯和偏好；

(6)通过市场调查，了解男装休闲市场的品牌三度竞争；

(7)通过市场调查，了解消费者对男装休闲产品的认知和看法等。

总之，本次调查最根本的目的是真实地反映休闲服装市场的竞争状况，为××品牌的定位及决策提供科学的依据。

三、调研内容

(1)宏观市场调查

——休闲服装市场的动态及市场格局

——休闲服装细分市场的竞争特点和主要竞争手法

——休闲服装细分市场的发展和市场空间

——休闲服装细分产品的流行趋势研究

——休闲服装细分市场知名品牌的优劣势分析

——主要休闲服装企业分析和研究等

(2)代理商调查

——代理商对新兴市场的一些看法

——代理商对不同风格休闲品牌的看法
——代理商对市场空间和产品机会的看法
——代理商对新品牌的市场定位的建议
——代理商的市场运作手段和方法
——代理商对产品、价格、款式、种类的需求
——代理商对厂家合作的建议和要求
——代理商对产品组合、市场推广的建议
——代理商目前的市场运作状态与潜在需求之间的差异

(3)零售商调查

——零售商对不同品牌休闲风格的看法
——零售商对当地休闲服装市场的看法
——零售商对产品、价格、款式、种类等的需求及与现有状态间的差距
——不同零售点的产品组合差异性
——当地零售市场的主要竞争手段
——该店销售得好的款式及其原因分析
——该店产品的价格组合方式等

(4)消费者研究

产品调查：

——消费者对目前休闲服装产品的评价
——消费者对产品质地的偏好趋势
——消费者对休闲服装风格的偏好趋势
——消费者对休闲服装款式的偏好趋势
——消费者对产品组合的要求
——消费者对产品色彩的趋势与偏好
——消费者对产品图案的选择和爱好
——消费者对休闲服装产品的潜在需求与休闲服装现状的差距等

购买行为调查：

——消费者购买什么类型的休闲服装(WHAT)
——消费者为何购买(WHY)
——消费者何时购买(WHEN)
——消费者何处购买(WHERE)
——消费者由谁购买(WHO)
——消费者如何购买(HOW)

影响因素调查：

——卖场氛围对消费者购买的影响程度
——影响消费者购买考虑的最主要因素
——品牌对消费者购买的影响程度
——风格对消费者购买的影响程度
——价格对消费者购买的影响程度等

品牌调查：

——休闲服装品牌知名度测试

——休闲服装品牌认知度测试

——休闲服装品牌满意度测试

——××品牌联想测试等

广告信息调查：

——消费者获取信息的主要渠道

——消费者获取休闲服装信息的主要渠道

——目前休闲服装信息的主要传播点等

——媒介接受对称性分析等

竞争对手调查：

——消费者对竞争对手风格的认知

——消费者对竞争对手产品的了解程度

——消费者对竞争对手价格的接受程度

——消费者对竞争对手利益点的接受程度等

样本的构成调查：

——抽样样本的年龄构成

——抽样样本的职业构成

——抽样样本的文化程度构成

——抽样样本的家庭收入构成

——抽样样本的性别构成等

四、问卷设计思路

(1)问卷结构主要分为说明部分、甄别部分、主体部分、个人资料部分；同时问卷还包括访问员记录、被访者记录等。

(2)问卷形式采取开放性和封闭性相结合的方式。

(3)问卷逻辑采取思路连续法，既按照被调查者思考问题和对产品了解的程度来设计，在一些问题上，采取跳问等方式来实行消费者的逻辑思维。

(4)主要问题的构想：消费者单位与职业、过去购买的休闲服装风格、最近购买的休闲服装品牌等。

五、调研区域

以下区域作为调查的主要区域：

广东省为广州与深圳两所城市；省外区为海口、福州、上海、杭州、成都5所城市。

调研区域点的分布原则上以当地的商业中心为焦点，同时考虑一些中、高档生活小区；各个区域要求覆盖以下各个调研点，以保证样本分布的均匀性和代表性。具体地点由督导到当地了解后决定。

(1)商业中心区域；

(2)代理商经销点；

(3)大型商场休闲柜组；

(4)休闲服装专卖店。

六、调研方法与样本量设计

(1)消费者抽样方法:采用便利抽样和配额抽样的方法。本次调查在各个城市中采取在街头或商业场所向过往或停留的消费者做休闲服装市场的产品测试;从总体样本中按照年龄层作为标志把总体样本分为若干类组,实施配额抽样。

(2)经销商、零售商调研方法:本次调查的深度访谈由调研公司有经验的调研人员按照调查提纲来了解相关信息,通过在商业场所观察不同品牌的销售情况和消费者的购买情况,获得市场信息。

(3)文献法:用于内部资料整理、文案研究等。

每个区域的样本量在300～500例之间。(样本量分配略)

七、分析方法

对问卷进行统一的编码、数据录入工作。编码由编码员对已完成的问卷建立答案标准代码表(简称码表),今后进行问卷编码;选择不同地区,不同层次的访问来建码表。

数据录入到电子表格中,并对数据进行电脑逻辑查错、数据核对等检查。

用SPSS或Excel软件对问卷进行数据分析。聚类分析法分析被访者人口背景、消费习惯、生活方式、个性等;因子分析法分析影响消费者购买的原因、品牌差异性等影响;相关分析法分析影响消费者消费、评价品牌、产品与品牌、产品特性之间的内在关系;SWOT分析品牌的内在环境和外在环境,从而明确优势和劣势,认清市场机会和威胁,对于策略性决定有很大的指导作用。

八、组织安排和预算

(1)机构安排及职责:设置项目负责人1名,负责项目的规划实施全过程,并对委托方负责;项目实施督导人员7名,在负责人的领导下组织开展调研工作,负责对调查员培训、督导问卷访谈、进行数据资料的整理分析、承担调查报告的撰写任务等;聘用调查人员70名,接受培训后,按要求完成问卷访谈工作。

(2)调查员的选拔与培训安排:从某高校三年级学生中选择经济类专业70名学生,仪表端正,举止得体,懂得一定的市场调查知识,具有较好的调研能力,具有认真负责的工作精神及职业热情,具有把握谈话气氛的能力。培训内容主要是休闲服饰个体调查问卷访谈要求及技术。

(3)实施的进度安排:分准备、实施和结果处理三个阶段。准备阶段完成界定调研问题、设计调研方案、设计调研问卷3项工作;实施阶段完成资料的收集工作;结果处理阶段完成汇总、归纳、整理和分析,并将调研结果以书面的调研报告表述出来。时间分配为:

调研方案规划设计、问卷的设计　…………　7个工作日
调研方案、问卷的修改、确认　…………　3个工作日
人员培训、安排　…………　3个工作日
实地访问阶段　…………　7个工作日
资料的审核　…………　5个工作日
数据预处理阶段　…………　5个工作日
数据统计分析阶段　…………　5个工作日
调研报告撰写阶段　…………　20个工作日
论证阶段　…………　10个工作日

(4)经费预算:包括策划费、交通费、调查人员培训费、公关费、访谈费、问卷调查礼品费、统

计费、报告费等，具体金额等略。

九、附件

附件包括了聘用调查员承诺书、调查问卷、调查问卷复核表、访谈提纲、质量控制办法等，具体内容略。

◈ 思考题

1. 一份市场调查计划应包括哪些内容？

2. 市场调查计划应具备哪些特点？

3. 如何开展市场调查计划的可行性分析和评价？

4. 从下面给出的指导性题目中选择1个，或自选题目完成市场调查计划的编制：①大学生求职意愿及需求市场调查分析；②大学生消费状况调查；③大学生对学校后勤服务满意度调查；④汽车市场的个体消费需求调查分析。

◈ 参考文献

[1] 简明. 市场调查方法与技术. 北京：中国人民大学出版社，2012.

[2] 赵轶. 现代市场调查与预测. 北京：高等教育出版社，2012.

[3] 马连福. 现代市场调查与预测. 北京：首都经济贸易大学出版社，2009.

[4] 秦宗槐. 市场调研. 北京：电子工业出版社，2007.

[5] 于翠华. 市场调查与预测. 北京：电子工业出版社，2006.

[6] 黄扬杰. 浅析企业市场调研的误区及对策. 商务营销，2011，3.

任务三　调查问卷的设计

◆ 知识目标

1. 掌握调研问卷设计的原则和技巧；
2. 熟悉问卷设计的基本结构；
3. 掌握各种问卷设计技术。

◆ 能力目标

能够结合具体的市场调研问题进行问卷的设计。

◆ 引导性案例

撰写一份优秀问卷的要点

莱恩·纽曼(Lynn Newman)，是马瑞兹(Maritz)公司市场研究部的副主管，曾谈到撰写一份优秀问卷的要点。如果你曾将你认为的“最终”问卷送给一位市场研究人员，结果拿回的问卷上到处是添加或删改的痕迹及其他编辑意见，这并不奇怪。乍一看，撰写问卷并不是一件非常困难的任务：只要表达出你想了解什么，并写出能得到哪些信息的问题即可。虽然撰写问卷很简单，但撰写优秀问卷却不容易。这里有一些在撰写问卷时应该做什么和不应该做什么的要点：

(1)避免应答者可能不明白的缩写、俗语或生僻的用语。比如，你对PPO的意见是什么？很可能不是每个人都知道PPO代表优先提供者组织(Preferred Provider Organization)。如果这一问题以一般公众为目标应答者，研究人员可能会遇到麻烦。另一方面，如果问题针对物理学家或医院管理者，那么缩写PPO很可能是可接受的。

(2)要具体。含糊的提问得到含糊的答案。例如，您的家庭收入是多少？当应答者给出此问题的数字答案时，其答案是各式各样的，如1994年的税前收入，1994年的税后收入，1995年税前收入，1995年税后收入。

(3)不要过头。当问题的要求过多时，人们是不会回答的，他们或者拒绝或者乱猜。例如，1996年您读了多少本书？需给出一个范围：①无；②1～10本；③11～25本；④26～50本；⑤多于50本。

(4)确保问题易于回答。要求过高的问题也会导致拒答或猜想。例如，请您以购买新车时考虑因素的重要性将以下20项排序。你正在让应答者做一次相当大的计算工作。不要让人们为20项排序，应让他们挑选出前5项。

(5)不要过多假设，这是一个相当普遍的错误。问题撰写者默认了人们的一些知识、态度和行为。例如，您对总统关于枪支控制的立场倾向于同意还是反对？这一问题假设了应答者知道总统对枪支控制有一个立场并知道立场是什么。

(6)注意双重问题和相反观点的问题,将多个问题结合起来或运用相反观点的问题会导致模棱两可的问题和答案。例如,“您赞同在私人住宅而不在公共场所吸食大麻合法化吗?”如果此问题精确描述应答者的立场,那么就很容易解释“是”这种回答。但是回答为“不”可能意味着应答者赞同在公共场所吸大麻而不赞同在私人场所吸,或两者都反对,或两者都赞同。“警察总长不应该对市长直接负责吗?”这个问题模棱两可,几乎任何回答都可以。

(7)检查误差。带有误差的问题会引导人们以某一方式回答,但这种方式不能准确反映其立场。有几种使问题存在偏向性的方式。一种方式是暗示应答者本应参与某一行为。例如,“今年看电影《狮子王》的人比看其他电影的人多。您看过这部电影吗?”为了不显示出“不同”,应答者即使没有看过也会说是的。问题应该是“您曾看过电影《狮子王》吗?”另一种使问题具有误差性的方式是使选择答案不均衡。例如,“近期我国每年在援助外国方面花费××万美元。您认为这个数字应:①增加;②保持不变;③稍减一点;④减少一点;⑤大量减少”。这套答案鼓励应答者选择“减少”选项,因为其中有3项“减少”,而只有一项是增加。

(8)预先测试。正式调查之前的试调查,“所有的修改和编辑都不能保证成功。事先测试是保证你的问卷研究项目成功而费用最低的方式。”事先测试的基本目的是保证问卷提供给应答者以清晰、容易理解的问题,这样的问题将得到清晰、容易理解的回答。

案例来源:人人网《调查问卷范文》。

通过上述案例,请思考:调查问卷设计的基本过程是什么?一份好的调查问卷的设计要点有哪些?

子任务一　调查问卷及其设计过程

一、调查问卷

(一)调查问卷及其作用

调查问卷是调查者根据一定的调查目的和要求,按照一定的理论假设设计出来的,由一系列问题、调查项目、备选答案及说明所组成的,向被调查者收集资料的一种工具。调查问卷是在市场调查中广为使用的、简便易行的手段。调查问卷的设计就是根据调查者的目的和要求,将调查问题具体化,使之形成问卷,以便收集数据资料和对数据资料进行处理、统计的工作。

调查问卷的基本作用是联系调查者和被调查者的工具。市场调查是一个调查者与被调查者之间进行信息交流的过程,这种信息交流可以采用面对面访谈、电话采访、焦点会议、书面交流等多种形式,但无论哪种交流形式,市场调查都必须围绕特点主题进行,以防止漫无边际的、答非所问的交流。为了把所需要交流的主题事前确定下来,就需要问卷这种工具。问卷在调查过程中,可以作为提示调查者和把握调查进程的工具。调查者利用问卷安排访问进程,把握访问内容的方向,提高调查的效率。调查问卷有时也可以直接由被调查者进行填写或以邮寄、留置方式给与被调查者,使调查不仅仅局限于面对面访谈。问卷便于被调查者回答,问卷可以将问题量化、标准化,给出问题的选择范围,这样被调查者回答起来更方便,正确度更高。问卷还是调查过程中用于记录的工具,调查者可以把调查信息记录在问卷上,减少资料整理的工作量，防止数据资料的丢失。

调查问卷便于数据资料处理和统计分析。调查问卷采用了规范化形式，将调查内容分解为详细的项目，并按内容的逻辑关系和回答方式在问卷中进行了科学的编排。对于封闭性问题，调查问卷中列出了备选答案；对于开放型问题，调查问卷预留了回答空间。这种设计方式，把调查内容充分展开，使调查者能够理解调查内容，使被调查者很方便地回答。度量表、照片、图表的采用，都便于对被调查者的采访；对问题的注释有利于调查者的自我提示；调查问卷可以设计成美观的形式，以创造良好的调查氛围，使被调查者更愿意接受采访。调查问卷的各项内容，包括问卷编号、问题、备选答案等都可以进行编码，这样在数据处理时能够很容易地使用计算机。

调查问卷具有更高的调查效率。调查问卷自身的规范性，使调查者和被调查者都能以规范形式参与调查，这在调查规模较大时的优势更为明显。调查规模较大时，调查问卷可以大量印刷，这样可以减少调查准备时间；很多调查者采用同样的问卷，可以进行统一的培训；被调查者按同样的问卷进行回答，调查数据具有一致性，便于数据比较和分析处理。

通过上述分析可以看出，调查问卷在现代市场调查中的重要性。也正是这种重要作用，多数市场调查项目会采用调查问卷工具；即使是那些表面上不像调查问卷的工具，如访谈提纲、第二手资料目录、实验数据记录表，实际从本质上与调查问卷也是相同的。

(二)调查问卷的种类

调查问卷在市场调查实践中形成了多种类型，其中最常用的有以下几类。

按使用方法，调查问卷分为自填式问卷和代填式问卷。

自填式问卷是指由调查者发给被调查者，由被调查者根据实际情况自己填写的问卷。自填式问卷可以通过邮寄、留置等方式发给被调查者；问卷可以借助视觉功能，在问题的制作上相对地更加详尽、更加全面；自填式问卷给予被调查者更多的时间，但同时由于没有调查者在场而需要添加更多的填写说明。

代填式问卷则是由调查者按照事先设计好的问卷或问卷提纲向被调查者提问，然后根据被调查者的回答进行填写的问卷。代填式问卷相对于自填式问卷更为简洁，有时只要调查者自己能够看懂即可。

按问卷发放方式，调查问卷可分为送发式问卷、邮寄式问卷、报刊式问卷、人员访问式问卷、电话访问式问卷和网上访问式问卷。

送发式问卷就是由调查者将调查问卷送发给选定的被调查者，待被调查者填答完毕之后再统一收回。这种问卷由于有充足的时间供被调查者思考、查询或向他人请教，因此，在问卷设计上可适当安排一些较深入性的问题。送发式问卷的最大优点是问卷回收率高，缺点是成本偏高。

邮寄式问卷是通过邮局将事先设计好的问卷邮寄给选定的被调查者，并要求被调查者按规定的要求填写后回寄给调查者。邮寄式问卷的匿名性较好，便于设计一些人们不愿在公开场合讨论的敏感性问题。邮寄式问卷的最大缺点是问卷回收率低。如果缺乏必要的跟踪提示的话，很难达到满意的调查效果。

报刊式问卷是随报刊的传递发送问卷，并要求报刊读者对问题如实作答并回寄给报刊编辑部。报刊式问卷有稳定的传递渠道、匿名性好，费用省，因此有很大的适用性，缺点也是回收率不高。

人员访问式问卷是由调查者按照事先设计好的调查提纲或调查问卷对被调查者提问，然后再由调查者根据被调查者的口头回答如实填写问卷。人员访问式问卷的回收率高，也便于设计一些便于深入讨论的问题，但不便于涉及敏感性问题，同时对访问人员的访问技巧有较高的要求。

电话访问式问卷就是通过电话来对被调查者进行访问调查的问卷类型。此种问卷要求简单明了，在问卷设计上时应考虑通话时间限制、听觉功能的局限性、记忆的规律、记录的需要。电话访问式问卷一般应用于问题相对简单明确，但需及时得到调查结果的调查项目。

网上访问式问卷是在互联网上制作，并通过互联网来进行调查的问卷类型。此种问卷不受时空限制，便于获得大量信息，特别是对于一些敏感性、威胁性问题，相对而言更容易获得满意的答案。缺点是对网上所获信息的准确性和真实性程度难以界定。

二、调查问卷设计的基本过程

（一）调查目的与内容的确定

调查的目的和内容是问卷设计的基础，实质其实就是规定设计问卷所需的信息，问卷设计的其他步骤都是围绕它来进行的。在进行问卷设计时，首先要做的工作就是充分地讨论调查的目的和内容。只有认真讨论调查目的和内容，才能确定问卷的内容，否则就会涉及一些无关紧要的调查内容，而漏掉一些重要的调查内容。在讨论调查目的和内容时，要细读调查计划，向计划设计者咨询，与他们进行充分的沟通交流，将问题具体化、条理化和操作化，即变成一系列可以测量的变量或指标。

（二）预备性调查

预备性调查是指问卷设计者带着问题对个别调查对象进行访问。访问的目的一是了解被访者对所要调查的问题的了解程度，以使问卷的表达形式更容易为被访者接受；二是了解在调查范围内，被访者关心的是什么，问得全面与否，是否问到点子上，提供的答案是否合理、全面等。此外，借助于个别访问，问卷设计者还可以判断和预测调查实施中将可能遇到哪些困难，以便提前做好应对准备。

（三）问卷的设计

在经过预备性调查之后，就可以设计问卷的初稿。

首先要明确通过问卷调查要获得哪些信息。如果通过文献调查就能得到的信息，就不必再问卷中出现。其次是确定问卷的主题。要获取的信息可能非常杂乱，必须围绕一个主题。根据问卷主题，可以设立若干副题，副题要围绕主题展开。然后是安排问卷的结构、框架，问题的编排顺序。最后，加上卷首语和相关的记录问题就可以了。

问卷的设计应遵循以下原则：

(1)有明确的主题。根据主题，从实际出发拟题，问题目的明确，重点突出，没有可有可无的问题。

(2)结构合理、逻辑性强。问题的排列应有一定的逻辑顺序，符合应答者的思维程序。一般是先易后难、先简后繁、先具体后抽象。

(3)通俗易懂。问卷应使应答者一目了然，并愿意如实回答。问卷中语气要亲切，符合应答者的理解能力和认识能力，避免使用专业术语。对敏感性问题采取一定的技巧调查，使问卷具有合理性和可答性，避免主观性和暗示性，以免答案失真。

(4)遵守准确性原则，总措辞表达意思要准确并完整，不要模棱两可。一个问题只询问一个问题，不要随意为被调查者做假设。答案选项要准确详尽，避免互相交叉或包容。例如，经常询问的收入问题，应对收入的内容进行界定，是税后收入还是税前收入，是否包括第二职业收入、投资收益、转移收入等。

(5)问题不要带有倾向性，避免诱导性和暗示性。例如，褒义词、贬义词、否定问题都应尽量避免，即尽量不给出中间的"一般/无所谓"选项(以下简称中间项)。这类选项的存在会使被调查者不思考问题，直接选择中间项。实践中经常出现被调查者把量表中所有的题(或多数题)都选择为中间项。当然不给出中间项也会产生偏差，有些被调查者可能对问题本来没有明显偏好，而就近给出选择。要尽可能使被调查者在"被迫"选择的同时已经过思考，选项能够代表他自己的想法。

(6)注意措辞尽量婉转，可以用第三人称提问。另外，如果条件允许，可以用随机化回答技术消除被调查者的疑虑。

(7)控制问卷的长度。回答问卷的时间控制在 20 分钟左右，问卷中既不浪费一个问句，也不遗漏一个问句。

(8)便于资料的校验、整理和统计。

(四)问卷的测试与修改

问卷设计初稿完成后，必须通过试调查进行问卷的测试。测试可以发现问卷的各种缺陷和遗漏，以便及时得到修改和补充。因此，这一步骤相当重要，不能省略。在没有进行测试前，不应当进行正式的询问调查。问卷测试也应当以最终访问的相同形式进行。如果访问是入户调查，预先测试应当采取入户的方式。在预先测试完成后，任何需要改变的地方应当切实修改。在进行正式调研前应当再一次获得各方的认同，如果预先测试导致问卷产生较大的改动，应进行第二次测试。

(五)问卷的印刷

问卷修改得到认可后，可以定稿打印或印刷，正式用于调查。这阶段要注意问卷的版面编排、字号大小、字体选择、行距、纸质和印刷等方面来增加问卷清晰度和美感度，有的问卷可能还需要进行特殊的折叠和装订。要注意做到问卷给被调查者一种庄重、认真的感觉，不要粗制滥造。

子任务二　调查问卷的结构设计

调查问卷的基本结构包括问卷标题、作业记录、访员致辞、甄别问卷、主体问卷、填写说明、编号、受访者资料、结束语等，有时少数问卷也会有访员保证书等内容。

一、问卷标题

每份问卷都有一个标题。编制者应开宗明义定个题目，反映这个调研主题，使人一目了然，增强填答者的兴趣和责任感，例如，"中国互联网发展状况及趋势调查问卷"这个标题，把调查对象和调查中心内容和盘托出，十分鲜明。这里提这个常识性问题并不是多此一举，在实际工作中，常有调研人员不注意问卷的标题，要么没有标题，要么列一个放之四海而通用的标题。

问卷标题应简单而明确。标题一般由调查对象、调查内容和“调查问卷”组成，如“××家用电器的消费者调查问卷”。

二、作业记录

问卷的作业记录用于问卷的整理和计算机录入，它一般设置在问卷开头，内容包括问卷编号、访问时间和地点，以及访问人员、审核人员和录入人员的姓名等。作业记录可以使人们区分每一份问卷，并得知每一份问卷的处理全过程。作业记录一般基本灵活，设计方式多种多样。作业记录中，问卷编号是为了区别每一份调查问卷，而对问卷预留的一个编码项目。问卷编号不是每种问卷都是必需的，只有当调查规模较大时采用。问卷编号也常常用于数据录入前区别调查数据单位。

以下是“家用电器的消费者调查问卷”的作业记录。

问卷编号：________________

访问人员：________________________

访问地点：________________________

访问时间：________________________

一审	
二审	
编码	
录入	
复核	

三、访员保证书

访员保证书主要是起到监督访问员自律的作用。例如，“我保证本问卷所填写的各项资料皆由我本人依照作业程序规定访问所得，绝对真实无欺，并对所交资料负责。”

四、访员致辞

主要是对调查目的、意义及填表要求等简要说明，并对调研对象致谢。文字须简明易懂，能激发被调查者的兴趣。访员致辞的内容一般包括下列几个方面。

(1)称呼、问候。如“××先生、女士：您好”。

(2)自我介绍。调查人员自我说明调查的主办单位和个人身份，可能的话，说明此次调研的客户或者发起人的名称。

(3)说明这次调研主题的性质。

(4)简要地说明调查的内容、目的、填写方法。

(5)告知调查对象此次调查大致需要多少时间。

(6)说明作答的意义或重要性。

(7)保证作答对被调查者无负面作用,并替他保守秘密。

(8)告诉电话调查对象:出于质量控制的目的,此次电话会被监听。

(9)表示真诚的感谢,或说明将赠送小礼品。

访员致辞的语气应该是亲切、诚恳而礼貌的,简明扼要,切忌啰嗦。问卷的开头是十分重要的。大量的实践表明,几乎所有拒绝合作的人都是在开始接触的前几秒钟内就表示不愿参与的。如果潜在的调查对象在听取介绍调查来意的一开始就愿意参与的话,那么绝大部分都会合作,而且一旦开始回答,就几乎都会继续并完成,除非在非常特殊的情况下才会中止。

以下是“家用电器的消费者调查问卷”的访员致辞。

__________先生/小姐:

早上/下午/晚上好,我叫__________,是达闻通用市场研究有限公司的访问员。我们正在进行一项关于家用电器的消费者调查,您正好被选为访问对象,我很想听听您的意见和建议。耽搁您一点时间,跟您谈一谈,可以吗?

五、甄别问卷

甄别问卷是指在对被访者做一份正式的完整的问卷调查之前,首先对被访者是否符合自己问卷调查的人群做出一个筛选。它是一个成功的问卷调查中十分重要的一步。如果没有经过甄别而直接开始问卷调查的话,很有可能得出的结果是毫无意义的。

当一个被访者面对询问时,尽管这个题目所涉及的内容可能他并不了解,甚至可能一无所知,但出于好发表意见的天性,又或者面子上的原因,怕显得自己太“无知”,又或者是受其他相关经验的混淆等,很多人都会倾向于发表自己的意见,很乐意给出“答案”。这些对问题相关内容没有了解的被访者所给出的“答案”,我们可以称之为“虚假答案”,虚假答案对研究者而言,是没有价值的,甚至可能造成严重误导。我们不能指责被访者“故意”给我们虚假答案,作为研究者,我们要做的就是通过研究设计,尽量不给被访者回答“虚假答案”的机会。最常见,而又最简单有效的做法,就是在问卷中设置“过滤器”,即甄别问卷,跳问和“不知道”选项。

1.甄别问卷

专业的市场调研公司所设计的问卷和非专业人员设计的问卷一个很明显的区别,就是专业调研公司的问卷通常都会在最前面设置一份“甄别问卷”,用一系列的问题,甄别被访者是否对研究最有价值的群体,通过了甄别才能回答这份问卷,而不能通过甄别的被访者,则被过滤掉,没有回答“虚假答案”的机会了。甄别问卷同样适用于定性研究被访者的甄别。

2.跳问

在问题设置过程中,专业的市场调研公司的问卷也会经常出现“跳问”,例如,问被访者“为什么购买×××”,只有被访者选择了“价格原因”才继续问关于“价格”的问题,而其他被访者则会“跳问”,不会再问“价格”的相关问题,这样做,不仅是保持逻辑性,而且也是避免“虚假答案”的手段。尽管这样看起来,很多样本数被“跳”掉了,回答某道题目的样本量少了很多,相当可惜,但与结果被“虚假答案”误导所带来严重后果相比,这样本量变少的代价是不是小得多?

3.“不知道”选项

经常看到一些问卷,在一串选项后面,还跟着一个“不知道”的选项,这看起来是不是有点郁闷,这“不知道”对研究有什么意义呢?这其实也算是“虚假答案”过滤器,给被访者一个“下台阶”的机会。如果不设置“不知道”选项，即使是真的“不知道”的被访者，或者对这个问题压根没考虑过的被访者，那也得要“憋”一个答案给你，在封闭题憋出一个答案来是相当容易的，但对研究者来说，这憋出来的答案真是害处不少。因此，我们设置一个“不知道”的选项，让那些“不知道”的被访者看了如释重负，原来你们也是很理解我，允许我不知道的，那我就实事求是的承认，我是真不知道。这样子，“虚假答案”出现的机会就大大降低了。

甄别问卷是为了保证调查的被访者确实是调查产品的目标消费而设计的一组问题。问题一般包括对个体自然状态变量的排除、对产品适用性的排除、对产品使用频率的排除、对产品评价有特殊影响状态的排除和对调查拒绝的排除 5 个方面。

(1)对个体自然状态的排除　对个体自然状态的排除主要是为了甄别被访者的自然状态是否符合产品的目标市场。主要的自然状态变量包括年龄、性别、文化程度、收入等。以下用一个高档化妆品的市场调查的甄别问卷为例来说明对个体自然状态不适合的排除。

①对年龄的甄别　由于中国人使用化妆品具有明显的年龄倾向，要排除年少的人和年老的人，所以年龄的甄别问题设计为：

您的年龄：

18 岁以下　终止访问；18～45 岁　继续；45 以上　终止访问

②对性别的甄别　假设此产品为女性所专用，甄别问卷的设计为：

您的性别：

男　终止访问；女　继续

③对收入的甄别　在中国，收入影响女性购买化妆品的因素有两个，即个人收入和家庭总收入。因此对收入的甄别问题的设计就包括两方面，方式为：

您的个人收入(包括工资、奖金、第二职业收入等)为：

1 500 元及以上　继续；1 500 元以下　终止访问

您的家庭月总收入：

3 000 元以上　继续；3 000 元以下　终止访问

(2)对产品适用性的排除　假设这种化妆品只适用于油性和混合性皮肤，那么其对产品运用性的甄别问题的设计为：

您的皮肤是：

油性　继续；混合性　继续；干性　终止访问

(3)对产品使用频率的排除　很明显，频率过低，就不可能成为调查产品的目标消费者，甄别问题的设计为：

您平时多长时间使用一次化妆品：

几乎不用　终止访问；每月一次以下　终止访问；每月一次或以上　继续

(4)对产品评价有特殊影响状态的排除　这种排除主要是为了使职业习惯可能对调查结果的影响排除掉。题一般有固定的设计格式，人们对产品评价有特殊影响状态，甄别问卷的设计为：

您和您的家人是否有在以下单位工作的：

社情民意调查机构、咨询公司　终止访问；电台、电视台、报社、杂志社　终止访问；化妆品生产或经销单位　终止访问；以上都没有　继续

在过去 6 个月里，您是否接受过这场调查公司的访问

是　终止访问；否　继续

(5)对调查拒绝的排除　对拒绝调查的甄别问题的设计为：

您是否愿意帮助我完成这次访问：

是　继续；否　谢谢被访者并终止访问

以下是“家用电器的消费者调查问卷”的甄别问卷格式。

S1. 请问您已经在本地居住多长时间了？＿＿＿＿＿年[不足三年的终止访问]

【出示卡片】

S2. 请问在过去一年您家里曾经购买过以下哪些产品？[复选]

电视机	1	
微波炉	2	
电风扇	3	没选此项者终止访问
空　调	4	
热水器	5	
电饭煲	6	

S3. 请问您家在购买电风扇时谁是主要的购买决策者呢？

自己	1	没选此项者终止访问
家人	2	
别人送的	3	

【出示卡片】

S4. 请问您或您的家人是否有在以下行业工作呢？[复选]

市场研究公司/民意调查机构	1	终止访问
公共关系公司	2	
广告公司或市场推广公司	3	
大众传媒(如：电台/电视台/报纸、杂志社等)	4	
家用电器的批发商/零售商	5	
家用电器的生产厂家/研究单位	6	
百货公司/超市的家用电器柜台/部门	7	
以上均无	8	

S5. 请问您在过去6个月内有没有接受过有关电风扇的市场调查访问？[单选]

有	1	终止访问
没有	2	

六、主体问卷

问题和答案是问卷的主体，是问卷的核心部分。它是市场调查所要收集的主要信息，由一个个问题及相应的选择项目组成。从形式上看，问题可分为开放式和封闭式两种。从内容上看，可以分为事实性问题、意见性问题、断定性问题、假设性问题和敏感性问题等。通过主体部分问题的设计和被调查者的答复，市场调查者可以对被调查者的个人基本情况和对某一特定事物的态度、意见倾向以及行为有较充分的了解。

以下是“家用电器的消费者调查问卷”的主体问卷格式。

请问您最新购买的电风扇是哪个牌子的？＿＿＿＿＿＿

【出示卡片】

请问您对这个电风扇的总体评价是？[单选]

非常好	5
比较好	4
一般	3
比较差	2
非常差	1

请问您具体喜欢这个电风扇的哪些方面？还有呢？还有呢？

＿＿＿＿＿＿＿＿＿＿＿＿＿＿＿＿＿＿＿＿＿＿＿＿＿＿＿＿＿＿

＿＿＿＿＿＿＿＿＿＿＿＿＿＿＿＿＿＿＿＿＿＿＿＿＿＿＿＿＿＿

＿＿＿＿＿＿＿＿＿＿＿＿＿＿＿＿＿＿＿＿＿＿＿＿＿＿＿＿＿＿

请问您具体不喜欢这个电风扇的哪些方面？还有呢？还有呢？

＿＿＿＿＿＿＿＿＿＿＿＿＿＿＿＿＿＿＿＿＿＿＿＿＿＿＿＿＿＿

＿＿＿＿＿＿＿＿＿＿＿＿＿＿＿＿＿＿＿＿＿＿＿＿＿＿＿＿＿＿

＿＿＿＿＿＿＿＿＿＿＿＿＿＿＿＿＿＿＿＿＿＿＿＿＿＿＿＿＿＿

七、问卷说明

问卷说明旨在向被调查者说明调查的目的、意义。有些问卷还有填表须知、交表时间、地点及其他事项说明等。问卷说明一般放在问卷开头，通过它可以使被调查者了解调查目的，消除顾虑，并按一定的要求填写问卷。根据需要也可放在后面。问卷说明既可采取比较简洁、开门见山的方式，也可在问卷说明中进行一定的宣传，以引起调查对象对问卷的重视。

八、被访者资料

被访者资料是指被调查者的一些主要特征，如在消费者调查中，消费者的性别、年龄、民族、家庭人口、婚姻状况、文化程度，职业、单位、收入、所在地区等。又如，对企业调查中的企业名称、地址、所有制性质、主管部门、职工人数、商品销售额（或产品销售量）等情况。通过这些项目，便于对调查资料进行统计分组、分析。在实际调查中，列入哪些项目，列入多少项目，应根据调查目的、调查要求而定，并非多多益善。

以下是“家用电器的消费者调查问卷”的被访者资料格式。

下面我想会问几个有关您和您家庭的问题，只是供资料分析使用。

记录被访者性别

男	1
女	2

【出示卡片】

请问您现在是多少周岁呢？ ________岁［单选］

15 岁及以下	1
16～25 岁	2
26～35 岁	3
36～45 岁	4
46～55 岁	5
56 岁及以上	6

【出示卡片】

请问您的职业是:［单选］

专业人士	1	技工	7	家庭主妇	12
政府职员	2	一般的蓝领	8	失业/没有工作	13
个体户	3	教育(教师、教授)	9	退休	14
一般的白领	4	文员	10	自由职业者	15
高级管理人员	5	学生	11	务农	16
中级管理人员	6	其他			98

【出示卡片】

您目前的最高学历是？［单选］

没有正式教育	1	技校	5
小学	2	大学专科	6
初中	3	大学本科	7
高中、中专	4	研究生及以上	8

【出示卡片】

请问您个人平均的月总收入是多少呢？这里的总收入是指个人劳动所得、家庭提供等合计。［单选］

请问您家庭的平均月总收入是多少呢？这里的总收入包括您家里所有成员的工资、奖金以及津贴等全部的家庭月总收入。［单选］

	个人月收入(P5)	家庭月总收入(P6)
少于￥400 元	1	1
￥400～799 元	2	2
￥800～999 元	3	3
￥1 000～1 499 元	4	4
￥1 500～1 999 元	5	5
￥2 000～2 499 元	6	6
￥2 500～2 999 元	7	7
￥3 000～3 499 元	8	8
￥3 500～3 999 元	9	9
￥4 000～4 499 元	10	10
￥4 500～4 999 元	12	12
￥5 000～5 499 元	13	13
￥5 500～5 999 元	14	14
￥6 000～6 499 元	15	15
￥6 500～6 999 元	16	16
￥7 000～7 999 元	17	17
￥8 000 元或以上	18	18

九、结束语

结束语是用来简短地对被调查者的合作表示感谢，也可征询一下被调查者对问卷设计和问卷调查本身的看法和感受，一般放在问卷的最后面。

子任务三　调查问卷的问题设计

问题是问卷的核心，在进行问卷设计时，必须对问题的类别和提问方法仔细考虑，否则会使整个问卷产生很大的偏差，导致市场调查的失败。因此，在设计问卷时，应对问题有较清楚的了解，并善于根据调查目的和具体情况选择适当的询问方式。

一、问题的类型

(一)直接性问题、间接性问题和假设性问题

直接性问题是指在问卷中能够通过直接提问方式得到答案的问题。直接性问题通常给回答者一个明确的范围，所问的是个人基本情况或意见，比如，“您的年龄”、“您的职业”、“您最喜欢的洗发水是什么牌子的?”等，这些都可获得明确的答案。这种提问对统计分析比较方便，但遇到一些困窘性问题时，采用这种提问方式，可能无法得到所需要的答案。

困窘性问题是指应答者不愿在调查员面前作答的某些问题，比如关于私人的问题，或不为一般社会道德所接纳的行为、态度，或属有碍声誉的问题。例如：“平均说来，每个月你打几次麻将?”、“如果你的汽车是分期购买的，一共分多少期?”、“你是否向银行抵押借款购股票?”、“除了你工作收入外，尚有其他收入吗?”如果一定要想获得困窘性问题的答案，又避免应答者作不真实回答，可采用以下方法：

(1)间接问题法　不直接询问应答者对某事项的观点，而改问他认为其他该事项的看法如何。例如，用间接问题旨在套取应答者回答认为是旁人的观点。所以在他回答后，应立即再加上问题：“你同他们的看法是否一样?”

(2)卡片整理法　将困窘性问题的答案分为“是”与“否”两类，调查员可暂时走开，让应答者自己取卡片投入箱中，以减低困窘气氛。应答者在无调查员看见的情况下，选取正确答案的可能性会提高不少。

(3)随机反应法　根据随机反应法，可估计出回答困窘问题的人数。

间接性问题是指那些不宜于直接回答，而采用间接地提问方式得到所需答案的问题。通常是指那些被调查者因对所需回答的问题产生顾虑，不敢或不愿真实地表达意见的问题。调查者不应为得到直接的结果而强迫被调查者，使他们感到不愉快或难堪。这时，如果采用间接回答方式，使被调查者认为很多意见已被其他调查者提出来了，他所要做的只不过是对这些意见加以评价罢了，这样，就能排除调查者和被调查者之间的某些障碍，使被调查者有可能对已得到的结论提出自己不带掩饰的意见。

例如，“您认为妇女的权力是否应该得到保障?”大多数人都会回答，“是”或“不是”。而实际情况则表明许多人对妇女权力有着不同的看法。如果改问：

“A：有人认为妇女权力应该得到保障的问题应该得到重视。”

“B：另一部分人认为妇女权力问题并不一定需要特别提出。”

您认为哪些看法更为正确?

对A种看法的意见：

①完全同意；②有保留的同意；③不同意。

对B种看法的意见：

①完全同意；②有保留的同意；③不同意。

采用这种提问方式会比直接提问方式收集到更多的信息。

假设性问题是通过假设某一情景或现象存在而向被调查者提出的问题；例如，“有人认为目前的电视广告过多，您的看法如何?”、“如果在购买汽车和住宅中您只能选择一种，您可能会选择何种?”这些语句都属于假设性提问。

(二)开放性问题和封闭性问题

所谓开放性问题是指所提出问题并不列出所有可能的答案,而是由被调查者自由作答的问题。开放性问题一般提问比较简单,回答比较真实,但结果难以做定量分析,在对其做定量分析时,通常是将回答进行分类。例如,您抽香烟多久了?您喜欢看哪一类的电视节目?

显然,应答者可以自由回答以上的问题,并不需要按照问卷上已拟定的答案加以选择,因此应答者可以充分地表达自己的看法和理由,并且比较深入有时还可获得研究者始料未及的答案。然而,开放式问题亦有其缺点。例如,调查者的偏见,因记录应答者答案是由调查者执笔,极可能失真,或并非应答者原来的意思。如果调查者按照他自己的理解来记录,就有出现偏见的可能。但这些不足可运用录音机来弥补。开放式问题的第二个主要缺点是资料整理与分析的困难。由于各种应答者的答案可能不同,所用字眼各异,因此在答案分类时难免出现困难,整个过程相当耗时,而且免不了夹杂整理者个人的偏见。因此,开放性问题在探索性调研中是很有帮助的,但在大规模的抽样调查中,它就弊大于利了。

开放式问题有两种:自由回答和预设代码的自由回答。

1. 自由回答

如:“您为什么对×××非常感兴趣?”

独特用途:允许调查对象对重要问题进行详细说明,可以对封闭式问题加以推进,也可以汇总调查对象的真实表达。

优点:它回答了“为什么”,能够充分表达调查对象对一个事物的理解。

缺点:比封闭式问题更费时,要求访问员进行问题试探并记录完整准确的答案。

2. 预设代码的自由回答

如:“您认为这种产品的优点是什么?A. 这种产品可以单独使用　B. 使用方便　C. 效果好　D. 其他(请注明)　E. 无　F. 不知道”

独特用途:允许调查对象对重要问题进行详细说明。

优点:比自由回答耗用的时间少,可以回答“为什么”的问题。

缺点:要求访问员进行问题试探,访问员有可能会强迫调查对象将答案从“其他”归入前面的类别中。

所谓封闭性问题是指已事先设计了各种可能的答案的问题,被调查者只要或只能从中选定一个或几个现成答案的提问方式。封闭性问题由于答案标准化,不仅回答方便,而且易于进行各种统计处理和分析。但缺点是回答者只能在规定的范围内被迫回答,无法反映其他各种有目的的、真实的想法。

封闭式问题与开放式问题相反,它规定了一组可供选择的答案和固定的回答格式。

例如:你购买雕牌洗衣粉的主要原因是(选择最主要的两种):

A. 洗衣较洁白

B. 售价较廉

C. 任何商店都有出售

D. 不伤手

E. 价格与已有的牌子相同,但分量较多

F. 朋友介绍

封闭式问题的优点包括以下几个方面。

(1)答案是标准化的,对答案进行编码和分析都比较容易。

(2)回答者易于作答,有利于提高问卷的回收率。

(3)问题的含义比较清楚。因为所提供的答案有助于理解题意,这样就可以避免回答者由于不理解题意而拒绝回答。

封闭式问题也存在一些缺点:

(1)回答者对题目不正确理解的,难以觉察出来。

(2)可能产生“顺序偏差”或“位置偏差”,即被调查者选择答案可能与该答案的排列位置有关。研究表明,对陈述性答案被调查者趋向于选第一个或最后一个答案,特别是第一个答案。而对一组数字(数量或价格)则趋向于取中间位置的。为了减少顺序偏差,可以准备几种形式的问卷,每种形式的问卷答案排列的顺序都不同。

常用的封闭式问题有如下四种:评分量表、强制选择、二项和人口统计问题。

(三)事实性问题、行为性问题、动机性问题、态度性问题

事实性问题是要求被调查者回答一些有关事实性的问题。例如,“您通常什么时候看电视?”

这类问题的主要目的是为了获得有关事实性资料。因此,问题的意见必须清楚,使被调查者容易理解并回答。

通常在一份问卷的开头和结尾都要求回答者填写其个人资料,如职业、年龄、收入、家庭状况、教育程度、居住条件等,这些问题均为事实性问题,对此类问题进行调查,可为分类统计和分析提供资料。

行为性问题是对回答者的行为特征进行调查。例如,“您是否拥有××物?”“您是否做过某事?”

动机性问题是为了解被调查者行为的原因或动机问题。例如,“为什么购某物?为什么做某事?”等。在提动机性问题时,应注意人们的行为可以是有意识动机,也可以是半意识动机或无意识动机产生的。对于前者,有时会因种种原因不愿真实回答;对于后两者,因回答者对自己的动机不十分清楚,也会造成回答的困难。

态度性问题是关于对回答者的态度、评价、意见等问题。例如:“您是否喜欢××牌子的自行车?”

以上是从不同的角度对各种问题所做的分类。应该注意的是,在实际调查中,几种类型的问题往往是结合使用的。在同一个问卷中,既有开放性问题,也有封闭性问题。甚至同一个问题中,也可将开放性问题与封闭性问题结合起来,组成结构式问题。例如,“您家里目前有空调吗?有,无;若有,是什么牌子的?”同样,事实性问题既可采取直接提问方式,对于回答者不愿直接回答的问题,也可以采取间接提问方式,问卷设计者可以根据具体情况选择不同的提问方式。

二、答案

在市场调查中,无论是何种类型的问题,都需要事先对问句答案进行设计。在设计答案时,可以根据具体情况采用不同的设计形式。

(一)二项选择法

二项选择法也称真伪法或二分法,是指提出的问题仅有两种答案可以选择。“是”或“否”,

"有"或"无"等。这两种答案是对立的、排斥的，被调查者的回答非此即彼，不能有更多的选择。

例如，"您家里现在有吸尘器吗？"

答案只能是"有"或"无"。

又如，"您是否打算在近五年内购买住房？"

回答只有"是"或"否"。

这种方法的优点是：易于理解和可迅速得到明确的答案，便于统计处理，分析也比较容易。但回答者没有进一步阐明理由的机会，难以反映被调查者意见与程度的差别，了解的情况也不够深入。这种方法，适用于互相排斥的两项择一式问题及询问较为简单的事实性问题。

(二)多项选择法

多项选择法是指所提出的问题事先预备好两个以上的答案，回答者可任选其中的一项或几项。

例如，"您喜欢下列哪一种牌号的牙膏？"(在您认为合适的□内划√)

中华□　芳草□　洁银□

康齿灵□　美加净□　黑妹□

由于所设答案不一定能表达出填表人所有的看法，所以在问题的最后通常可设"其他"项目，以便使被调查者表达自己的看法。

这个方法的优点是比二项选择法的强制选择有所缓和，答案有一定的范围，也比较便于统计处理。但采用这种方法时，设计者要考虑以下两种情况：

(1)要考虑到全部可能出现的结果，及答案可能出现的重复和遗漏。

(2)是要注意根据选择答案的排列顺序。有些回答者常常喜欢选择第一个答案，从而使调查结果发生偏差。此外，答案较多，使回答者无从选择，或产生厌烦。一般这种多项选择答案应控制在8个以内，当样本量有限时，多项选择易使结果分散，缺乏说服力。

(三)顺位法

顺位法是列出若干项目，由回答者按重要性决定先后顺序，顺位方法主要有两种：一种是对全部答案排序；另一种是只对其中的某些答案排序，究竟采用何种方法，应由调查者来决定。具体排列顺序，则由回答者根据自己所喜欢的事物和认识事物的程度等进行排序。

例如，"您选购空调的主要条件是"(请将所给答案按重要顺序1，2，3……填写在□中)。

价格便宜□　外形美观□　维修方便□

牌子有名□　经久耐用□　噪声低□

制冷效果□　其他□

顺位法便于被调查者对其意见、动机、感觉等做衡量和比较性的表达，也便于对调查结果加以统计。但调查项目不宜过多，过多则容易分散，很难顺位，同时所询问的排列顺序也可能对被调查者产生某种暗示影响。

这种方法适用于对要求答案有先后顺序的问题。

(四)回忆法

回忆法是指通过回忆，了解被调查者对不同商品质量、牌子等方面印象的强弱。例如，"请您举出最近在电视广告中出现的电冰箱有哪些牌子"调查时可根据被调查者所回忆牌号的先后和快慢以及各种牌号被回忆出的频率进行分析研究。

（五）比较法

比较是采用对比提问方式，要求被调查者作出肯定回答的方法。

例如，“请比较下列不同牌号的饮料，哪种更好喝？”（在各项您认为好喝的牌子方格□中划√）

黄山□　天府□

天府□　百龄□

百龄□　奥林□

奥林□　可口可乐□

可口可乐□　百事可乐□

百事可乐□　黄山□

比较法适用于对质量和效用等问题作出评价。应用比较法要考虑被调查者对所要回答问题中的商品品牌等项目是否相当熟悉，否则将会导致空项发生。

（六）自由回答法

自由回答法是指提问时可自由提出问题，回答者可以自由发表意见，并无已经拟定好的答案。例如，“您觉得软包装饮料有哪些优、缺点？”、“您认为应该如何改进电视广告？”等等。

这种方法的优点是涉及面广，灵活性大，回答者可充分发表意见，可为调查者搜集到某种意料之外的资料，缩短问者和答者之间的距离，迅速营造一个调查气氛，缺点是由于回答者提供答案的想法和角度不同，因此在答案分类时往往会出现困难，资料较难整理，还可能因回答者表达能力的差异形成调查偏差。同时，由于时间关系或缺乏心理准备，被调查者往往放弃回答或答非所问，因此，此种问题不宜过多。这种方法适用于那些不能预期答案或不能限定答案范围的问题。

（七）过滤法

过滤法又称“漏斗法”，是指最初提出的是离调查主题较远的广泛性问题，再根据被调查者回答的情况，逐渐缩小提问范围，最后有目的的引向要调查的某个专题性问题。这种方法询问及回答比较自然、灵活，使被调查者能够在活跃的气氛中回答问题，从而增强双方的合作，获得回答者较为真实的想法。但要求调查人员善于把握对方心理，善于引导并有较高的询问技巧。此方法的不足是不易控制调查时间。这种方法适合于被调查者在回答问题时有所顾虑，或者一时不便于直接表达对某个问题的具体意见时所采用。例如，对那些涉及被调查者自尊或隐私等问题，如收入、文化程度、妇女年龄等，可采取这种提问方式。

三、措辞

无论哪种问卷，问题的措辞与语言都十分重要。语言与措辞要求简洁、易懂、不被误解。措辞不当往往会使被调查者误解题意或拒绝回答，引起计量误差，从而直接影响数据质量，事后弥补非常困难，而且成本太高。

具体应注意以下几点：

1.避免用不确切的词

例如，“普通”、“经常”、“一些”等，以及一些形容词，如“美丽”等。这些词语，各人理解往往不同，在问卷设计中应避免或减少使用。例如，“你是否经常购买洗发液？”回答者不知经常是指一周、一个月还是一年，可以改问："你上月共购买了几瓶洗发液？"

2.避免用词生僻或过于专业

一般调查中，调查对象文化程度分布广泛，生僻、专业的词语会阻碍被调查者对问题的理解。

3.避免使用含糊不清的句子

例如，"你最近是出门旅游，还是休息？"出门旅游也是休息的一种形式，它和休息并不存在选择关系，正确的问法是："你最近是出门旅游，还是在家休息？"

4.避免引导性提问

如果提出的问题不是"执中"的，而是暗示出调查者的观点和见解，力求使回答者跟着这种倾向回答，这种提问就是"引导性提问"。例如，"消费者普遍认为××牌子的冰箱好，你的印象如何？"引导性提问会导致两个不良后果：一是被调查者不加思考就同意所引导问题中暗示的结论；二是由于引导性提问大多是引用权威或大多数人的态度，被调查者考虑到这个结论既然已经是普遍的结论，就会产生心理上的顺向反应。此外，对于一些敏感性问题，在引导性提问下，不敢表达其他想法等。因此，这种提问是调查的大忌，常常会引出和事实相反的结论。

5.避免提断定性的问题

例如，"你一天抽多少支烟？"这种问题即为断定性问题，被调查者如果根本不抽烟，就会造成无法回答。正确的处理办法是此问题可加一条"过滤"性问题，即"你抽烟吗？"如果回答者回答"是"，可继续提问，否则就可终止提问。

6.避免提令被调查者难堪的问题

如果有些问题非问不可，也不能只顾自己的需要、穷追不舍，应考虑回答者的自尊心。

例如，"您是否离过婚？"又如，直接询问女士年龄也是不太礼貌的，可列出年龄段：20岁以下，20～30岁，30～40岁，40岁以上，由被调查者挑选。

7.问句要考虑到时间性

时间过久的问题易使人遗忘，如"您去年家庭的生活费支出是多少？用于食品、衣服的分别为多少？"除非被调查者连续记账，否则很难回答出来。一般可问："您家上月生活费支出是多少？"显然，这样缩小时间范围可使问题回忆起来较容易，答案也比较准确。

8.拟定问句要有明确的界限

对于年龄、家庭人口、经济收入等调查项目，通常会产生歧义的理解，如年龄有虚岁、实岁，家庭人口有常住人口和生活费开支在一起的人口，收入是仅指工资，还是包括奖金、补贴、其他收入、实物发放折款收入在内，如果调查者对此没有很明确的界定，调查结果也很难达到预期要求。

9.问句要具体

一个问句最好只问一个要点，一个问句中如果包含过多询问内容，会使回答者无从答起，给统计处理也带来困难。例如："您为何不看电影而看电视？"这个问题包含了"您为何不看电影？""您为何要看电视？"和"什么原因使您改看电视？"等。防止出现此类问题的办法是分离语句中的提问部分，使得一个语句只问一个要点。

下面，我们通过几个案例，说明措辞语言应注意的问题。

案例1：

客户对某产品的价格和服务质量感兴趣，询问消费者"您对它的价格和服务质量满意还是不满意?”

在案例1中,该问题实际上包括价格和服务质量两个方面的问题,结果“对价格不满意”、“对服务不满意”或“对价格和服务不满意”的被调查者可能回答“不满意”,该结果显然得不到客户想了解的信息。因而,该问题应分为两个问题询问:

“您对它的价格满意还是不满意?”

“您对它的服务质量满意还是不满意?”

这样,客户可以分别得到某产品的价格和服务质量方面的信息。

案例2:

某公司想把某电视节目制作成VCD盘。调查其潜在市场,所设计的问卷中标题和说明部分均表明调查是关于该电视节目的。问卷首先要求被调查者列举最喜欢的三个电视节目(开放题),结果该节目名列榜首,98%的被调查者声称最喜欢该节目。

在案例2中,显然结果是有偏差的,原因是标题和说明部分给出了该节目的名称,使得被调查者先对该节目产生或加深了印象,从而诱导被调查者在回答自己喜爱的节目时,有意无意地给出这一节目名称,导致结果再现偏差。

案例3:

某VCD光盘生产厂家就市场潜力派员访问调查,询问:

请问您是否使用过VCD 2.0版本技术?

□使用过　□没有使用过　□不知道

在案例3中,因为不知道什么是2.0版本技术,有些被调查者可能已使用过却选择了没有使用过,所得的结果显然有误差。此外,即使对于专业术语或日常用语,不同人的理解也可能不同。

案例4:

请您估计一下,您平均一个月在音像制品上花多少元钱?

在案例4中,“音像制品”虽然是常用词语,但是如果不对音像制品范围进行划定,则被调查者对其所含物品种类的理解有些人就可能认为是磁带、录像带等。还有,这里的“花多少元钱”,可以指购买,也可以指租借,不同人的理解显然也是不同的。

案例5:

某保险公司调查顾客对本公司业务的印象,询问:

请问您对本公司的理赔时效是否满意?

请问您对本公司的展业方式是否满意?

在案例5中,许多被调查者不明白什么是“理赔时效”和“展业方式”,即便给出答案也没有意义。

案例6:

您并不认为应该增加反污染法规吧?

在案例6中,这种否定句提问对被调查者的回答有诱导作用。

案例7:

您辞去日前的职位后是否会立即找其他工作?

在案例7中,被调查者可能因为假设不成立(不打算辞职)而说不,也可能因为辞职后不会立即找其他工作而说不。

四、问题的顺序

设计问卷时，要讲究问卷的排列顺序，使问卷条理清楚，顺理成章，以提高回答问题的效果。通常问卷的头几个问题应是容易回答且具有趣味性的，旨在提高应答者的兴趣。核心问题往往置于问卷中间部分，分类性问题如收入、职业、年龄通常置于问卷之末。

问卷中问题的顺序一般可按下列原则排列：

(1)容易回答的问题(如行为性问题)放在前面；较难回答的问题(如态度性问题)放在中间；敏感性问题(如动机性、涉及隐私等问题)放在后面；关于个人情况的事实性问题放在末尾。

(2)封闭性问题放在前面；开放性问题放在后面。

这是由于封闭性问题已由设计者列出备选的全部答案，较易回答，而开放性问题需被调查者花费一些时间考虑，放在前面易使被调查者产生畏难情绪。

(3)注意问题的逻辑顺序，按时间顺序、类别顺序等合理排列。

五、态度测量表

态度测量表就是通过一套事先拟定的用语、记号和数目，来测定测量人们心理活动的度量工具，它可将我们所要调查的定性资料进行量化。

消费者在市场上选购什么商品，不选购什么商品，不是随意决定的，而是在内心里有一定的尺度，这种尺度在心理学中称为量表。运用量表调查测量消费者对商品的需求心理评价尺度，便是态度测量表法。

这是市场调查中比较深入细致的一种调查方法，对于深入研究消费者心理活动，判断消费心理差别，进而预测由此引发的未来消费流行趋势，具有重要的意义。

态度测量表可分为不同的种类，如类别量表、顺序量表、差距量表、等比量表、总加量表等。在实际工作中，要根据研究问题的目的和市场现象的特点自行设计量表，下面介绍几种常见的量表。

1. 评比量表

测量消费者对某种商品的态度、意见，经常采用此量表。它是对提出的问题，以两种对立的态度为两端点，在两端点中间按顺序排列不同的态度；由被调查者从中选择一种适合自己的态度表现。对态度、意见的排列顺序，可按 10 种或 5 种排列。

若划分为 10 种，排列方法如下表。

最不喜欢	很不喜欢	不喜欢	稍不喜欢	无所谓	还可以	可以	稍喜欢	很喜欢	最喜欢
1	2	3	4	5	6	7	8	9	10

若划分为 5 种，排列方法如下表。

很不喜欢	不喜欢	无所谓	喜欢	很喜欢
−2	−1	0	1	2

这种测量态度的量表，用不同的数值来代表某种态度，目的是将非数量化的问题加以量化，而不是用抽象的数值随意排列。应用这种量表时必须注意两方面的问题：一是应注意设计量表时的定量基础，并将调查得到的态度测量结果在定量基础上进行分析，判断其高低。二是应注意量表所测定的数量，只说明态度的不同，并不说明其他。

2.等级顺序量表

等级顺序量表是比较性量表，它是将许多研究对象同时展示给受测者，并要求他们根据某个标准对这些对象排序或分成等级。

例如：以下是一些彩色电视机的品牌名称，请将它们按你所喜好的程度排序。（其中1表示你最喜欢，5表示你最不喜欢。）

长虹（　）　康佳（　）　TCL（　）　厦新（　）　熊猫（　）

3.配对比较量表

在配对比较量表中，受测者被要求对一系列对象两两进行比较，根据某个标准在两个被比较中的对象中做出选择。这是一种特殊的等级量表。把所有的对比对象按两两对比。对于有 n 个对象的情况，要进行 $n(n-1)/2$ 次配对比较，是关于 n 的一个几何级数。因此，被测量的对象的个数不宜太多，以免使受测者产生厌烦而影响应答的质量。

下面是一个配对比较量表的例子。

在下面有10对牙膏品牌，对于每对品牌，请指出你更喜欢哪一个，并在选中品牌的旁边打对勾。

①华夏	□	白珊瑚	□
②华夏	□	两面针	□
③华夏	□	洁齿灵	□
④华夏	□	靓妹	□
⑤白珊瑚	□	两面针	□
⑥白珊瑚	□	洁齿灵	□
⑦白珊瑚	□	靓妹	□
⑧两面针	□	洁齿灵	□
⑨两面针	□	靓妹	□
⑩洁齿灵	□	靓妹	□

4.语意差别量表

在市场研究中，常常需要知道某个事物在人们心中的形象，语意差别方法就是一种常用的测量事物形象的方法。它可用于测量人们对商品、品牌、商店的印象。

语意差别量表：它是同时列出若干个子量表，每一个子量表的两端是极端态度，中间为中性态度，被调查者在每一个子量表上选择一个答案，然后，将答案汇总，以判断被调查者的态度。

怎样设计语意差别量表呢？首先要确定所要测量对象相关的一系列属性，对于每个属性，选择一对意义相对的形容词，分别放在量表的两端，中间划分为7个连续的等级。受访者要求根据他们对被测对象的看法评价每个属性，在合适的等级位置上做标记。

例1：应用语义差别量表测量受访者对商场印象

你认为多乐家是：

❖ 可靠的————不可靠

❖ 方便————不方便
❖ 态度友好———不友好
❖ 昂贵————便宜
❖ 选择多————选择少
❖ 时髦—————过时

例 2:测量个人特性的语意差别量表

❖ 粗心的————细致的
❖ 易激动的———温和的
❖ 不安的————平静的
❖ 果断的————不果断
❖ 节俭的————浪费的
❖ 快乐的————不快乐
❖ 理性的————感性的
❖ 幼稚的————成熟的
❖ 正统的————放荡的
❖ 严肃的————不严肃
❖ 复杂的————简单的
❖ 无趣的————有趣的
❖ 谦虚的————虚荣的
❖ 谨慎的————随便的

习惯上,在语意差别量表的结构中,大约将一半肯定的词放在左边,即同样将另一半否定的词放在右边,这样可以减少反应误差。

语义差别量表的优点是可以清楚有效地描绘形象,如果同时测量几个对象的形象,还可以将整个形象轮廓进行比较;可以对语意差别量表中的不同项目根据受访者的回答进行打分(通常为 1～7 分),结果数据用来分析不同测量对象、不同受访者的相同点和不同点;还可将各项目的得分加总,用以比较不同测量对象整体形象的偏好等级。

语意差别量表被广泛地应用于比较不同品牌商品,以及帮助制定广告战略、促销战略和新产品开发计划等。

5.固定总数量表

例:请给以下洗衣粉打分,分数总和必须为 100 分。

碧浪　　　　白猫　　　　佳美　　　　华姿

这些不同的量表,反映了不同的消费态度和消费者购买意向,可以用来解决不同的调查问题。

◈ 案例资料

都市消费调查问卷

感谢您接受并配合我们的调查!请如实填写您的真实情况、想法、感受。独立完成此问卷。部分题目为多选、开放问答题,选中的请在选项上画“√”。开放式问题请在“其他”项后的横线填写。未标注的题目一律为单选。请注意题目要求，我们将对您的宝贵信息提供，感激不尽。

凡参与投票调查的热心读者，都将有机会获得由华硕电脑提供的精美礼品一份。

基本信息

您的性别：

A：男　B：女

您的年龄：

A：<20 岁　B：20～30 岁　C：30～40 岁　D：40～50 岁　E：50～60 岁　F：>60 岁

您的学历：

A：无学历　B：小学、初中　C：高中　D：大专、本科　E：硕士　F：博士及以上

您的婚姻状况：

A：未婚　B：已婚

您的年收入：

A：<3 万元　B：3 万～5 万元　C：5 万～7 万元　D：7 万～10 万元　E：10 万～20 万元　F：20 万～50 万元　G：50 万元以上

您的常住区域：

A：市中区　B：历下区　C：天桥区　D：槐荫区　E：历城区　F：高新区　G：济南其他县区

A 卷：奢侈品调查

A01　您是否想过或已经购买过奢侈品：

A：没想过、也没购买过　B：想过、但没购买过　C：想过、曾经购买过

A02　您对奢侈品的第一印象（可多选）：

A：时尚标志　B：优秀的产品　C：高品位追求　D：社会地位　E：炫富标志　F：其他

A03　您想要优先购买或购买过哪些种类的奢侈品（可多选）：

A：钟表　B：珠宝佩饰　C：服装　D：鞋子　E：箱包　F：化妆品　G：音响电器　H：烟酒　I：高档汽车　J：游艇、私人飞机　K：其他

A04　您曾购买或想要购买哪些品牌的奢侈品（可多选）：

A：LV 路易威登　B：Chanel 香奈儿　C：Dior 迪奥　D：Hermes 爱马仕　E：LANCOME 兰蔻　F：Gucci 古驰　G：Cartier 卡地亚　H：Tod's 托德斯　I：Tiffany 蒂芙尼　J：Coach 蔻驰　K：Bvlgari 宝格丽　L：Zegna 杰尼亚　M：Prada 普拉达　N：Burberry 巴宝莉　O：百达翡丽　P：BV　Q：爱彼　R：宝珀　S：格拉苏蒂　T：积家　U：劳力士　V：纪梵希　W：阿玛尼　X：万宝龙　Z：其他

A05　您购买奢侈品的原因是什么（可多选）：

A：展示财富、地位　B：社交、送礼　C：追求高品质生活　D：自我享受、消费满足　E：展现个性　F：消费从众、跟风　G：其他

A06　您会为了购买奢侈品而节约生活开支吗：

A：完全不会　B：会节约一定的开支　C：会节约大量开支　D：会节约开支甚至考虑贷款或分期付款　E：其他

A07　您购买奢侈品的主要购买地是哪里(可多选):

A:居住地　B:北京、上海等国内大城市　C:香港、澳门　D:境外　F:其他

A08　您将要购买或打算购买奢侈品时会关注哪些方面(可多选):

A:品牌新品　B:材质做工　C:艺术设计　D:历史价值　E:品牌形象　F:代言明星　G:知名度　H:性价比　I:其他

A09　您是否了解或想了解奢侈品背后的文化内涵:

A:不了解、也不想了解　B:不了解但想去了解　C:了解一些还想去了解　D:非常了解,并持续关注和学习中

A10　您是否曾考虑过或已经购买2万元以上的高档手表:

A:不考虑,不会买　B:考虑过,暂时不会买　C:考虑过,想要购买　D:考虑过,已经购买　E:已经购买,并会继续关注购买下一块

A11　您认为选购高档腕表最重要的是(可选三项):

A:走时精准　B:功能复杂　C:具有收藏价值　D:是否使用贵金属及珠宝　E:品牌历史　F:艺术设计及产品文化追求　G:售后服务　H:大众认知度高　I:其他

A12　您通常通过什么途径、什么方式了解奢侈品的信息(可多选):

A:电视　B:报纸　C:网络　D:杂志　E:平面广告海报　F:品牌直投杂志　G:VIP订阅　H:奢品俱乐部、会所　I:店铺咨询　J:其他

B卷:大众消费品调查

购物行为

B01　您每月消费品支出主要用于哪些(可多选):

A:食品　B:服饰　C:鞋帽箱包　D:珠宝钟表　E:家用电器　F:化妆品　G:烟酒水果　H:餐饮消费　H:其他

B02　下列哪些因素会影响您的消费计划(可多选):

A:亲朋推荐　B:促销活动　C:试用体验　D:广告、明星代言　E:产品价格调整　F:包装设计　G:促销员推荐　H:搭配销售　I:其他

B03　您上网主要购买什么产品(可多选):

A:食品　B:服装　C:鞋帽箱包　D:化妆品　E:数码产品　F:酒水、保健品　G:话费及虚拟产品　H:书籍期刊　I:家用电器　J:家居产品装饰材料　K:其他

B04　在网络环境下存在的消费问题(可选三项):

A:一般情况下,我认为网络购物是不安全的,我不信任网络　B:我觉得在网络购物过程中不可能得到充分对等的信息　C:存在消费者对我想购买产品的负面信息,但信息被商家故意抹去　D:我担心网络对电话、住址、单位等个人隐私泄露　E:网上支付系统不安全,存在严重的风险　F:网购商品存在一些质量问题　G:网购缺乏有效的售后服务体系　H:网络销售产品存在假冒、仿造等现象　I:其他

服装饰品

B05　您的衣柜里服装主要是:

A:国内普通品牌　B:国内著名品牌　C:国际品牌　D:国际著名品牌　E:顶级奢品名牌　F:其他

B06　您的主要服装大多在什么价位：

A:不足100元　B:100～200元　C:200～300元　D:300～500元　E:500～700元　F:700～1 000元　G:1 000～1 500元　H:1 500～3 000元　I:3 000元以上

B07　对于时尚服装,您的态度是(可多选):

A:价格便宜　B:简单时尚　C:性价比高　D:优惠促销力度大　E:产品更新速度快　F:广告吸引人　G:可多渠道购买　H:售后服务好　I:产品线长,种类多　J:质量可靠　K:花费少,可经常购买新款　L:其他_

B08　对于服饰品牌的选择,您主要看中(可多选):

A:品牌知名度　B:明星代言　C:材质、裁剪　D:价格因素　E:款式颜色　F:流行新款　G:实用舒适　H:其他

B09　您可以接受、愿意购买的品质及裁剪优良的西装套装价格是多少：

A:500元以下　B:500～1 000元　C:1 000～1 500元　D:1 500～3 000元　E:3 000～10 000元　F:1万～5万元　G:5万元以上

家电数码

B10　哪些是您更换电子产品(手机、数码)的原因：

A:旧的坏了　B:有新款推出　C:以旧换新搞促销　D:其他

B11　您使用频率最高的小家电(多选):

A:加湿器　B:豆浆机　C:电热水壶　D:电磁炉　E:微波炉　F:电饭煲、电压力锅　G:榨汁机　H:抽油烟机　I:吸尘器　J:净水器　K:电饼铛　L:洗碗机　M:电吹风、剃须刀　N:电熨斗

B12 您购买家电的时候,最看重的是(可选2项):

A:品牌　B:价格　C:产品功能　D:产品质量　E:售后服务　F:促销活动　G:其他

B13　您了解家电产品及促销活动时,一般通过哪些渠道(可多选):

A:电视　B:报纸杂志　C:广播、户外广告　D:网络　E:海报、传单　F:报纸夹送广告　G:朋友推荐　H:卖场促销员推荐介绍　I:其他

B14　您中意的家电应该具备哪些特点(可选3项):

A:口碑好、品牌大　B:时尚艺术的外观设计　C:高科技、新技术的应用　D:人性化的设计、丰富的功能　E:节能、低碳、环保　F:完善的售后服务　G:其他

B15　您购买电器一般在(可多选):

A:综合类百货商场　B:国美　C:苏宁　D:三联商社　E:宏图三胞　F:品牌直营店　G:超市家电货架　H:网上购买　I:海外代购　J:其他

B16　如果您选择网购家电,您会选择(可多选):

A:空调　B:洗衣机　C:电冰箱　D:电视　E:电脑　F:手机　G:微波、电磁炉　H:油烟机　I:厨房其他小家电　J:音响产品　K:照明用品　L:加温、加湿、净水、热水电器　M:其他

酒店餐饮

B17　您就餐最看重的因素是什么(可多选):

A:服务态度、水平　B:上菜速度　C:菜品种类、质量　D:就餐环境　E:菜品卫生　F:价格合适　G:停车是否方便　H:营业时间合理　I:离家较近、易寻找　J:口碑好　K:有

团购活动　L:消费账目明细　M:其他

B18　您就餐的人均消费大约多少:

A:40元以内　B:40～60元　C:60～100元　D:100元以上

B19　您更倾向于哪种口味的餐饮(最多可选5项):

A:鲁菜、东北菜　B:淮扬菜、杭帮菜　C:川菜、湘菜　D:粤菜、云南菜　E:西餐快点　F:自助烤肉、火锅　G:传统烤肉、火锅　H:速食冷饮、西点　I:高档西餐店　J:面食、主食店　K:日本、韩国、东南亚料理　L:各种茶餐厅　M:其他

B20　您对团购餐饮的态度是:

A:省钱、方便,我喜欢团购　B:省钱、但麻烦　C:不省钱、太麻烦　我不喜欢团购　D:服务质量有差距　E:其他

美容护肤

B21　您的护肤习惯是:

A:不护理　B:较少护理　C:经常护理　D:每天护理　E:每天多次护理

B22　您购买化妆品主要看重哪些因素(可选3项):

A:效果　B:价格　C:包装　D:产品成分　E:无残留无公害　F:朋友好评度　G:美容师推荐　H:广告宣传　I:其他

B23　您每年在购买化妆品上花多少钱:

A:少于100元　B:100～500元　C:500～1 000元　D:1 000～2 000元　E:2 000～5 000元　F:5 000～10 000元　G:1万元以上

B24　(女士答)您通过什么途径了解美容院的信息(可多选):

A:网络　B:电视广告　C:亲朋介绍　D:报纸杂志广播　E:户外广告　F:小区里有、经常路过　G:街边传单　H:其他

B25　您是否接受整形手术:

A:完全接受,怎么整都行　B:可以接受,隆鼻、隆胸等一般手术　C:可以接受,但仅限于割双眼皮等小手术　D:完全不接受,不会考虑整形

珠宝首饰

B26　您购买珠宝首饰的渠道为(可选2项):

A:品牌专营店　B:商场珠宝柜台　C:金店　D:综合类珠宝市场　E:网购　F:海外代购　G:拍卖会、藏友交流　H:其他

B27　您对珠宝材质的偏好是(可多选):

A:白银　B:黄金　C:铂金　D:彩金　E:白玉　F:翡翠　G:珍珠　H:玛瑙　I:水晶　J:琥珀蜜蜡　K:珊瑚　L:碧玺、石榴石、欧泊石、猫眼石等　M:红宝、蓝宝　N:其他

B28　您已有的珠宝配饰为(可多选),而其中件数最多的是:

A:戒指　B:手链、脚链　C:项链　D:耳环　E:手镯　F:发饰　G:胸针　H:其他

B29　您对珠宝最关注哪一点:

A:材料　B:纯度　C:品牌　D:设计　E:工艺　F:款式　G:保值　H:售价　I:其他

消费权益

B30　您认为目前我国的消费者权益保护是否满意、到位:

A:不满意、不到位　B:说不清楚　C:基本满意

B31 您在消费下列哪些商品或服务时遇到过侵害消费者权益的行为(可多选):

A:食品饮料 B:家电数码产品 C:餐饮消费 D:服装、箱包、皮具 E:珠宝、钟表 F:护肤、化妆品 G:美容整形服务 H:旅游休闲 I:家政服务 J:保健品、药品 K:电信通讯服务

B32 您遭遇侵权行为时,是怎样保护您的权益的(可多选):

A:自认倒霉,忍气吞声 B:与商家进行直接交涉 C:向媒体投诉曝光 D:向消协投诉 E:向行政部门提起仲裁 F:诉诸法律,起诉侵权人 G:通过网络揭露侵权行为 H:其他

B33 您认为,对商家震慑作用最明显的维权行为是:

A:媒体曝光 B:网络发帖、微博曝光 C:诉诸法律 D:向消协反映投诉 E:与商家交涉 F:在公众场合拉横幅等自我揭露维权行为

C卷:商场卖场调查

C01 您经常光顾济南哪些商场(可选5项):

A:银座 B:贵和 C:恒隆 D:华联 E:万达 F:百盛 G:振华济南人民商场 H:泰府广场 I:优品汇奥特莱斯 J:联荷雨滴广场 K:缤纷五洲 L:华润万家 M:大观园 N:其他

C02 您到商场购买什么商品(可选3项):

A:鞋帽箱包 B:服装 C:食品、保健品 D:家庭日用品 E:化妆品 F:珠宝、手表、配饰 G:家居用品 H:母婴、玩具 I:家电、数码产品 J:其他

C03 您最看中商场的哪些条件(可选4项):

A:购物环境 B:服务态度 C:商场整体定位档次 D:交通方便 E:品牌齐全 F:充足停车位 G:影院娱乐城等休闲项目 H:餐饮

C04 您到大型购物中心消费,主要是(可选4项):

A:购买女装 B:购买男装 C:购买化妆品 D:购买家电数码产品 E:购买鞋帽箱包 F:购买珠宝、腕表 G:购买童装 H:就餐 I:看电影 J:购买食品饮料 K:其他

C05 当您信赖的品牌大幅度打折时,您会有什么想法:

A:趁着打折,抓紧购买 B:商品质量是否出现什么问题,我不会购买 C:想进一步了解一下情况,再决定购买 D:商场的策略而已,不影响我消费 E:其他:

C06 您认为商场必须提供的便利设施有哪些(可选5项):

A:婴儿手推车 B:公共雨伞 C:母婴室 D:咨询台 E:直梯 F:便利的指示系统 G:有座椅的休息区 H:银联ATM机 I:儿童寄放的娱乐场所 J:停车场泊车员 K:商场广播 L:品牌、楼层导购手册 M:其他

C07 您对商场大量的促销是怎么看的(可选2项):

A:讨厌促销,有欺骗成分 B:商家在做手脚,实际没有优惠 C:确实有优惠,但不知道到底便宜了多少 D:很喜欢,觉得很值 E:不管怎么说,千篇一律无新意 F:很有创意,有意思

C08 您认为济南大商场中商品定价,是否符合你的日常消费水平:

A:定价太高,很多商品买不起 B:定价合适,符合消费环境 C:不符合,定位太低,没什么可买的

C09 您每次去商场平均消费金额大约在:

A:50元以内 B:50~100元 C:100~200元 D:200~500元 E:500~1 000元 F:1 000~2 000元 G:2 000~5 000元 H:5 000元以上

D卷:《都市消费》调查

D01　您是否定期阅读周五的《齐鲁晚报·都市消费》:

A:定期阅读　B:不定期阅读　C:偶尔会翻翻　D:基本不看

D02　您会看《都市消费》上面的广告吗:

A:从来不看　B:寻找自己感兴趣的看　C:会主动看

D03　您最喜欢阅读《都市消费》的那些行业版面(可多选):

A:商场专版　B:促销资讯　C:流行服饰　D:家电数码　E:餐饮美食　F:美容健身

D04　您认为《都市消费》什么样的时尚资讯最吸引你:

A:品牌文化、深度介绍　B:国际时装发布、流行趋势　C:当季单品推荐　D:济南商场最新资讯　E:流行服饰打折促销信息　F:其他

D05　你认为《都市消费》中,什么样的广告最能让你接受:

A:奢品、大牌形象广告　B:购物中心专版广告　C:各行业商家普通促销广告　D:软性文字广告　E:其他

D06　如果《都市消费》未来继续改版,您给《都市消费》的改版建议是:

A:走奢华高端路线　B:走便民服务路线　C:走流行时尚路线　D:其他

调查问卷提交方式:

1. 网上填写:

齐鲁晚报网:http://www.qlwb.com.cn/

汇景市场研究咨询公司:http://diaoyanba.com。

2. 问卷寄达:地址:济南市经十路16122号山东报业大厦"都市消费编辑室"。

3. 现场填写:商场卖场等消费场所接受现场调查填写。

感谢您百忙之中填写我们的问卷,我们将有小礼品附送。您对《齐鲁晚报》的大力支持将激励我们持续进步!请您在此问卷回寄过程中注明姓名、联系电话。

资料来源:《齐鲁晚报》。

◆ 思考题

1. 问卷的设计应遵循哪些原则?
2. 问卷的类型有哪些?
3. 问卷的措辞要注意些什么?
4. 问卷的结构是怎样的?
5. 参考后面的解析和修改,研究以下调查问卷的不妥之处。

1. 你的性别:

A. 男　　B. 女

2. 你所在的年级

A. 大一　　B. 大二　　C. 大三　　D. 大四

3. 你目前拥有手机吗?

A. 有　　B. 没有

4. 如果你没有拥有手机的原因是什么?

A. 没钱购买　B. 不会使用　C. 不喜欢用手机

5. 你的月生活费是多少?

A. 400　B. 500　C. 600　D. 800

6. 你喜欢什么样的手机?

A. 结实的诺基亚　B. 功能强大的 IPHONE

C. 配置高的小米手机　D. 能打电话的一般手机

7. 你最近更换过几次手机?

A. 1 次　B. 2 次　C. 3 次　D. 其他

8. 您使用手机话费一年能用多少?

A. 300～600　B. 600～800　C. 800～1 000　D. 1 000 以上

9. 你购买手机会考虑什么问题?

A. CPU 性能　B. ROM 大小　C. 屏幕的色彩度　D. 电池的耐用程度

10. 你是否对诺基亚 N9 的价格和便利性感到满意?

A. 一般满意　B. 满意　C. 很满意　D. 很不满意

解析:

在这份问卷的设计过程中存在很大的问题,首先在问卷的设计中没有出现问卷的引言、填写说明和作业见证记载。在问卷设计的过程中出现了问题的跳跃性,不能让被调查者在逻辑上接受(第 4 题和第 5 题在衔接上没有逻辑性可言)。在第 4 个问题中可能会对被调查者的自尊心产生影响,使得不容易得到准确的答案。在第 5 个问题中答案太过于确定,造成获取的信息不准确,第 6 个问题的设计出现了诱导性的答案,不能准确地得到被调查者的意愿。在第 7 个问题中个出现了问题的表述不清楚。第 8 个问题出现了推论性和估计性,这会影响被调查者的兴趣,从而影响调查结果。第 9 个问题的答案的专业性太强,没有使用通俗易懂的词汇,让被调查者无从下手。在第 10 个问题的设计中使用了双重问题,如果被调查者对问题中的一部分不同意会让调查无法进行。

下面对以上问卷的修改整理:

手机调查问卷表

非常感谢您在百忙之中填写这份问卷,本次的调查目的是为了了解目前手机在大学中的普及率及其相关情况,为大学生消费市场开发提供参考。请根据您自己的现实情况如实填写,如果涉及您的隐私问题,我们将会严格为你保密,谢谢合作!

1. 你的性别

A. 男　B. 女

2. 你所在的年级

A. 大一　B. 大二　C. 大三　D. 大四

3. 你目前拥有手机吗?

A 有　B 没有

4. 如果你没有拥有手机的原因是什么?

A. 没找到适合自己价位的　B 不会使用　C 不喜欢用手机

5. 你喜欢什么样的手机？

A. 诺基亚　　B. IPHONE　　C. 小米手机　　D. 能打电话的一般手机

6. 你最近一年内更换过几次手机？

A. 1 次　　B. 2 次　　C. 3 次　　D. 其他

7. 您使用手机月消费是多少？

A. 40～50 元　　B. 50～60 元　　C. 70～80 元　　D. 1 000 元以上

8. 你购买手机会考虑什么因素？

A. 反应速度　　B. 手机储存大小　　C. 屏幕的色彩度　　D. 电池的耐用

9. 你是否对诺基亚 N9 的价格感到满意？

A. 一般满意　　B. 满意　　C. 很满意　　D. 很不满意

10. 你是否对诺基亚 N9 的便利性感到满意

A. 一般满意　　B. 满意　　C. 很满意　　D. 很不满意

◈ 参考文献

[1] 简明. 市场调查方法与技术. 北京：中国人民大学出版社，2012.

[2] 赵轶. 现代市场调查与预测. 北京：高等教育出版社，2012.

[3] 马连福. 现代市场调查与预测. 北京：首都经济贸易大学出版社，2009.

[4] 秦宗槐. 市场调研. 北京：电子工业出版社，2007.

[5] 于翠华. 市场调查与预测. 北京：电子工业出版社，2006.

任务四　抽样方案的设计

◈ 知识目标

1. 熟悉抽样调查的含义、类型；
2. 掌握抽样调查常用的概念；
3. 掌握抽样调查的组织形式和抽样方法。

◈ 能力目标

1. 能根据调查项目要求制订相应的抽样调查方案；
2. 掌握在不同的抽样组织方式下抽样平均误差的计算方法；
3. 能够进行样本容量的计算；
4. 能够进行抽样推断。

◈【引导性案例】

旅游消费行为研究，选择什么样的人来调查

西安市旅游局为了了解当地居民的旅游消费行为，安排了一项电话访问调查。根据西安城区的布局，按照城北、城中、城南对居民进行分群，采用电脑随机抽样方式选择出居民。然后，根据如下三个指标选择出居民家庭中的成员：

(1)年龄在 25 岁以上。

(2)本年在西安居住 5 个月以上。

(3)在西安居住超过 2 年。

为了获得限定的个体样本，采用随机方法从居民家庭中进行选择。如果一个家庭中有多个符合条件的成员，则选择即将过生日的那个成员。最后，对选出的人再次进行电话访问调查。这里，抽样设计过程的步骤如下：

(1)目标总体：调查期内，在西安市根据工作电话号码选择居民家庭中符合条件的成年人。

(2)抽样方式：利用计算机程序产生随机的电话号码。

(3)抽样单位：工作电话号码。

(4)抽样技术：整群抽样技术。目标总体从地理上分为三个部分：北、中、南。

(5)抽样规模：868。

(6)执行：在分群中分配样本；采用计算机随机生成方式拨号；列出该居民家庭中符合条件的所有成员；选择即将过生日的那位成员。

案例来源：张庚淼. 2002. 市场营销调研[M]. 大连：东北财经大学出版社.

通过上述案例，请思考：西安市旅游局用了怎样的调查方法和技术？这些方法和技术在使用中应注意的问题是什么？

子任务一 抽样调查

一、抽样调查的概念与特点

抽样调查是现代市场调查中普遍采用的科学调查方式，是国际上公认和普遍采用的科学的调查手段。抽样调查是一种专门组织的非全面调查，它是按照一定方式，从调查总体中抽取部分样本进行调查，用所得的结果说明总体情况的调查方法。

（一）抽样调查的种类

抽样调查分为概率抽样和非概率抽样两大类。概率抽样又称随机抽样，是指按随机原则从总体中抽选样本的抽样方式，即在总体中抽取调查单位时，完全排除了主观因素，使每一个调查单位都有同等被抽中的可能性。遵循随机原则，一方面可以使抽选出来的调查单位的分布有较大的可能性接近总体分布状况；另一方面有助于调查者准确地计算抽样误差，从而提高调查结果的可靠性。非概率抽样又称非随机抽样，是指抽样时不遵循随机原则，而是从方便出发或者根据调查者主观上设立的某个标准来选择调查单位。通常我们所说的抽样调查，如果未加限定，大多指概率抽样。

（二）抽样调查的特点

与普查相比，抽样调查具有经济、及时、准确和高效等特点，因此成为市场调查工作中运用最广泛的调查方式。抽样调查主要适用于被调查总体单位数较大而调查人员、调查经费又较少，而又不必要对所有总体单位进行普查的市场调查。

抽样调查作为一种非全面的调查方法，它的特点主要有：

(1)抽取样本的客观性。遵循随机原则抽取样本单位，排除了主观干扰。所谓随机原则，就是按客观的、同等的机会抽选调查单位。

(2)抽样调查可以比较准确地推断总体特征。以较高的概率保证度和较低的抽样误差进行推断。

(3)抽样调查比较节省费用。只抽取总体中的部分单位进行调查，用一部分单位的特征值去推断总体的特征值，从经济上说，抽样调查更节省时间，节约人力、物力和财力，且具有较强的时效性。

(4)抽样调查的适用范围较广。总体单位数目较大的调查对象都适用，通过抽样调查，可使资料搜集的深度和广度都大大提高。

(5)抽样误差可以计算，并且可以控制。抽样调查会产生抽样误差，抽样误差不可避免，但可以计算出误差的大小，误差的大小也可以控制。

抽样调查的优点主要有：

(1)抽样调查的调查方式具有科学性，其科学性来源于抽取样本的随机原则。

(2)抽样调查具有经济性，与全面调查相比，抽样调查的调查样本仅仅只是总体单位的一部分，使调查工作得以节省时间和费用。

(3)调查资料获取具有及时性，资料搜集的数量相对较少，能在较短时间内获得所需要的资料。

(4)对某些无限总体,只能采用抽样调查,不可能进行全面调查。例如,检查大量生产的小件产品的质量,就是采用抽样调查法。某些测试具有强烈的破坏性,不可能进行全面调查,只能采用抽样调查。例如,食品的质量检验,灯管的耐用时间检验等。

(5)对某些总体的研究,采用全面调查法费用太大,时间太长,可采用抽样调查法。例如,要了解我国城乡居民家庭收支状况和生活水平,从理论上说,可以对该总体进行全面调查,但实际可行的办法是从全国城乡中抽样选取一部分家庭进行研究。

此外,利用抽样调查资料,还可以检验全面调查资料的质量,修正全面调查的资料的不足。

尽管抽样调查具有上述优点,但它也存在着某些局限性,它通常只能提供总体的一般资料,而缺少详细的分类资料,在一定程度上难以满足对市场经济活动分析的需要,此外,当抽样数目不足时,将会影响调查结果的准确性。

(三)抽样调查中常用的概念

1.全及总体和抽样总体

(1)全及总体。全及总体简称总体,指所要认识的研究对象全体,它是由所研究范围内具有某种共同属性的全体单位所组成的集合体。全及总体的单位数用 N 表示。

总体按各单位标志性质不同,可分为变量总体和属性总体。变量总体按数量标志分组而成;属性总体按品质标志分组且只有两种表现。

表 4-1　产品按是否合格

分类	数量(件)
合格	990
不合格	10
合计	1 000

以下是属性总体的实例,见表 4-1。

(2)抽样总体。抽样总体简称样本,它是全及总体中随机抽取出来的,作为代表这一总体的那部分单位组成的集合体。样本总体的单位数用 n 表示。样本中所包含的单位数叫做样本容量。样本进一步可以分为变量样本和属性样本。

总体和样本,一个是整体,一个是部分,全及总体是我们的研究内容的对象,因此它是唯一的、确定的;而样本则是建立在随机基础上抽取出来的,所以每一次选样,都会选出不同的结果,所以它是变动的、不确定的。

例如,调查某学校学生的平均月生活费收入和支出,可以按抽样调查理论从全体学生中抽取部分学生了解,那么全校学生就是全及总体,抽取的部分学生就是抽样总体。

2.全及指标和抽样指标

(1)全及指标。全及指标是根据总体各单位的标志值或标志属性计算出来的,反映总体数量特征的综合指标,又称为参数(或总体指标)。全及指标是总体变量的函数,其数值是确定的、唯一的。常用的全及指标有全及总体平均数、全及总体成数、全及总体方差和均方差。

全及总体平均数是全及总体所研究的平均值,根据所掌握资料的情况,可有简单式和加权式的计算方法。

全及总体成数是指一个现象有两种表现时,其中具有某种标志的单位数,在全及总体中所占的比重。例如:产品可分为合格产品和不合格产品,产品总体中合格产品率或不合格产品率即是成数。

全及总体方差和均方差是用来说明全及总体标志变异程度的指标,是理解和应用抽样调查时很重要的基础指标。

由于全及总体分为变量总体和属性总体，所以全及指标分为变量总体的全及指标和属性总体的全及指标。

变量总体的全及指标主要有变量总体的平均数，变量总体的方差或标准差。公式如下：

总体平均数 $\bar{X} = \frac{\sum X}{N} = \frac{\sum XF}{\sum F}$

总体方差 $\sigma^2 = \frac{\sum (X-\bar{X})^2}{N} = \frac{\sum (X-\bar{X})^2 F}{\sum F}$

总体标准差 $\sigma = \sqrt{\frac{\sum (X-\bar{X})^2}{N}} = \sqrt{\frac{\sum (X-\bar{X})^2 F}{\sum F}}$

属性总体的全及指标主要有：属性总体的平均数，属性总体的标准差或方差。

如果总体中 N 个总体单位某项标志的标志值分别为 $X_1, X_2, \cdots, X_N$，其中具有某种属性的有 N_1 个单位，不具有某种属性的有 N_0 个单位，则总体成数、总体的属性方差、总体的属性标准差分别为：

总体成数(总体的属性比率)： $P = \frac{N_1}{N}, Q = \frac{N_0}{N}$

总体的属性方差： $\sigma_P^2 = P(1-P) = PQ$

总体的属性标准差： $\sigma_P = \sqrt{P(1-P)} = \sqrt{PQ}$

(2)抽样指标。抽样指标是根据样本各单位标志值或标志属性计算的，反映样本数量特征的综合指标称为抽样指标样本指标，也称样本指标或样本统计量。样本指标是样本变量的函数，用来估计总体参数，因此也称统计量，其值随着样本的不同而不同，因此统计量是个随机变量。常用的抽样指标有样本平均数、样本成数、样本标准差和方差等。

抽样指标可以分为变量样本和属性样本。

变量样本的抽样指标主要有：

样本平均数： $\bar{x} = \frac{\sum x}{n} = \frac{\sum xf}{\sum f}$

样本方差： $s^2 = \frac{\sum (x-\bar{x})^2}{n} = \frac{\sum (x-\bar{x})^2 f}{\sum f}$

样本标准差： $s = \sqrt{\frac{\sum (x-\bar{x})^2}{n}} = \sqrt{\frac{\sum (x-\bar{x})^2 f}{\sum f}}$

属性样本的抽样指标：设样本中 n 个样本单位某项标志的标志值分别为 $x_1, x_2, \cdots, x_n$，其中具有和不具有某种属性的样本单位数目分别为 n_1 和 n_0 个，则属性样本的统计指标有：

样本成数： $p = \frac{n_1}{n}, q = \frac{n_0}{n}$

样本的标准差：　$s_p=\sqrt{pq}=\sqrt{p(1-p)}$

样本方差：　$s_p^2=pq=p(1-p)$

3. 重复抽样和不重复抽样

抽样的基本方法有重复抽样和不重复抽样两种。

(1)重复抽样。重复抽样也称有放回抽样，是从总体中抽取样本时，随机抽取一个样本单位，记录该单位有关标志表现以后，把它放回到总体中去，然后，再从总体中随机抽取第二个样本单位，记录它的有关标志表现以后，也把它放回总体中去参加下一次抽去，照此下去直到抽满 n 个样本单位为止。从总体 N 个单位中，用重复抽样的方法，随机抽取 n 个单位构成一个样本，则共可抽取 N^n 种样本。

(2)不重复抽样。不重复抽样也称不放回抽样，它是从总体中抽取第一个样本单位，记录该单位有关标志表现后，这个样本单位不再放回总体中参加下一次抽选，然后，再从总体 $N-1$ 个单位中随机抽取第二个样本单位，记录了该单位有关标志表现后，该样本单位也不放回总体中去，再从总体 $N-2$ 个单位中抽取第三个样本单位，照此下去直到抽选出第 n 个样本单位为止。或者是一次就从总体的 N 个单位中抽取 n 个单位组成样本。从总体 N 个单位中，用不重复抽样的方法，抽取 n 个单位的样本，可能出现的样本种数为 C_N^n。

例：有 4 个数据：A、B、C、D，从中抽取样本容量为 2 的样本。

重复抽样：　AA、AB、AC、AD
BA、BB、BC、BD
CA、CB、CC、CD
DA、DB、DC、DD

则：样本个数为 4^2 个。

不重复抽样：AB、AC、AD
BA、BC、BD
CA、CB、CD
DA、DB、DC

则：样本个数为 4×3 个。

4. 样本容量和样本个数

样本容量是指一个样本所包含的单位数。样本有大样本与小样本之分，样本单位数大于或等于 30($n\geqslant30$)的样本称为大样本，样本单位数小于 30 个($n\leqslant30$)的样本称为小样本。

样本个数又称样本可能数目，是指从一个总体中可能抽取的样本个数。

二、抽样方案的设计

抽样调查方案的设计即所谓抽样设计，就是依据调查目的，在给定的人力、物力、财力等的条件下，在从一定总体中抽取样本资料以前，预先确定抽样程序和方案，在保证所抽取的样本有充分代表性的前提下，力求取得最经济、最有效的结果。

抽样设计一般包括五个步骤：确定调查总体，确定抽样框和个体编号，选择抽样技术，实施调查，结果测定。

(一)定义目标总体

确定调查总体即明确界定调查的全部对象及其范围。这是抽样调查的前提和基础。

总体界定一定要准确,哪些对象应包括在内,哪些对象不包括在内,可根据个体、抽样单位、范围和时间来界定。总体界定不准确,会导致误导调研或使调研无效。例如,某公司想要调查了解“20周岁以上男性”的目标消费者群对该公司新推出的男性化妆品的评价,则其目标公司总体应选择“20周岁以上男性”。调查目的和范围对定义目标总体具有关键性的作用。调查总体可以是一群人、一个企业、一个组织,也可以是一种情形或一项活动等。

在界定调查总体时,有时也要注意界定被排除的对象,例如,央视一索福瑞公司在界定家庭户中的样本成员时,就规定下列人员不列为样本成员:

(1)住宿学生,仅在周末或寒假暑假回家的学生;

(2)连续离家超过3个月的打工人员或驻外人员;

(3)由于结婚等原因而搬出家庭的人员;

(4)吃在家中、长期住集体宿舍的人,应根据其在家中看电视的情况决定。

(二)抽样框和抽样单元

抽样的前提是确定抽样范围,它是涵盖总体的一个详细名单,即抽样框。抽样框又称“抽样框架”、“抽样结构”,是指对可以选择作为样本的总体单位列出名册或排序编号,以确定总体的抽样范围和结构。即供抽样所用的所有的调查单位的详细名单。

例如,从10 000名职工中抽出200名组成一个样本,则10 000名职工的名册,就是抽样框。又如,企业调查中,以企业为抽样单位,可以以工商局的企业注册档案作为抽样框;电话调查中,以电话号码作为抽样单位,电话号码簿就是现成的抽样框;如果以学校班级为抽样单位,则学校所有班级名册便是抽样框。

抽样框既可以是一份包含所有抽样单位的名单,也可以是一张表格、一本名册、一幅地图或其他适当的形式,如电话号码簿、户口簿、餐厅的菜单、包含公司所有客户名单的数据库等。

抽样框与抽样单元是抽样的一对基本范畴。抽样单元是根据抽样需要和按照某些标准,将调研总体划分为互有限个不重叠又穷尽的若干部分,每个部分即为一个抽样单元。抽样单元满足“与实际总体的每个单元之间存在确定的对应关系,凭借这种对应关系可以找到实际总体中特定的一个或一些单元”条件的实际总体的映射总体称为抽样框,构成映射总体的单元则称为抽样单元。换言之,包含所有抽样单元的总体称为抽样框,构成抽样框的单元称为抽样单元,又称样本单元或样本点。

抽样框是组织抽样调查的重要依据,调查者必须对其抱有严谨的态度,认真地收集和编制。因为抽样框一旦有重复和遗漏,必然会直接影响到样本的选取,从而影响到整个抽样工作的质量。

小卡尔·迈克尔丹尼尔、罗杰·盖兹所著《当代市场调研》一书中列举了菲什(Fish)、巴恩斯(Barnes)和巴纳汗(Banahan)所提供的两个有趣的关于抽样框误差的例子。

一个是1936年《文学摘要》(Literory Digest)做的民意测验。这个杂志社从电话簿和汽车主登记表中选出了一大批选民(超过200万人次)做抽样调查,基于这个调查的结果,它预言阿尔弗·伦敦(Alf London)会在竞选中击败富兰克林·罗斯福(Franklin Roosevelt)。不幸的是,这份抽样框选择的(电话簿和汽车主登记表中)选民并不能代表1936年整个美国的所有选民。因为,当时大多数人没有电话,更没有汽车,并且这部分被忽略的选民收入很低。然而,抽样中作为重点的富裕阶层的选择,更倾向于投共和党的票,所以在竞选后不久,《文学摘要》因其失误的预言使其可信度急剧下降,最终导致了破产倒闭的结局。

另一个狗食制造商的例子更有趣。这个厂商在超级市场里对狗的主人进行了广泛的访问调查。他们调查并估计顾客们对包装式样和型号的要求，并试探顾客们对广告设计方案的反应。产品投入市场初期，经历了一个高销售额的阶段。但数月后，销售额却停滞不前。这家公司在讨论研究后，把自己生产的狗食带到当地的流浪狗收容所，然后把狗食放在狗的面前，但它们却连碰也不碰！尽管访问调查了所有狗的主人，但厂商却不知道自己的抽样框是错误的。

好的抽样框应做到完整而不重复。抽样框一般可以采用现成的名单，常见的抽样框如大学学生花名册、城市黄页里的电话列表、工商企业名录、企事业单位职工的名册、街道派出所里居民户籍册、意向购房人信息册、地图、数据包……在没有现成的名单的情况下，可由调查人员自己编制。应该注意的是，在利用现有名单作为抽样框时，要先对该名录进行检查，避免有重复、遗漏的情况发生。以提高样本对总体的代表性。

抽样框中的抽样单位必须是有序的，以便于编号。即抽样单元必须编号，且根据某种顺序进行排列。抽样框中包含的抽样单元要做到“不重不漏”，否则将会出现抽样误差，影响调研结果。

抽样单元不一定是组成总体的最小单位或基本单元。抽样单元可能包含一个或一些基本单元，最简单的情况是只包含一个基本单元。在简单随机抽样中，抽样单元即为基本单元；而在整群抽样中，群即为抽样单元，而群可能包含相当多的基本单元，比如在手机调查中我们抽中一栋居民楼，居民楼是抽样单元，而楼中的每个居民就是基本单元。

就目前的市场调查现场执行而言，有三种常用的抽样框：地图块、居委会块、居民户。

(1)地图块。地图块是指在市场调查所涉及的行政区划范围内，将地图按一定标准划分为若干块，使各块具有相近的居民户数，每一块作为一个基本的抽样单位，各块的总和即为抽样框。地图块抽样框构建常用的方法有两种：一种是“行政区划法”，即以区、街道(镇)等作为基本抽样单位构建抽样框；另一种是“道路地块法”，即以道路、河流、铁路等明显的线状标志物为界限划定各个抽样单位。这种区划法的优点在于可以较合理地划定地图块的大小，如按该地图块内的人口密度确定地图块面积的大小等，从而使各地图块内的居民户数达到基本相同，使样本单位之间具有可比性。据统计，在实际中采用道路地块法抽样时，由于拒访、行业限制、拆迁、界限不清等原因，约有 1/3 的居民户不能访问，故在实际确定每地块居民户数时，应考虑以上因素。

(2)居委会块。居委会块是指以居委会所辖地域作为抽样的基本单位，其总体即构成抽样框。

(3)居民户。居民户是指以某区域住户名单为抽样的基本单位，其总体即构成抽样框。这里所指的名单不一定是居住户的姓名，而有可能是居住户的门牌号、室号。这一形式的抽样框往往缺乏现成的资料，需要连续地进行资料积累和完善，并且不断地进行修订。

(三)选择抽样技术

为了控制抽样误差，提高抽样效果，需要根据调查任务及调查对象的具体情况，从各种抽样调查的组织形式及抽样方式中有针对性地进行选择，以便使样本能充分地反映总体，并便于组织实施，节约人力、物力和时间。

抽样技术指在抽样调研时采用一定的方法，抽选具有代表性的样本，以及各种抽样操作技巧和工作程序的总称。为了使抽选的样本具有代表性，必须借助于各种抽样技术。重要的抽样方法可以分为两大类：概率抽样技术与非概率抽样技术(随机抽样与非随机抽样)，而每一类又包含多种方式。选择哪种抽样方法取决于研究目的、经济实力、时间限制、调查问题的性质等。

(四)实施调查

这是对选定样本进行调查,运用不同调查方法,对抽选的样本进行调查,取得第一手资料。

(五)测算结果

测算结果是抽样调查的最后一个步骤,也是抽样调查的目的的所在。测算结果指用样本指标推断总体指标的结果,具体测算方法包括直接推算法和修正系数法。

子任务二　抽样调查方法的运用

一、抽样方法的分类

抽样的具体方法有很多种,各有利弊,采用什么样的抽样方法,既要根据调查对象及其目的要求决定,也要考虑有效、便利、经济。抽样方法选择得当,可以使抽选的样本对总体的代表性强,既能缩小抽样误差,也便于调查的组织实施。

盖洛普是现代抽样方法的先驱,小卡尔·迈克尔丹尼尔、罗杰·盖兹所著《当代市场调研》一书中介绍了盖洛普对现代抽样方法的贡献。

"一种客观测量报刊读者阅读兴趣的新方法"是乔治·盖洛普在艾奥瓦大学写博士论文时用的题目。通过对"Des Moines Register and Tribune"和瑞士数学家雅克布·贝努里具有200年历史的概率统计理论的研究,盖洛普在抽样技术领域取得了进展。他指出,当抽样计划中的调查对象涵盖广泛,涉及不同地域、不同种族、不同经济层次的各种人时,你只需随机抽取而无需采访每个人。尽管当时他的方法不能为每个人理解和认同,但是现在,这已经被广泛使用。

盖洛普通常引出一些特例来解释他自己在说什么或做什么。假设有 7 000 个白豆子和 3 000 个黑豆子十分均匀地混合在一起,装在一个桶里。当你舀出 100 个时,你大约可以拿到 70 个白豆子和 30 个黑豆子,而且你失误的几率可以用数学方法计算出来。只要桶里的豆子多于一把,那么你出错的几率就少于 3%。

20 世纪 30 年代早期,盖洛普在全国很受欢迎。他成为 Drake 大学新闻系的系主任,然后转至西北大学。在此期间,他从事美国东北部报刊的读者调查。1932 年夏天,一家新的广告代理商电扬广告公司,邀请他去纽约创立一个旨在评估广告效果的调查部门,并制定一套调查方案。同年,他利用他的民意测验法帮助他的岳母竞选艾奥瓦州议员。这使他确信他的抽样调查方法不仅在数豆子和报刊读者调查方面有效,并有助于选举人。只要你了解到抽样范围具有广泛性,白人、黑人,男性、女性,富有、贫穷,城市、郊区,共和党、民主党,只要有一部分人代表他们所属的总体,你就可以通过采访相对少的一部分人,来预测选举结果或反映公众对其关心问题的态度。盖洛普证实,通过科学抽样,可以准确地估测出总体的指标。同时,在抽样过程中,可以节省大量资金。

经过数十年的发展,盖洛普所采用的抽样方法已经成为一套完整的抽样技术,并在市场调查中广为使用。

抽样技术分为概率抽样和非概率抽样两大类。

概率抽样又称随机抽样，是指按随机原则从总体中抽选样本的抽样方式，即在总体中抽取调查单位时，完全排除了主观因素，使每一个调查单位都有同等被抽中的可能性。遵循随机原则，一方面可以使抽选出来的调查单位的分布有较大的可能性接近总体分布状况；另一方面有助于调查者准确地计算抽样误差，从而提高调查结果的可靠性。非概率抽样又称非随机抽样，是指抽样时不遵循随机原则，而是从方便出发或者根据调查者主观上设立的某个标准来选择调查单位。

抽样调查方法分类如图 4-1 所示。

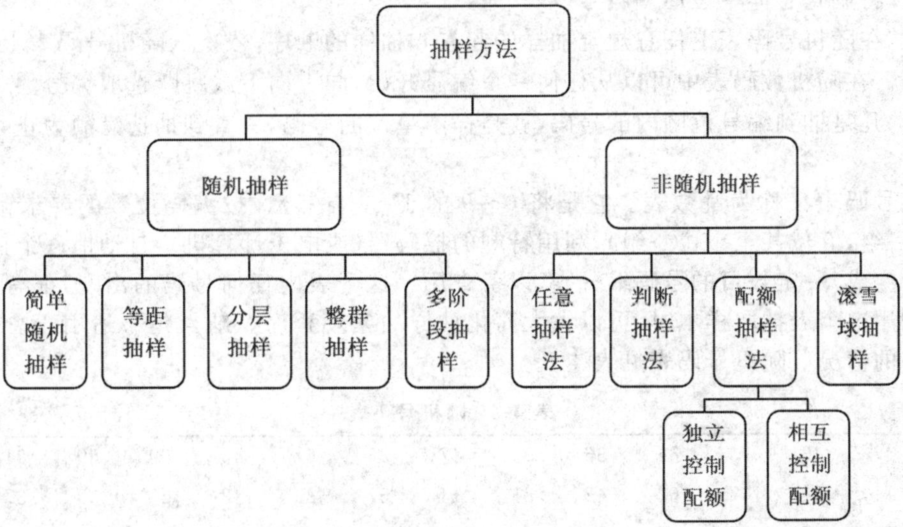

图 4-1　抽样调查方法一览图

二、随机抽样技术的分类及特点

随机抽样是按随机原则从调研总体中抽取一定数目的样本单位进行调查，以其结果推断总体的一种调研方式。它对调研总体中每一个样本单位都给予平等的抽取机会（即等概率抽取），完全排除了人为的主观因素的选择，这也是它与非随机抽样调研方式的根本区别。

随机抽样技术的分类：随机抽样技术分为简单随机抽样、系统抽样、分层抽样、整群抽样及多阶段抽样等几种。

（一）简单随机抽样

简单随机抽样也称纯随机抽样，它是按照随机原则，从总体中不加任何分组、分类、排序等先行工作，直接地抽取调查单位。这种方法的特点是每个样本被抽中的概率相等，各个样本完全独立，彼此间无一定关联性和排斥性。完全排除了抽样中主观因素的干扰。纯随机抽样是随机抽样中最简单的一种。例如，在某一居民区要调查居民对快餐的需求情况，该居民区中有 1 000 个家庭，调查时把 1 000 个家庭加以编号，如 0001 号代表张家、0002 号代表王家、0003 号代表李家等。然后将所有的号码打乱，从中随机抽选必要的样本单位数目，抽出的便是样本。

由于市场调研的总体范围较广，总体内部各单位之间的差异程度较大，一般不直接使用这种方法抽样,而是与其他抽样方法结合使用。

实际应用简单随机抽样法时,又可以分为抽签法、乱数表法来实现随机原则抽取样本。具体抽取方法有抽签法、掷骰子法、摇奖机法、随机数表法、计算机随机数法、统计软件法等。实际使用时,可先利用计算机产生随机数,然后依次于总体中抽取样本单位,直到 n 个元素被抽取而构成样本。

下面以随机号码表法为例,说明样本抽取方法。

随机号码表法亦称“乱数表法”,就是利用随机号码表抽取样本的方法。随机号码表法应用的具体步骤是:

首先,将调查总体单位逐一编号。

其次,在随机号码表上任意规定抽样的起点和抽样的顺序;依次从随机号码表上抽取样本单位号码。在随机数码表中可以从任何一个编号开始,向上向下或跳跃选取编号。

第三,凡是抽到编号范围内的号码,就是样本单位的号码,一直到抽选满额为止,由此组成样本。

随机号码表又称为乱数表。它是将 0~9 的 10 个自然数,按编码位数的要求(如两位一组,三位一组,五位甚至十位一组),利用特制的摇码器(或电子计算机),自动地逐个摇出(或电子计算机生成)一定数目的号码编成表,以备查用。这个表内任何号码的出现,都有同等的可能性。利用这个表抽取样本时,可以大大简化抽样的繁琐程序。缺点是不适用于总体中个体数目较多的情况。随机号码表见表 4-2。

表 4-2　随机号码表

03	47	43	73	86	36	96	47	36	61	46	99	69	81	62
97	74	24	67	62	42	81	14	57	20	42	53	32	37	32
16	76	02	27	66	56	50	26	71	07	32	90	79	78	53
12	56	85	99	26	96	96	68	27	31	05	03	72	93	15
55	59	56	35	64	38	54	82	46	22	31	62	43	09	90
16	22	77	94	39	49	54	43	54	82	17	37	93	23	78
84	42	17	53	31	57	24	55	06	88	77	04	74	47	67
63	01	63	78	59	16	95	55	67	19	98	10	50	71	75
33	21	12	34	29	78	64	56	07	82	52	42	07	44	28
57	60	86	32	44	09	47	27	96	54	49	17	46	09	62
18	18	07	92	46	44	17	16	58	09	79	83	86	19	62
26	62	38	97	75	84	16	07	44	99	83	11	46	32	24
23	42	40	54	74	82	97	77	77	81	07	45	32	14	08
62	36	28	19	95	50	92	26	11	97	00	56	76	31	38
37	85	94	35	12	83	39	50	08	30	42	34	07	96	88
70	29	17	12	13	40	33	20	38	26	13	89	51	03	74
56	62	18	37	35	96	83	50	87	75	97	12	25	93	47
99	49	57	22	77	88	42	95	45	72	16	64	36	16	00
16	08	15	04	72	33	27	14	34	09	45	59	34	68	49
31	16	93	32	43	50	27	89	87	19	20	15	37	00	49

例如,某企业要调查消费者对某产品的需求量,要从95户居民家庭中抽选10户居民码表法抽选样本。具体步骤如下:

第一步:将95户居民家庭编号,每一户家庭一个编号,即01～95(每户居民编号为两位数)。

第二步:在上面的表中,随机确定抽样的起点和抽样的顺序。假定从第一行,第6列开始抽,抽样顺序从左往右抽。其中,横的数列称"行",纵的数列称为"列",因此此处第六列为数字36。

第三步:依次抽出号码,由此产生10个样本单位号码为:37、38、63、69、64、73、66、14、69、16。

编号为这些号码的居民家庭就是抽样调查的对象。在顺序抽取的过程中,遇到比编号大的数字,应该舍去。

需要说明,编号69的居民家庭两次出现在样本里。这属于重复抽样。所谓重复抽样,是指总体中某一单位被抽中作为样本后,再放回总体中,有可能第二次被抽中作为样本。

不重复抽样是指总体中的每个单位只可能抽中一次作为样本。即某一单位抽中作为样本后,不能再放回总体中,也就没有可能第二次被抽中作为样本。

上例中,若要求是不重复抽样,做法如下,从16继续往后抽选,接下来的96、98两个号码不在总体编号范围内,排除在外。然后是16,仍有重复,排除在外。再接下来是29,没有重复,可以入选。这样最终的10个样本单位号码就应是:37、38、63、69、64、73、66、14、16、29。

上例中,若调查总体改为800户居民,样本数仍为10户,抽样起点为第3行,第1列,抽样顺序为从上往下抽取。这10户样本居民号码如何产生呢?

首先,对调查总体800户居民编号,从001～800。(每户居民家庭号码为三位数)。其次,抽样起点应为"167",从上往下抽选,依次产生的10户样本单位编号分别是:167、125、555、162、630、332、576、181、266、234。

采用随机号码表法抽取样本,完全排除主观挑选样本的可能性,使抽样调查有较强的科学性。

简单随机抽样的优点在于方法简单直观,并且满足概率抽样的一切必要的要求,可保证每个总体单位在抽样时都有相等的被抽中机会;计算抽样误差及对总体指标的推断比较方便。

简单随机抽样的也存在缺点。简单随机抽样需要在抽样之前编制一份完整的抽样框,并给抽样框中的每一个单元赋予一个编号,这在实际工作中往往难以实现。当总体样本单位过多时,简单随机抽样的抽样作业相对不便(如总体名册几万户)。样本在总体中较分散,简单随机抽样使得调查的人、财、物及时间的耗费较大,使调查难以实施,增加调查行政作业困难;(如某地区住户580万户要抽18 000户)。当样本单位差异大时,简单随机抽样的样本代表性恐有不足(如估计所得,抽到高所得或偏低所得)。

从简单随机抽样的优缺点可以看出,这种抽样方法的适用情况是总体内样本单位不多且有完备名册可以编号,总体内样本单位差异不太大。

(二)等距抽样

等距抽样又称机械抽样,或系统抽样法,是先将全及总体各单位按一定标志排列起来,然后按照固定的顺序和一定的间隔来抽取样本单位的一种抽样组织形式。等距抽样是市场调查中应用最广的一种抽样方式。

采用等距抽样法，是依据一定的抽样距离，从总体中抽取样本，所以要先对总体中的单位进行有序编号，在排队的基础上，计算抽选距离，计算公式为：

$$样本单位区间数(抽选距离)=N/n$$

式中，n 为样本数；N 为总体单位数。

然后，从 1 到 N/n 之间抽出一个号码作为一个样本单位，再从这个样本单位起加上样本的区间数（N/n），取得的号码便是第二个样本单位，依此类推，直到样本单位数取完为止。

例如，假设某地区居民 900 户（总体），计划抽出 80 户作为样本。则样本区间数为 900/80＝11（按四舍五入取整数）。假定从 01 到 11 之间第一个样本单位确定是 11，则样本号码依次为 11，22，33，44，55，66，77，88，…，即每隔 11 号抽出一个样本单位，直至抽满 80 个样本单位为止。

根据上述说明可以看出，采取系统抽样法抽选出的样本，能够使样本均衡地分散在总体的各单位中，不会过分集中于某些单位。从而有利于增强样本的代表性，并且抽样的方法简便易行。

系统抽样法，就其类型来看，处于概率抽样和非概率抽样两种抽样方法之间，即它是可以属于非概率抽样法，也可以属于概率抽样的一种方法。究竟属于哪一种抽样法，主要取决于第一个样本的抽取方法。如果第一个样本是采取判断抽样法选取，那就是非概率抽样的一种方法；同样，如果第一个样本是采取概率抽样法抽取，则属于概率抽样法。

系统抽样法将全及总体各单位按顺序排列时，排列所依据的标准有两种：一种是按与调查项目无关的标志排队，一种是按与调查项目有关的标志排队。如在进行住户调查时，总体按住户所在街区的门牌号码排列，然后每隔若干个号码抽选一户进行调查，就是无关标志排列法。在作住户收入调查时，总体按住户平均月收入排列，再进行抽选，则是有关标志排列法。

等距抽样法具体操作过程是：

(1)将 N 个总体单位按一定顺序排列。

(2)根据总体单位数 N 和样本单位数 n 计算出抽样间隔，$k=N/n$（是一整数）。

(3)在 1 和 k 之间随机选一个数字，称为随机起点 r。

(4)根据 r 和 k 从总体中抽取 n 个样本单位：$r, r+k, r+2k, r+3k, \cdots, r+(n-1)k$，抽样完成。

等距离抽样与简单随机抽样比较，可使中选单位比较均匀地分布在总体中，尤其当被研究现象的标志值的变异程度较大，二在实际工作中又不可能抽选更多的样本单位时，这种方法更为有效，因此，等距抽样是市场调查中应用最广的一种抽样方式。

等距抽样也有一定的局限性。运用等距抽样的前提是要有全及总体每个单位的有关资料，特别是按有关标志排队时，往往要有较为详细具体的资料，这是一项分复杂和细致的工作。当抽选间隔和被调查对象本身的节奏性相重合时，就会影响调查的精度。如对某商场每周的商品销售量情况进行抽样调查，若抽取的第一个样本是周末，抽样间隔为 7 天，那么抽取的样本单位都是周末。而往往周末商品销售量最大，这样就会发生系统性偏差，从而影响等距抽样的代表性。

以下我们举例说明等距离抽样方法的应用。

某地区有零售店 110 户，采用等距离抽样方法抽选 11 户进行调查。

第一步，将总体调查对象(110 户零售店)进行编号，即从 1 号至 110 号。

第二步，确定抽样间隔。已知调查总体 $N=110$，样本数 $n=11$ 户，故抽样间隔＝110/11＝10(户)。

第三步，确定开始抽选的号数。用 10 张卡片(即抽样间隔)从 1 号至 10 号编号，然后从中随机抽取 1 张作为最初抽选号数。如果抽出的是 2 号，2 号则为起抽号数。

第四步，确定被抽取单位。从起抽号开始，按照抽样间隔选择样本。本例从 2 号起每隔 10 号抽选一个，直至抽足 11 个为止。计算方法是：

2

2＋10＝12

2＋10×2＝22

……

2＋10×10＝102

即所抽的单位是编号为 2、12、22、32、42、52、62、72、82、92、102 的 11 个零售店。

通过上例可以看出，等距离抽样的方法虽然简单，但省却了一个个抽样的麻烦，适用于大规模调查。等距离抽样能使样本均匀地分散在调查总体中，不会集中于某些层次，增加了样本的代表性。

(三)分层抽样

分层抽样(类型抽样)是指先将总体按照一定的分类(分层)标准进行分类(分层)，然后再根据各类(层)在总体中所占比重确定从各类(层)中抽取的样本单位数目，最后再在各类(层)中按照随机的原则抽取样本单位的抽样方法。在实践中分层抽样又具体分为分层比例抽样、分层最佳抽样、分层最低成本抽样和多次分层抽样。

1. 分层比例抽样

分层比例抽样是按各分层(类型)中单位的数量占总体单位数量的比例分配各层的样本数量。这种方法适用于分层后分层群体内部差异显著较小的分层随机抽样。其计算公式如下：

$$n_i=\frac{N_i}{N}\cdot n\quad (i=1,2,\cdots,k)$$

式中，n_i 为第 i 层中抽取的样本单位数；n 为样本单位数；N_i 为第 i 层的单位总数；N 为总体单位数；k 为分层的层数。

例如，某公司要估计某地区家用电器用品的潜在用户。这种商品的消费同居民收入水平有关，因而以家庭收入为分层基础。该地区居民家庭户数为 1 887 户，家庭收入分高、中、低三层，其中高收入的家庭为 75 户，中等收入的家庭为 755 户，低收入的家庭为 1 057 户。已经确定调查的样本数为 200 户，采取分层比例抽样法，计算各层应该调查的样本单位数。

根据公式，高收入水平家庭的样本数 $n_{高}$：

$$n_{高}=\frac{N_{高}}{N}\cdot n=\frac{75}{1\ 887}\times 200=8(户)$$

同理，中等收入水平家庭的样本数 $n_{中}$：

$$n_{中}=\frac{N_{中}}{N}\cdot n=\frac{755}{1\ 887}\times 200=80(户)$$

低收入水平家庭的样本数 $n_{低}$：

$$n_{低}=\frac{N_{低}}{N}\cdot n=\frac{1\ 057}{1\ 887}\times 200=112(户)$$

按照分层比例抽样法，计算结果：收入水平高的家庭应抽选样本单位数为 8 户，中等收入水平的家庭应抽选 80 户，低收入水平的家庭抽选 112 户。

2. 分层最佳抽样

分层最佳抽样是指既考虑到各层在总体中所占比重，又考虑到各层间的标准差大小。根据各层的标准差的大小来调整各层样本数目。标准差大的层多抽，标准差小的层少抽，样本的代表性较强。具体计算各层样本数量的公式是：

$$n_i = n\cdot\frac{N_iS_i}{\sum_{i=1}^{k}N_iS_i}\quad (i=1,2,\cdots,k)$$

式中，K 为分层的层数；S_i 为第 i 层(类)的标准差；N_i 为第 i 层群体被分配的样本数量；n 为总的样本数量；N 为总体的样本数量。

例如，某地共有居民 2 000 户，按经济收入高低进行分类，高收入居民 4 000 户，中等的收入居民 12 000 户，低收入居民 4 000 户。而各层样本标准差分别为：300、200、100。要从中选取 200 户进行购买力调查，按照分层最佳抽样法，如何确定各层样本单位数量？

计算过程为：

先在计算表中完成各层样本标准差与各层调查单位数的乘积的计算，如表 4-3 所示。

表 4-3　调查单位数与样本标准差乘积计算表

各层次(不同经济收入)	各层的调查单位数(户) N_i	各层的样本标准差(元) S_i	乘积 N_iS_i
高	4 000	300	1 200 000
中	12 000	200	2 400 000
低	4 000	100	400 000
$\sum N_iS_i$	20 000	—	4 000 000

再按照公式计算，得出各类型应抽选的样本单位数为：

高收入样本单位数目为：200×(1 200 000÷4 000 000)＝60(户)

中收入样本单位数目为：200×(2 400 000÷4 000 000)＝120(户)

低收入样本单位数目为：200×(400 000÷4 000 000)＝20(户)

在本例中，样本单位数是按各种经济收入下的样本标准差的大小进行调整的，按下列公式计算。

$$n_i = n\times\frac{N_iS_i}{\sum N_iS_i}$$

3. 分层最低成本抽样

分层最低成本抽样是指既考虑到各层样本在总体中的代表性，同时又考虑到调查费用(成本)的最低。具体计算公式是：

$$n_i = n \cdot \frac{N_i S_i / \sqrt{C_i}}{\sum_{i=1}^{k} (N_i S_i / \sqrt{C_i})}$$

式中，C_i 为第 i 层(类)的调查费用。

考虑调查费用目的是调查费用高的层(类)抽取少量的样本，而调查费用较低的层(类)抽取较多的样本，以节约调查费用。

4. 多次分层抽样

多次分层抽样是指在第一次分层(类)之后，层(类)内之间的差距仍然较大的前提下，在各层(类)之间再进行第二次，甚至是多次的分层(类)，以缩小层(类)内差异的一种方法。因为它相对较复杂，所以在实践中运用很少。

分层抽样的优点是分层抽样比简单随机抽样和等距抽样更为精确，特别是当总体较大、内部结构复杂时，分层抽样常能取得令人满意的效果，抽样效率高；不但可估计总体的参数，也可以估计每层的参数；所得样本更具有代表性。

分层抽样的缺点是在实际工作中，分层并不容易，需要必要的资料，从而耗费额外的费用；分层抽样要求各层的大小都是已知的，当它们不能精确得知时，就需要通过别的手段进行估计，这不仅增加了抽样设计的难度，而且也会带来新的误差。

分层抽样适用于在调查中不仅需要对总体进行参数估计，也需要对各层的参数进行估计，并且考虑它们的精度的情况；这种方法要保证样本更具有代表性，以使调查的组织及数据的汇总都比较方便。分层抽样在实际中应用非常广泛，几乎所有的大型抽样调查项目都要用到分层抽样技术，有时与其他抽样方法结合使用。

(四)整群抽样

1. 整群抽样的概念

整群抽样是指先将调查总体按照一定分类标志分成若干群，然后再按照随机的原则从各群中随机抽取部分群体单位进行全面调查的抽样方法。例如，调查某市青年结婚用房需求情况，可从全市随机抽出一个居民委员会，然后对该居民委员会所有新婚青年进行普查。又如，对工业产品进行质量调查时，每隔五个小时，抽取一个小时的产品进行检查。

整群抽样时要尽量扩大群内差异，而缩小群间差异。划分群时，每群的单位数可以相等，也可以不等，在每一群中样本单位的具体抽选方式，可以采用随机的方式，也可以采用等距抽样的方式，但不管什么方式，都只能用不重复的抽样方法。

整群抽样法在大规模的市场调查中应用很广泛，特别是在不可能直接得到拟调查的单位的抽样框时，或者说抽样框分阶段才能最终组建起来时，整群抽样的优点就最为明显，它可以使研究者得到一个随机的调查样本。从操作上看，整群抽样是对简单随机抽样和等距抽样方式的综合运用，具有调查样本抽选和组织实施调查的方便性。

在实际操作上，整群抽样最主要的特征是组建样本的多阶段性。使用较多的是其中的“地域抽样法”，例如，对某市住户消费状况进行抽样调查时，就可在该市中先选出街道，然后再从选中的街道中选出居委会，最后在居委会中再确定需要调查的住户。可按城市的地图划分群、按住宅小区划分群等。

依据地域关系进行整群抽样，是在大规模抽样调查中应用最广泛的一种抽样组织方式。它适用于对任何能以地理位置给予确定的总体，例如，居民总是居住在城市或者乡村；商店总有其所在地点。这种抽样方式的基本要求是将总体或者调查目标划分为穷尽和互斥的地域单元，通过分析阶段的抽样，在最后阶段调查的样本单位被抽取出来。下面以对某城市商业销售网点的抽样调查为例，来说明抽样的特点。

假定已知下列信息：某城市共有 400 条路街（马路）；大约有 2 000 个零售商店分布在这 400 条大街上。要求抽取样本单位为 200 个，占全部的 1/10。

我们采用二阶段抽样方案：第一阶段抽取路街，第二阶段从抽中的路街中抽取要调查的商店。具有第一阶段比例越大（多选路街数量），调查费用越高，样本的代表性越高的特征。

然而，在地域整群抽样中研究者常常比较容易得到各路街商店数量的信息。或者说，每条路街上所包含的商店的数量是不等的，研究者可能不清楚每条路街所包含的商店的具体名称，但是可能得到各条路街包括多少商店的估计数字。这时如果利用这些信息，则会使得样本的代表性得到提高。具体的操作过程为：

(1)决定在最后阶段抽取的调查群的规模，即整群的平均规模。我们假定为 10 个单位。

(2)估计出每条路街所包含商店数量，即抽样第一阶段的每条路街的容量。

(3)给每条路街按照地理位置排列起来，或者按照路街的容量排列；如果做到按照路街的容量排列，实质上是运用了分层抽样的方法，将会大大提高样本的代表性。

(4)计算出路街排列表的累计容量，即对第(3)步的路街清单计算累计数量，如表 4-4 所示。

表 4-4　计算路街容量排列表

路街编号	估计容量	累计容量	抽中单位
1	45	45	—
2	109	154	70
3	89	243	170
4	20	263	—
5	15	278	270
…	…	…	…

(5)决定群（路街）之间的间隔。我们要选择出 1/10 的调查单位并且把每 10 个单位作为一个群，那么就需要间隔为 100 个调查单位。换句话说，不是抽取到调查单位，而是抽取一群，即不是每间隔 10 个单位抽取出一个调查单位，而是每隔 100 个单位抽取出一个包括 10 个单位调查单位的"群"。在这里比例是相等的，但是形式是"整群"抽样。

(6)决定随机的起点，然后按照系统抽样的方式抽选出要调查的路街。在上面的表格中，我们假定选取的起点为"70"，因此，错过了第 1 号路街，因为第 70 个单位所在的为第 2 号路街，第 170 个路街在第 3 号路街，第 270 个单位跳过了第 4 号路街而落在了第 5 号路街上，依此类推，就可选出所要调查的路街，即完成了第一段的抽样。

(7)进一步搜集被抽中的第 2、3 和 5 号路街的信息，通常是派人去查验这些路街，对事先的估计数量进行了这些检验和修正后，就可以进行第二阶段抽样。有两种方式供选择：

第一，用简单概率抽样方式，即按照既定的比例，从被选中的路街上各取10个调查单位，其等概率保证可由表4-4算出，或用一般公式为：

$$路街被调查单位的比例=\frac{平均每群的数量}{该路街被调查单位的数量}$$

第二，用系统抽样的方式，按照上述计算出的间隔抽中每条街上的调查商店。即对第2号路街上的商店采用的间隔为每隔10.9抽取1个；在第3号街上每隔8.9抽出1个；在第5号街上的间隔则为1.5。通常使用的是系统抽样方式，它不仅方便而且比较精确。见表4-5。

表4-5 计算等概率保证

路街编号	估计容量	第一阶段的抽样比例×第二阶段的抽样比例＝总体的抽样比		
2	109	109/100	10/109	1/10
3	89	89/100	10/89	1/10
5	15	15/100	10/15	1/10

总之，地理位置的整群抽样适用任何能够划定地域界线的总体。尽管具体操作过程有些复杂，尤其是当地域范围很大时，抽样的阶段会较多；但是其原理是一致的，操作的要领只有三条：所有的地理群应该有相同的被抽中机会或者概率；各阶段抽样比例相乘后应该等于实现规定的抽样比例，并且使得该比例在所有地理群中保持一致性；对事前估计时遗漏的调查单位，应该在搜集资料（正式调查）时给予记录或者补充。

在对整群抽样样本实施调查时，还可能会遇到一个问题，就是选择调查对象的问题。当研究对象不是这个被选中的“户”而是户中的一个人时，应当如何确定这个被调查的人呢？怎样避免选同一类人（如女主人）而造成的偏态样本，如何才能保证随机性？对每户都采用随机表或者抽签的方式是可以的，但是太麻烦又无调查选样记录，不利于今后计算样本的误差。美国教授克什在1949年创造的户转人随机的抽样程序是一个较好的应用广泛的方式。其操作程序为：

第一步，确定该户的编号，在问卷调查中即为问卷编号。

第二步，确定该户中符合调查对象条件的人数，如有一个成员在18岁以上。

第三步，将符合调查对象条件的人按照年龄从小到大的顺序排列，或者由大到小的顺序排列。

第四步，查表，确定何者为被调查对象，即查找出以户编号尾数为列与以符合条件的家庭成员人数排列为行的相交点上的号码，该号码表示该户被调查成员的顺序号，以及调查该户年龄排序编号上的第几号成员。该概率抽样表如表4-6所示。

应当注意的是，从每户中只选一个进行调查，而各户的人数不尽相同，这就造就了抽样概率不同的问题，即一人户被抽中的概率是1，而3人户其户主被抽中的机会只有1/3。解决的方法就是分配权重给不同家庭符合调查条件的成员人数，例如，一户权重为1，2人户权重为2，3人户权重为3，依此类推。尽管在实际市场调查中有许多变量很少受到家庭规模的影响，但是大量的变量是与家庭规模有较强的相关性，因而必须提高对分配权重的注意。现代市场调查的数据处理广泛应用计算机，因而，只要认识到这一问题的重要性，具体加权操作是很简单的事情。

表 4-6 户转人概率抽样表

按年龄从小到大的次序排列成员	年龄	户编号尾数									
		1	2	3	4	5	6	7	8	9	0
1		1	1	1	1	1	1	1	1	1	1
2		2	2	1	1	2	1	1	2	1	2
3		1	2	3	2	1	2	3	1	2	3
4		3	1	2	3	1	4	4	2	3	1
5		4	3	3	1	5	5	2	1	4	2
6		5	4	6	2	3	65	1	4	3	5
7		6	5	7	4	2	1	7	3	6	4
8		7	1	4	5	6	3	2	8	7	1
9		8	6	2	7	4	9	1	5	3	6
10		4	3	5	1	8	2	0	6	5	9

2. 分层抽样和整群抽样的比较

分层抽样和整群抽样的相同之处在于两者都是先对总体中的群体再对个体进行操作;都不是完全随机地抽取样本,都涉及一定的规则:分层随机抽样涉及的规则是分层群体之间属性的差异,而分群随机抽样涉及的规则是子群体之间的相似;都能提高随机抽样的效率和改善随机抽样的结果。

两者的不同之处在于操作的群体不同,分层抽样操作的是分层群体,而整群抽样操作的是子群体;适用的总体不同,分层抽样适用于容易按属性差异进行群体划分的总体,而整群抽样适用于不容易按属性差异但容易按可见标志进行群体划分的总体。见图 4-2“分层抽样图示”和图 4-3“整群抽样图示”。

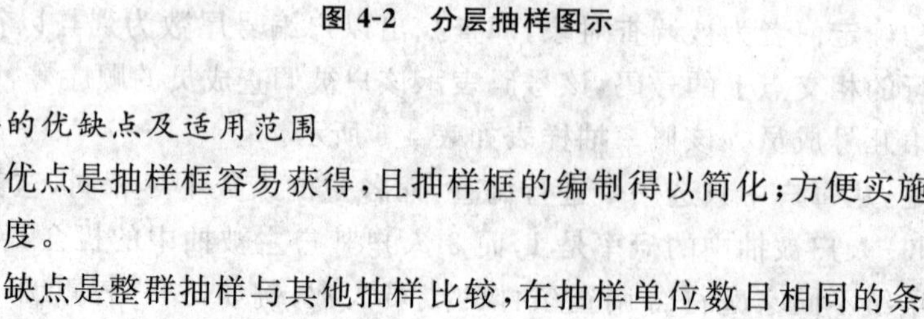

图 4-2 分层抽样图示

3. 整群抽样的优缺点及适用范围

整群抽样的优点是抽样框容易获得,且抽样框的编制得以简化;方便实施,节省费用;有时能得到较高的精度。

整群抽样的缺点是整群抽样与其他抽样比较,在抽样单位数目相同的条件下抽差误差较大,代表性较低;易产生抽样误差。

当然,整群抽样的可靠程度主要还是取决于群与群之间的差异的大小,当各群间差异较小时,整群抽样的调查结果就越准确。因此,在大规模的市场调查中,当群体内各单位间的误差较大,而各群之间的差异较小时,最适宜采用整群抽样方式。

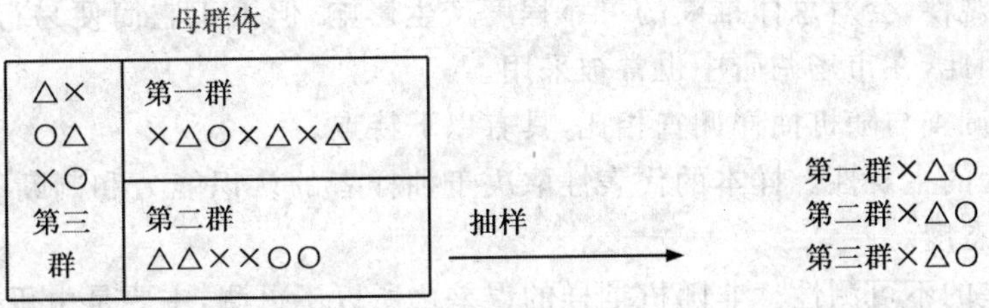

图 4-3　整群抽样图示

整群抽样主要适用于缺少基本单位的名单而难以直接从总体中抽取所要调查的基本单位,但以由基本单位组成的群体作为抽样单位却又现成的名单或有明显的空间界限时。整群抽样方便实用,可以避免编制基本单位名单的问题。整群抽样还适用于对费用及时间有要求,或为满足抽样调查本身目的的要求的情况,并要保证总体的各个群之间的差异不大。

整群抽样在使用时需注意以下问题。第一,整群抽样的随机性体现在群与群之间不重叠,群的抽选按概率确定;第二,整群抽样是以群为单位的纯随机抽样;第三,整群抽样对于群而言是非全面调查,而对于被抽中的群内基本单位而言则是全面调查,是“先部分,后全部”的差异组织形式与分层抽样正好相反;第四,整群抽样是多阶段抽样的前提和基础。

(五)多阶段抽样

多阶段抽样是把抽取样本的过程分成两个或多个阶段进行,即先抽取大的调查单元,在大单元中抽小单元的抽样组织形式。具体做法是:先抽取群,但并不是调查群内的所有单位,而是再进一步抽样,从选中的群中抽取出若干个单位进行调查。群是初级抽样单位,第二阶段抽取的是最终抽样单位。将该方法推广,使抽样的段数增多,就称为多阶段抽样。

例如,某市有 23 个区,共 714 万人,从中抽取 1 000 人的样本,将区作为初级抽样单位,每区人数不等,把每区人数的号码范围列出,东区是 1—120000 号,西区是 120001—270000 号……一直排到 7140000 号。从这些号码中用随机数码表确定 10 个号码,则这 10 个号码所落入的区即为调查区。假如抽中 340000 号,它落在南区,则南区为调查区,从这 10 个调查区中,每区再随机抽取 100 人就构成最终样本。

多阶段抽样特别适用于调查范围大、单位多、情况复杂的调查对象,但多阶段抽样由于在每一阶段抽样是都会产生误差,因此经多阶段抽样得到的样本的误差也相应增大,这是多阶段抽样的不足之处。

多阶段抽样的特点主要有:

第一,对基本调查单位的抽选不是一步完成的,具有整群抽样的优点,保证样本相对集中,节约调查费用。

第二,组织调查比较方便,尤其对那些基本单位多且分散的总体,可以用地理区域或行政系统进行。

第三,多阶段抽样是多种抽样方法的结合产物。

三、非随机抽样技术的分类及特点

非随机抽样是指抽样时不遵循随机原则,而是按照调研者个人经历、方便性及主观判断设定的某个标准,从调研对象总体中抽取样本单位的调研方式。这种抽样方式虽然在样本的抽取方法上带有主观性，会对总体推断的可靠程度产生影响，但由于它简便易行，可及时取得所需的信息资料，因此，在市场调研中也常被采用。

非随机抽样调查与随机抽样调查相比，具有以下特点。

(1)抽样过程的主观性。样本的代表性取决于抽样者的认识能力和判断能力以及抽样者的责任心和科学态度。

(2)抽样误差的不可测性。非随机抽样的误差之所以不可测，主要是由于抽样过程具有主观性。但是，如果样本具有代表性，亦可进行主观抽样误差的估计。

(3)要求已知总体分布的更多信息。主观抽样在很大程度上依赖于对调查总体分布的大量假设的有效性上，这样才能使主观抽样的估计有较充分的可靠性。

(4)抽样的实施简便易行。由于主观抽样没有随机抽样多项技术上的限定，因而运用简便易行，在多数情况下，抽样是在现场完成的，这使主观抽样在市场调查中具有较广的运用范围。

在市场调查中，采用非随机抽样通常是出于以下几个原因：客观条件的限制，无法进行随机抽样；为了快速获得调查结果，提高调查的时效性；在调查对象不确定，或无法确定的情况下采用，例如，对某一突发(偶然)事件进行现场调查等；总体各单位间离散程度不大，并且调查人员具有丰富的调查经验时。

非随机抽样方式主要有：任意抽样、判断抽样、配额抽样和滚雪球抽样等几种。

(一)任意抽样

任意抽样又称便利抽样，是根据调查者的方便与否来抽取样本的一种抽样方法。例如，在街头向过路行人做访问调查；上门对一栋大楼内的每个公司进行访问式调查；在柜台销售商品过程中向购买者作询问调查等(样本的选取完全随调查人员的方便而定)。

“街头拦人法”和“空间抽样法”是方便抽样的两种最常见的方法。

“街头拦人法”是在街上或路口任意找某个行人，将其作为被调查者，进行调查。例如，在街头向行人询问其对市场物价的看法，请行人填写某种问卷等。

“空间抽样法”是对某一聚集的人群，从空间的不同方向和方位对他们进行抽样调查，如在商场内向顾客询问对商场服务质量的意见；在劳务市场调查外来劳工打工情况等。

便利抽样的优点是简便易行，能及时获得所需要的信息数据，省时省力，节省调研经费，效率很高，并能为非正式的探索性研究提供很好的数据源。其缺点是取得的样本偶然性很大，存在着选择偏差，如调查者的自我选择偏差、抽样的主观性偏差等，因而样本的代表性较差，调查结果的可信度较低。

只有当目标总体各单位间差异不大，即个体同质时，采用便利抽样获取的样本才具有较高的代表性。所以这种抽样方法一般不能用来推断总体，即便利样本不适合于描述性研究和因果关系研究，而比较适合于探索性研究。它可以通过调研发现问题，产生想法和假设，对问卷进行测试。实际操作中，便利抽样多用于探索性调查或正式调查前的预调查。

(二)判断抽样

判断抽样也叫目的抽样，是研究人员根据经验、判断和对研究对象的了解，有目的地选择一些单位作为样本的一种抽样方法。判断抽样有两种做法：

(1)由专家判断决定所选样本，即选择最能代表普遍情况的群体作为样本，一般选取“多数型”或“平均型”的样本为调研单位。“多数型”的样本是在调研总体占多数的单位中挑选出来的样本;“平均型”的样本是在调研总体中挑选出来的代表平均水平的样本。也就是说,通过构成“平均型”典型样本,可以实现把握目标总体平均水平大体位置的调研目的;通过组成“多数型”(也称众数型)判断样本,可以实现掌握目标总体中多数单位所处现状的调研目的。

例如,某企业要调查其自身产品与竞争对手产品的销售情况,根据主观判断选择了一些同时对销售双方产品有影响的、非常有代表性的零售商店作为判定样本。

又如,调查中国钢铁行业的管理机制、运营机制及改革等状况,所挑选的样本单位一定得避开鞍钢、宝钢和首钢等几家国有特大型钢铁企业,其原因是尽管它们的钢铁产量占全国钢铁产量的大半,但是它们的管理水平、运营能力等不能代表众多钢铁企业的现状。

(2)利用统计判断选取样本,即利用调研对象(总体)的全面统计资料,按照主观设定的某一标准选取样本。

例如,调查中国钢铁行业的产品和产量现状,只要对鞍钢、宝钢和首钢等几家国有特大型钢铁企业进行调查,就足以大致掌握我国钢铁工业的产品和产量情况了,因为这几家钢铁企业的钢铁产量占全国的大半,把握了它们的生产情况就可以把握总体的生产情况。特别是当调查目的是了解、探索某一现象及事物产生异常的原因时,便需要选择“极端型”的总体单位,来查找问题的根源所在。如在问卷设计阶段,为检验问卷设计得是否得当,调研者会有意地选择一些观点差异悬殊的人作为判断样本,即调研者专找那些偏离总体平均水平者进行调查,以确定问题答案的选项。可见,我们通常所说的重点调查和典型调查都是判断抽样的特例。

判断抽样方法抽样成本比较低,容易操作,在样本规模小及样本不易分门别类挑选时有其较大的优越性。但由于其精确性依赖于调查者对调查对象的了解程度、判断水平和对结果的解释情况,所以判断抽样方法的结果的客观性受到人们的怀疑。

判断抽样的样本代表性如何,完全凭调研者本身的知识、经验、专业程度和判断能力而定。正是由于判断抽样是“有目的”地主观选取一些可以代表总体的个体组成判定样本,所以使得调研人员对目标总体有关特征的较深入的了解成为应用这种抽样组织形式的前提。此种抽样比较适合总体组成单位同质性很低且样本数较少的情形。样本是人为确定的,没有依据随机的原则,调查结果不能用于对推断总体。

例如,国家每年实行的进出口物价调查即采用判断抽样法。其做法是先选取基期年各类进口及出口值较大的商品,再根据这些大宗商品的进出口厂商调查其进出口的物价。

判断抽样具有挑选样本简便、及时的优点,在精确度要求不是很高的情况下,企业为了迅速获得解决日常经营决策问题的客观依据资料,常常使用判断抽样的方法。

(三)配额抽样

配额抽样方法与分层随机抽样法很相似,调查人员如果对调查总体的结果特征有较为详细的了解,在不具备采用随机抽样条件的情况下,可以尝试配额抽样的方法。配额抽样是非随机抽样中最流行的一种,配额抽样是首先将总体中的所有单位按一定的标志分为若干类(组),然后在每一类(组)中用便利抽样或判断抽样方法选取样本单位。所不同的是,配额抽样不遵循随机原则,而是主观的确定对象分配比例。

配额抽样方法简单易行,可以保证总体的各个类别都能包括在所抽样本之中,因此配额抽样的样本具有较高的代表性。但也应注意到这种方法具有一定的假设性,即假定具有某种相同特征的调查对象。其行为、态度与反应都基本一致,因此,对同一层内的调查对象,是否采取随机抽样就无关紧要了。由于抽样误差不大,只要问卷设计合理、分析方法正确,所得的结果同样值得信赖。这种假设性是否得以成立，在很大程度上取决于调查者的知识、水平和经验。

配额抽样按照分配样本数额时的做法不同，分为独立控制配额抽样（单标志分组）、交叉控制配额抽样（复合标志分组）两种类型。

（1）独立控制配额抽样。独立控制配额抽样是根据调查总体的不同特征，对具有某个特性的调查样本分别规定单独分配数额，而不规定必须同时具有两种或两种以上特性的样本数额。调查者有比较大的自由去选择总体中的样本。

例如，在某项调查中，确定样本总数为 180 个，可单独选择消费者收入、年龄、性别三个标准中的一个进行抽样。按独立控制配额抽样，其各个标准样本配额比例及配额数目如表 4-7 所示。

表 4-7　独立控制配额抽样分配表

单位：人

项目		人数	合计
年龄	18～29 岁	30	180
	30～40 岁	50	
	41～55 岁	60	
	56 岁以上	40	
性别	男	90	180
	女	90	
收入	高	36	180
	中	54	
	低	90	

从表中可以看出，对年龄、性别、收入三个控制特性分别规定了抽取的样本数额，而没有规定三者之间的关系。因此，调查人员在抽样时，选取不同收入段消费者，并不需要顾及年龄标准和性别标准。同样地，选取不同年龄段的消费者，也不需要顾及收入和性别标准等。

这种方法简单易行，调查人员选择余地较大。不足之处是调查人员可能会图一时方便，选择样本过于偏向某一组别，如过多地选择男性消费者，而影响样本的代表性。这个缺点可以通过交叉控制配额抽样来弥补。

（2）交叉控制配额抽样。交叉控制配额抽样也称相互控制配额抽样或非独立控制配额抽样，是指对调查对象的各个特征的样本数额交叉分配，即同时对具有两种或两种以上控制特征的每一样本数目都做出具体规定。

在上例中，如果采用相互控制配额抽样，就要对年龄、性别、收入这三项特征同时规定样本分配数，如表 4-8 所示。

从表 4-7 中可以看出，相互控制配额抽样对每一个控制特性所需分配到的样本数目都做了具体规定，调查者必须按规定在总体中抽取调查个体。

交叉控制配额抽样的具体步骤：

第一，选择“控制特征”作为对总体分类的标准，调查人员可根据调查目的和客观情况，确定调查对象的控制特征，作为总体分类的划分标准，如年龄性别、收入、文化程度等。

表 4-8　交叉控制配额抽样表　　单位：人

年龄＼性别＼收入	高		中		低		合计
	男	女	男	女	男	女	
18～29 岁	3	3	4	4	8	8	30
30～40 岁	5	5	7	7	13	13	50
41～55 岁	7	7	9	9	14	14	60
56 岁以上	3	3	7	7	10	10	40
小计	18	18	27	27	45	45	180
合计	36		54		90		

第二，按控制特征将总体分为若干个群体。

第三，将总的样本数在各个群体中分配，确定各个群体中的样本数。

第四，配额分配，确定调查单位。

交叉控制配额抽样对每个控制特性所需分配到样本数都作了具体规定，调查者必须按规定在总体中抽取调查个体。由于调查面较广，因而克服了独立控制配额抽样的缺点，提高了样本对总体的代表性。

(四)滚雪球抽样

滚雪球抽样又称链式抽样、网络抽样、辐射抽样或连带抽样。它是指利用随机方式选择一组初始受访者，然后从初始受访者所提供的信息中取得新的具有某一特征的样本(被调查者)。它是以"滚雪球"的方式，通过少量的样本单位逐步获取更多样本单位的信息。其基本步骤为：先选取少数样本单位，访问这些个体得到所需信息后，再请他们提供另外一些属于所调研目标总体的个体的信息，然后根据所提供的线索，选择此后的样本单位，依此类推，如同滚雪球一样，使样本容量逐步扩大，使调查结果越来越接近总体。

当调查对象为某一特殊群体时，所调查的个体往往不容易取得，只能先取得个别样本单位，然后通过他们去联络其他样本单位，这时滚雪球抽样是最适合采用的方式。滚雪球抽样的运用前提是总体各单位之间具有一定的联系。它通常适用于对总体缺乏了解、没有现成的抽样框的情形，一般在产业调研中运用较多。因为这样的目标总体一般为具有某一特征的群体，即使单位数目少，要调查的样本也往往不容易取得，若让调查者直接去找这些少量的样本个体，也肯定得花费较大的代价，只能借助先找到的个别调查对象，再由他们去联络其他人。

滚雪球抽样目的主要是分析调研总体中的稀有特征。例如，调查 35 岁以下的独居男性的有关情况。再如，某调研部门如果想了解某市外来农村务工人员的状况，要获得一份完整的名单是极困难的，调查者只能借助已接受调查的农民工去接触新的农民工，即调查者开始只同几个在该市务工的农民进行面谈，了解情况后再请他们提供所知的其他在该市的农民工名单，逐步扩大到所需的外来农民工数目，以通过对这些农民工的调查研究，来全面掌握该市外来农民工的籍贯、所从事工作的性质、经济收入等状况。

子任务三　抽样误差、抽样推断和样本容量确定

一、抽样误差

在抽样过程中，通常会产生两类误差：登记性误差与代表性误差。

登记性误差是指在调查过程中，由于测量、登记、计算上的差错引起的误差，这类误差可以避免。

代表性误差是指因样本的代表性不足所引起的误差，包括系统性误差、随机误差两种情况：

系统性误差。抽样过程中，没有按照随机原则取样，存在人为的主观因素，破坏了随机原则所造成的误差，称为系统性误差，可以避免。

随机误差。抽样过程中严格按照随机原则取样，由于样本指标代替总体指标所引起的误差，无法避免，是按照随机原则产生的，称为随机误差。

通常抽样误差就是随机误差。抽样误差是指由于抽样的随机性所导致的样本指标与被它估计的总体相应指标的差数。抽样误差是进行抽样调查时所固有的误差。由于从总体中按照随机原则抽取的样本，其结构很难和总体完全一致，因而抽样平均数(或成数)与总体平均数(或成数)之间往往会有误差。抽样误差被用作衡量样本指标对总体指标代表性高低的尺度：抽样误差越小，说明样本指标对总体指标的代表性越高；反之，抽样误差越大，则说明样本指标对总体指标的代表性越低。抽样误差是判断抽样优良性的一个准则。

在随机抽样中，抽样误差不可避免，抽样误差的大小，主要受以下三个因素的影响：

(1)总体单位之间的标志变异程度　总体单位之间标志变异程度大，抽样误差大，反之则小，所以抽样误差大小同总体标准差大小呈正相关。

(2)样本单位的数目多少与抽样误差大小有关　样本单位数目越多，抽样误差越小，样本单位数目少，抽样误差则大，所以抽样误差的大小同样本单位数呈反相关。

(3)抽样方法的不同，抽样误差大小也不相同　一般来说，简单随机抽样比分层、整群抽样误差大，重复抽样比不重复抽样误差大。

抽样误差最大的特点是可计算性。抽样误差虽然无法避免，但调查人员可以计算。这里仅以简单随机抽样为例，介绍抽样误差的计算。

抽样误差是随机抽样调查中样本指标与总体指标之间的平均离差。即样本平均数与总体平均数之间的平均离差，样本成数与总体成数之间的平均离差。通常用符号μ表示。但是，由于总体参数是未知数，因此抽样实际误差是不可能计算得到的。为了反映抽样误差的一般水平，需要采用抽样平均误差指标。

1.抽样平均误差

(1)样本平均数的抽样平均误差

①在简单随机重复抽样条件下

$$\mu_{\overline{X}}=\sqrt{\frac{\sigma^2}{n}}$$

式中,$\mu_{\overline{X}}$为样本平均数的抽样平均误差;σ 为总体标准差;n 为样本容量;σ^2 为总体平均数的方差。

②在简单随机不重复抽样条件下,

$$\mu_{\overline{X}}=\sqrt{\frac{\sigma^2}{n}\left(\frac{N-n}{N-1}\right)}$$

式中,N 为总体单位数;$\left(\frac{N-n}{N-1}\right)$为修正系数,当 N 很大时,可以用 N 代替 $N-1$,即 $N-1\approx N$,则公式简化为:

$$\mu_{\overline{X}}=\sqrt{\frac{\sigma^2}{n}\left(1-\frac{n}{N}\right)}$$

式中,N 为总体单位数;$\left(1-\frac{n}{N}\right)$为修正系数,当总体标准差未知时,可以用样本标准差来代替。

(2)样本成数的抽样平均误差

①在简单随机重复抽样条件下

$$\mu_p=\sqrt{\frac{P(1-P)}{n}}$$

式中,μ_p 表示抽样成数的抽样平均误差;P 表示总体成数;$P(1-P)$表示总体成数的方差。

②在简单随机不重复抽样条件下

$$\mu_p=\sqrt{\frac{P(1-P)}{n}\left(\frac{N-n}{N-1}\right)}$$

当 N 很大时,公式简化为:

$$\mu_p=\sqrt{\frac{P(1-P)}{n}\left(1-\frac{n}{N}\right)}$$

式中,N 为总体单位数;$\left(1-\frac{n}{N}\right)$为修正系数,当总体成数未知时,可以用样本成数来代替。

值得注意的是,总体平均数的方差 σ^2 和总体成数的方差 $P(1-P)$是未知的,可用下列几种方法解决总体方差的来源:第一,用样本方差代替总体方差;第二,用过去调查的资料代替;第三,用估计资料代替;第四,用小规模试验性调查资料代替。

通常,我们用样本方差来代替总体方差(即用样本平均数的方差 S^2 代替总体平均数的方差 σ^2;用样本成数的方差 $p(1-p)$代替总体成数的方差 $P(1-P)$。体现在所列公式中,通常

用 σ^2 表示总体平均数的方差，$P(1-P)$表示总体成数的方差。

以下我们举例说明抽样平均误差的计算。

例 1，某厂生产一种新型灯泡共 2 000 只，随机抽出 400 只作耐用时间试验，测试结果平均使用寿命为 4 800 小时，样本标准差为 300 小时，求抽样平均误差？

解：已知：$N=2\ 000, n=400, \bar{x}=4\ 800, \sigma=300$

则：

重复抽样条件下，

$$\mu_x=\frac{\sigma}{\sqrt{n}}=\frac{300}{\sqrt{400}}=15(\text{小时})$$

不重复抽样条件下，

$$\mu_x=\sqrt{\frac{\sigma^2}{n}\left(1-\frac{n}{N}\right)}=\sqrt{\frac{300^2}{400}\left(1-\frac{400}{2\ 000}\right)}=13.42(\text{小时})$$

计算结果表明：根据部分产品推断全部产品的平均使用寿命时，采用不重复抽样比重复抽样的平均误差要小。

例 2，一批食品罐头共 60 000 桶，随机抽查 300 桶，发现有 6 桶不合格，求合格品率的抽样平均误差？

已知：$N=60\ 000, n=300, n_1=6$

则：样本合格率 $p=\frac{n-n_1}{n}=\frac{300-6}{300}=0.98$

重复抽样条件下，

$$\mu_p=\sqrt{\frac{p(1-p)}{n}}=\sqrt{\frac{0.98\times 0.02}{300}}=0.808(\%)$$

不重复抽样条件下，

$$\mu_p=\sqrt{\frac{p(1-p)}{n}\left(1-\frac{n}{N}\right)}=\sqrt{\frac{0.98\times 0.02}{300}\left(1-\frac{300}{60\ 000}\right)}=0.808(\%)$$

计算结果表明：不重复抽样的平均误差小于重复抽样，但是“N”的数值越大，则两种方法计算的抽样平均误差就越接近。

2. 抽样极限误差

抽样平均误差只是衡量统计量与总体参数之间可能发生的平均误差的一种尺度，并不是抽样指标与总体指标间的实际误差。由于未知的总体指标（总体参数）是一个确定的量，而样本指标（统计量）会随样本的不同而变动，它是围绕着总体参数上下随机出现的变量。这样，统计量与总体参数之间就有个误差范围问题。抽样误差范围就是变动的抽样指标与确定的总体指标之间的离差的可能范围。它是根据概率论，以一定的可靠程度保证抽样误差不超过某一给定的范围，统计上把这个给定的抽样误差范围叫做抽样极限误差，也称为抽样允许误差。

简而言之，极限误差也叫做允许误差，是指样本指标与总体指标之间抽样误差的可能范围。它是根据概率论，以一定的可靠程度保证抽样误差不超过某一给定的范围，这个给定的抽样误差范围叫做抽样极限误差，也称为抽样允许误差。

抽样极限误差用符号 Δ 表示。Δ_x 表示样本平均数的极限误差，Δ_p 表示样本成数的极限误差。

(1)极限误差　用 $\Delta_{\bar{x}}$、Δ_p 分别表示样本平均数与样本成数的抽样极限误差，则有：

$$\Delta_{\bar{x}}=|\bar{x}-\bar{X}|$$
$$\Delta_p=|p-P|$$

将上面等式经过变换，可以得到下列不等式：

$$\bar{X}-\Delta_{\bar{x}}\leqslant \bar{x} \leqslant\bar{X}+\Delta_{\bar{x}}$$
$$P-\Delta_p\leqslant p \leqslant P+\Delta_p$$

以上不等式表示，样本平均数 $\bar{x}$ 是以总体平均数 $\bar{X}$ 为中心，在 $\bar{X}+\Delta_{\bar{x}}$，$\bar{X}+\Delta_{\bar{x}}$ 之间变动；样本成数 P 是以总体成数 P 为中心，在$(P-\Delta_p,P+\Delta_p)$范围内变动。

上面的公式也可以改写为：

$$\bar{x}-\Delta_{\bar{x}}\leqslant \bar{X} \leqslant\bar{x}+\Delta_{\bar{x}}$$
$$p-\Delta_p\leqslant p \leqslant p+\Delta_p$$

公式中，总体平均数和总体成数是未知的，需要我们用样本指标去估计，抽样极限误差的实际意义在于期望总体平均数 $\bar{X}$ 落在$(\bar{x}-\Delta_{\bar{x}},\bar{x}+\Delta_{\bar{x}})$范围内，总体成数 p 落在$(p-\Delta_p,p+\Delta_p)$范围内。

(2)抽样误差范围估计的可靠程度　确定抽样误差范围和要求抽样的可靠程度之间具有密切联系。即扩大极限误差的范围，可以提高抽样推断的可靠程度。这个可靠程度在统计中称作概率，它对应的数值是概率度，用 t 表示。概率度越大，可靠程度越高；反之，概率度越小，可靠程度也越低。

$$\Delta=t\mu$$
$$\Delta_{\bar{x}}=t\mu_{\bar{x}}$$
$$\Delta_p=t\mu_p$$

这个公式表明，在抽样平均误差一定的条件下，概率度 t 越大，则抽样误差范围 Δ 越大，区间$(\bar{x}-\Delta_{\bar{x}},\bar{x}+\Delta_{\bar{x}})$或$(p-\Delta_p,p+\Delta_p)$越宽，总体参数落在该区间内的概率(可能性)越大，抽样估计的可靠程度就越高，反之，t 越小，抽样误差范围越小，估计区间越窄，总体参数落在区间$(\bar{x}-\Delta_{\bar{x}},\bar{x}+\Delta_{\bar{x}})$或$(p-\Delta_p,p+\Delta_p)$内的概率(可能性)越低，抽样估计的可靠程度也就越低。因此，概率度 t 与置信概率成正比。

抽样误差和置信度是一对矛盾。在区间估计过程中，必须处理好抽样误差与置信度之间的关系。中心极限定理已证明，概率度 t 和概率 p 呈函数关系，即 $p=F(t)$，t 每取一个值，都有唯一确定的 p 值与之相对应。置信度与抽样误差间的关系可用正态分布加以描绘，其对应关系可建立正态分布概率表。任何一个 t 值，都可以查到相对应的置信度。

在实际工作中，为了使用的方便，将不同的 t 值与其相应的概率 p 预先算好，编成概率表，供调查时使用。几个常用的概率度和概率之间的关系如表 4-9 所示。

表 4-9　概率度和概率函数关系表

概率度 t	把握程度 $F(t)$	允许误差 $\Delta=t\mu$
1.00	0.682 7	1.00μ
1.50	0.866 4	1.50μ
1.96	0.950 0	1.96μ
2.00	0.954 5	2.00μ
2.50	0.987 6	2.50μ
3.00	0.997 3	3.00μ
4.00	0.999 4	4.00μ
5.00	0.999 9	5.00μ

(3)极限误差的计算

①样本平均数的极限误差的计算

重复抽样条件下，

$$\Delta_{\bar{x}}=t\mu_{\bar{x}}=t\sqrt{\frac{\sigma^2}{n}}=t\frac{\sigma}{\sqrt{n}}$$

不重复抽样条件下，

$$\Delta_{\bar{x}}=t\mu_{\bar{x}}=t\sqrt{\frac{\sigma^2}{n}\left(1-\frac{n}{N}\right)}$$

②样本成数的极限误差的计算

重复抽样条件下，

$$\Delta_p=t\mu_p=t\sqrt{\frac{p(1-p)}{n}}$$

不重复抽样条件下，

$$\Delta_p=t\mu_p=t\sqrt{\frac{p(1-p)}{n}\left(1-\frac{n}{N}\right)}$$

二、抽样推断

(一)抽样推断的含义

抽样推断就是按照随机抽样的原则，从总体中抽出一部分单位作为样本，并利用样本的实际资料计算样本指标值，然后根据样本指标对总体指标(数量特征)做出具有一定可靠程度的估计和判断的一种统计分析方法。

例如，某企业生产的 5 000 个零件中，按照 10%的比例，抽取 500 件进行检查，发现 25 件是废品，则废品率为(25/500)×100%＝5%，采用抽样调查的结果，废品率是 5%，来推算 5 000 个零件的废品率，该方法即是抽样推断，抽取的 500 个零件就是样本。

抽样调查的目的，就是用样本指标推断总体指标，因此抽样推断具有以下特点：

(1)按照随机原则抽取样本。总体中的各个单位是否入选样本,不受主观因素影响,保证总体中的每一单位都有相同的中选机会,剔除了人为主观因素,提高样本代表性。

(2)由样本数据推断总体特征。通过逻辑上的归纳推算实现了从特殊到一般,从部分到总体的认识,由获得的样本的实际数据,计算样本指标,推算总体指标。

(3)抽样误差可以事先计算和控制。样本指标推断总体指标存在误差,这种误差可以事先估计,并能够控制这个误差范围。抽样推断根据事先给定的误差允许范围设计,具有一定概率保证的估计和判断。

使用抽样推断的主要原因是在很多情况下,调查必须使用抽样方法。对不可能进行全面调查的又要了解的全面情况时必须使用抽样方法,例如,灯泡寿命检查、人体验血、子弹质量检查等。不必要进行全面调查的对象需要使用抽样方法,例如,全国大学生的心理状况调查、全国城乡居民收入调查等。应用抽样法可以对全面调查的结果加以补充或修正,例如,利用对普查的结果进行登记质量的抽样调查修正结果等。用于生产过程中产品质量的检查与控制,例如,质量控制时一旦发现异常情况,可以及时采取措施,防止废品大量产生。

(二)总体指标的推断

抽样调查的目的就是要用抽样指标来推断总体指标。它不仅可以用样本平均数推算总体平均数,用样本成数推算总体成数;而且,还可以利用样本指标来推断总体的总量指标。

推断方法主要有两种:一种是直接推算法,另一种是修正系数法。

1. 直接推算法

直接推算法直接推算法是利用样本指标 $\bar{x}$ 或 p,乘以总体单位数,可得总体总量指标的方法。一般采用点估计和区间估计两种方法。

(1)点估计。点估计又称定值估计,直接用样本指标来估计总体指标的方法。用样本平均数 $\bar{x}$ 作为总体平均数 $\bar{X}$ 的估计值,用样本成数 p 作为总体成数 P 的估计值。即以点代面的方法。它不考虑抽样误差,仅作近似估计。

即:$\bar{x}=\bar{X}$

$p=P$

例如,从 10 000 名消费者中随机抽取 200 名,对其月消费额进行调查。经计算得到这 200 名消费者月平均生活费用支出 500 元。若采用点估计,则可认为这 10 000 名消费者的月平均生活费用支出就是 500 元,则总生活费用支出为 500 元×10 000=500(万元)。

二战期间,盟军想知道德军制造的坦克数量。盟军就用缴获的坦克及编号进行了估计。缴获的坦克编号是样本 n,总体未知的坦克数为 N。他们利用了两种方法进行推断:一种方法是找 n 的平均值乘 2,另一种方法是用找到的最大编号乘以 $(1+1/n)$。事后证明,盟军当时的估计值非常接近真实值。

(2)区间估计。区间估计是指根据样本指标和允许抽样误差,来推算总体总量指标的可能范围的推断方法,是用一个取值区间及其出现的概率来估计总体参数。

具体地说,是用一个样本统计量和抽样误差构造的区间来估计总体参数的取值范围,并用一定的概率来保证总体参数落在估计的区间内。其概率称为置信概率,概率的保证程度称为可靠性或置信度 t,估计区间称为置信区间。

某商场从某天的顾客中,重复抽样随机抽取 100 个顾客调查购买商品情况,其中有 5 个顾客未购买商品(未购率 5%);顾客购买商品的样本平均数为 498 元,样本标准差为 144 元,要求用 95%的概率($t=1.96$)估计顾客平均购买额和未购率的置信区间。

解:此题不知总体方差,因样本为大样本,可用样本方差代替。

$$\mu_{\bar{x}}=\sqrt{\frac{\sigma^2}{n}}=\sqrt{\frac{144^2}{100}}=14.4$$

$$\mu_p=\sqrt{\frac{p(1-p)}{n}}=\sqrt{\frac{0.05(1-0.05)}{100}}=0.022$$

顾客平均购买额的置信区间为

$(\bar{x}-\Delta_{\bar{x}},\bar{x}+\Delta_{\bar{x}})$,$(498\pm1.96\times14.4)$,即(469.78,526.22)元。

顾客未购率的置信区间为

$(p-\Delta_p,p+\Delta_p)$,$(5\%\pm1.96\times2.2\%)$,即(0.69%,9.31%)。

总体参数的区间估计必须具备三个基本要素:

①估计值　$\bar{x}$、p;

②抽样误差范围　$\Delta_{\bar{x}}$、Δ_p、$\mu_{\bar{x}}$、μ_p;

③概率保证程度　$F(t)$。

抽样极限误差决定估计的精确性,置信概率决定估计的可靠性。

区间估计的一般步骤:

第一步,根据样本资料,求 $\bar{x}$、p;

第二步,求 $U_{x,u}$;

第三步,$F(t)$已知,则可知 t 值;

第四步,利用 $\Delta=t\mu$,求 Δ;

第五步,做区间估计,即:

$$\bar{x}-t\mu_{\bar{x}}\leqslant\bar{X}\leqslant\bar{x}+t\mu_{\bar{x}}$$

$$p-t\mu_p\leqslant P\leqslant p+t\mu_p$$

下面,我们以一实例说明区间估计的应用步骤。

麦当劳餐馆在 7 星期内抽查 49 位顾客的消费额(元)如下,求在概率 90%的保证下,顾客平均消费额的估计区间。

15	24	38	26	30	42	18
30	25	26	34	44	20	35
24	26	34	48	18	28	46
19	30	36	42	24	32	45
36	21	47	26	28	31	42
45	36	24	28	27	32	36
47	53	22	24	32	46	26

第一步：进行统计计算可得到：

$$\overline{X}=\frac{\sum x}{n}=32$$

$$S=\sqrt{\frac{\sum(x-\overline{x})^{2}}{n-1}}=9.45$$

$$\mu_{\overline{x}}=\frac{\sigma}{\sqrt{n}}=\frac{9.45}{49}=1.35(S\text{代替}\sigma)$$

点估计：麦当劳餐馆总体顾客平均消费额为32元。

第二步：根据给定的置信度 $F(t)=90\%$，查概率表得 $t=1.64$。

第三步：计算 $\Delta_{\overline{x}}=t\mu_{\overline{x}}=t\frac{\sigma}{\sqrt{n}}=1.64\times1.35=2.2$（元）。据此进行区间估计，

总体平均消费额下限 $=\overline{x}-\Delta=32-2.2=29.8$（元），

总体平均消费额上限 $=\overline{x}+\Delta=32+2.2=34.2$（元）。

区间估计：以90%的概率保证，麦当劳餐馆顾客消费额在29.8～34.2元之间。

2.修正系数法

是指利用抽样调查的资料与全面调查的资料进行对比确定差错比率，用来修正、补充全面调查资料的方法。实际上是一种特殊的推算法，通常用于普查之后。修正系数法的推算步骤是：

第一，取得抽样总体原普查指标的“重复登记数”与“遗漏登记数”两项资料；

第二，在取得重复登记数和遗漏登记数的基础上，计算差错比率，以此作为修正系数，其计算公式如下：

$$\text{差错比率}=\frac{\text{差错数}}{\text{普查登记数}}=\frac{\text{遗漏登记数}-\text{重复登记数}}{\text{普查登记数}}=\text{遗漏比率}-\text{重复比率}$$

由于遗漏比率可能大于或小于重复比率，故差错比率计算结果可能为正数，也可能为负数。

第三，用抽样总体差错率代表调研总体的差错比率，计算出调研总体的差错数，再用此修正调研总体的原有普查资料，计算公式如下：

调研总体差错数＝普查总数×差错比率

调研总体修正后的总数＝普查总数＋调研总体差错数

例如，要估计某地区10 000名适龄儿童的入学率，随机从这一地区抽取400名儿童，经调查，有320名儿童入学，求入学率的抽样平均误差。

根据已知条件：

$$p=\frac{320}{400}\times100\%=80\%$$

$p(1-p)=80\%\times20\%=16\%$

在重复抽样的情况下，入学率的抽样平均误差为

$$\mu_p=\sqrt{\frac{P(1-P)}{n}}=\sqrt{\frac{0.16}{400}}=2\%$$

在不重复抽样的情况下，入学率的抽样平均误差为

$$\mu_p=\sqrt{\frac{P(1-P)}{n}\left(1-\frac{n}{N}\right)}=\sqrt{\frac{0.16}{400}\left(1-\frac{400}{10\ 000}\right)}\approx1.96\%$$

三、样本容量的确定

(一)样本容量及其影响因素

样本容量是指一个样本的必要抽样单位数目。确定必要抽样单位数也是抽样设计中的一个重要问题。为了避免抽取单位数过大或过小，必须恰当地确定样本容量。为此需要首先分析影响必要抽样单位数的因素。

影响抽样数目的因素主要有：

①总体各单位之间的标志差异程度：在抽样误差范围一定的条件下，总体各单位之间的差异越大，总体方差也越大，则需要抽取的样本单位数目也就越多。

②允许误差范围的大小：在其他条件不变的情况下，允许误差范围越大，则需要抽取的样本单位数目就越少。

③不同的抽样组织方式和抽样方法：一般情况下，简单随机抽样和整群抽样比等距抽样和分层抽样所需要抽取的样本单位数目要多，重复抽样比不重复抽样所需要的样本单位数目要多。

按上述依据确定的抽样单位数，还要结合调查人力、物力和财务的许可情况加以适当调整，然后做出最后的决定。

(二)必要抽样单位数的确定方法

影响抽样单位数的四个因素之间的联系，可以由抽样极限误差公式来反映。从抽样极限误差公式，可以推导出必要抽样单位数的计算公式(只介绍简单随机抽样的抽样单位数)。

(1)平均数必要样本容量的计算公式

①重复抽样条件下

由于
$$\Delta_{\bar{x}}=t\mu_{\bar{x}}=t\sqrt{\frac{\sigma^2}{n}}=t\frac{\sigma}{\sqrt{n}}$$

则有
$$n=\frac{t^2\sigma^2}{\Delta_x^2}$$

②不重复抽样条件下

$$n=\frac{t^2\sigma^2N}{N\Delta_x^2+t^2\sigma^2}$$

(2)成数的必要样本容量的计算公式

①重复抽样条件下

$$n=\frac{t^2p(1-p)}{\Delta_p^2}$$

②不重复抽样条件下

$$n=\frac{t^2p(1-p)N}{N\Delta_p^2+t^2p(1-p)}$$

以下我们举例说明样本容量的计算方法。

某批产品的平均重量 $\bar{x}=70$ 千克，总体标准 $\sigma=5$ 千克，现准备对这批产品采用重复抽样方式进行简单随机抽样检验，要求可靠程度达到 95%，允许误差不超过 0.9 千克，试计算需要抽取多少样本单位？

解：由题目条件知

$\sigma=5, F(t)=95\%, t=1.96, \Delta_{\bar{x}}=0.9$

按重复抽样公式得

$$n=\frac{t^2\sigma^2}{\Delta_x^2}=\frac{1.96^2\times5^2}{0.9^2}=118.6\approx119(件)$$

所以应抽取样本单位数 119 件。

若上题中该产品的一等品率为 90%，要求误差范围不超过 5%，试求应抽取多少样本单位？

按成数公式计算得

$$n=\frac{t^2p(1-p)}{\Delta_p^2}或 n=\frac{1.96^2\times0.9\times0.1}{0.05^2}=138.3\approx139(件)$$

所以，应抽取 139 件。

◈ 案例资料

北京市中小学寄宿制学校家长意见调研的抽样方案设计

2005 年 1 月，北京市政府委托北京广播学院调研统计研究所组织了一次关于北京市中小学寄宿制学校家长意见调研，目的是要决定是否需要建立部分寄宿制学校，建立什么样的寄宿学校以及建立多少寄宿制学校等。

这次调研的范围为东城、西城、宣武、崇文、海淀、朝阳、丰台、石景山 8 个区。调研的对象为在 8 个区的初中学校和小学学校就读的中小学生家长。本次调研采用分层多级抽样。

首先按北京市的 8 个城区、近郊区分层。第一级抽样从 318 所初中学校和 868 所小学校分别各抽取 20 所学校进行调研。各区应抽取的学校所数按各区的学生人数占该区学生总人数的比例进行分配。结果如表 1 所示。每个区再按地理位置分层(参考地图、邮政编码和电话号码)后，根据分层比例抽样的方法(某学校被抽中的概率等于该校占该层总人数的比例)随机抽取表 1 分配的学校所数。

表1　各区的学生人数和应抽取的学校所数

抽取样本 / 调研范围	初中			小学		
	人数	百分数(%)	应抽所数	人数	百分数	应抽所数
东城	32 181	11.88	2	54 115	10.63	2
西城	37 382	13.79	3	64 268	12.63	2
宣武	26 539	9.79	2	47 273	9.29	2
崇文	22 267	8.22	2	39 593	7.78	2
海淀	53 958	19.91	4	106 800	20.99	4
朝阳	54 184	19.99	4	106 780	20.98	4
丰台	29 416	10.86	2	64 887	12.75	3
石景山	15 067	5.56	1	25 216	4.95	1
合计	270 994	100.00	20	508 932	100.00	20

第二级抽样是从抽中的学校抽取班级。每所抽中的学校按年级分层后，从每个年级中分别随机地抽取1个班级。因此，每所抽中的初中学校调研3个班级、小学校调研6个班级。

第三级抽样是从每个抽中的班级抽取若干学生。按等距抽样法从每个抽中的小学班级抽取15名小学生；从每个抽中的初中班级抽取17名初中学生。计划抽取样本量为初中生家长1 020名(3×17×20)，小学生家长1 800名(6×15×20)，总样本量$n=2\ 820$名。样本中初中生(家长)数1 020名与小学生(家长)数1 800名的比例，是按总体中的初中生总数270 994名与小学生总数508 932名的比例确定的。查表可知，样本量不小于2 401名时，即可达到最大允许绝对误差不超过2%的精度(置信度为95%)。本次调研的抽样为分层多级随机抽样，其精度与简单随机抽样相近，因此，在95%的置信度下，本次调研结果的误差最大不会超过2%左右。

资料来源：赵伯庄，苏艳芳，吴玺玫. 市场调研实务. 北京：科学出版社，2010.119-120.

◆ 思考题

1.何谓抽样调查？它分为哪几类？各类有何特点？

2.什么是全及总体、样本和抽样框？

3.什么是抽样误差？影响抽样误差大小的因素有哪些？

4.某校随机抽选400名学生，发现戴眼镜的学生有80人。根据样本资料推断全部学生中戴眼镜的学生所占比重时，抽样误差为多大？

(提示：已知：$n=400$，$n_1=80$ 则，样本成数：重复抽样条件下，$p=\frac{n_1}{n}\times 100\%=\frac{80}{400}\times 100\%=20\%$；不重复抽样条件下，$\mu_p=\sqrt{\frac{p(1-p)}{n}}=\sqrt{\frac{0.2\times 0.8}{400}}=0.02$。即根据样本资料推断全部学生中戴眼镜的学生所占的比重时，推断的平均误差为2%。)

5.某食品厂从1万袋食品中，不重复随机抽取100袋检验，其中有5袋不合格；同时，样本平均重量为498克，样本标准差为2.42克。要求用95%的概率估计总体平均重量和合格率的置信区间。

6.某市电视台委托调查公司估计该市居民平均每日看电视的时间。调查公司随机抽取了100名居民进行问卷调查，计算出平均每人每天看电视的时间是4小时。另外，已知总体标准差是1.5小时。当置信度为95%时，试求该市居民每天看电视的平均时间的置信区间。

7.某地有职工家庭9 500户，组织一次电脑需求抽样调查，先抽取样本50户进行探测性调查，调查结果平均年需求量为8台，总体方差为18台，如果允许误差不超过0.4台，把握程度为95.45%，试采取重复与不重复抽样数目公式计算出必要的样本单位数。

8.完成以下任务：

任务名称：确定样本容量(抽查产品合格率时样本容量的确定)

背景资料：

2009年阿立和阿强大学毕业后进到同一家外贸公司做了同事，在业务一科工作。12月份的一天，业务一科的王科长带领两人驱车前往公司在郊区的供货厂家办理业务。主要是检验一下将由该供货商出口给欧洲客户的纺织品类产品的合格率是否符合要求。

检验产品的质量当然采用抽样调查的方法。问题是应该抽取多么大的样本呢？阿强性情急躁，路上一遍遍地问："王科长，咱们这次下乡，要抽验多少批次产品呢？抽得多的话，得延长逗留时间；抽得少的话，不知能否代表他们产品真正的质量。"王科长好像故意考验他们，一直笑而不答。阿立在旁边察言观色，他性情沉稳，善于思考。阿立诚恳地说："我想请教您，咱们外贸行业一般进行抽样推断时采用的把握程度大约为95%，是吧？""对，你记性不错。"得到鼓励，阿立继续说："那咱们抽样肯定允许有一定的误差，这次抽样允许合格率最大误差是多少？"王科长说："以往呢，咱们一般与他们商定最大误差为5%，目前金融危机使得我们的订单大量减少。客户现在对产品质量很挑剔，当然我们也应该靠出口产品质量维持住几个忠诚的客户，所以这次抽样合格率最大误差要降1个百分点。"

听完科长的一席话，阿立立刻打开手机的计算功能，同时向阿强借纸笔，开始计算。阿强一面配合一面困惑不解。不一会儿，阿立说："阿强，我算出来了，咱们这次抽样顶多也不会超过600批次。""他说得对"王科长赞赏地看着他。

任务要求：

(1)写出确定产品合格率的样本容量的公式。

(2)该资料中，阿立说抽样顶多也不会超过600批次，具体是多少？通过计算回答。

(3)阐述计算过程和理由。

◆ 参考文献

[1] (美)小卡尔·迈克尔丹尼尔，罗杰·盖兹著；范秀成等译.当代市场调研.4版.北京：机械工业出版社，2000.

[2] 赵伯庄，苏艳芳，吴玺玫.市场调研实务.北京：科学出版社，2010.

[3] 阮红伟.营销调研.北京：清华大学出版社，2011.

[4] 张庚淼.市场营销调研.大连：东北财经大学出版社，2002.

[5] 杜明汉.市场调查与预测.大连：东北财经大学出版社，2011.

任务五　数据资料的收集

◆ 知识目标

1. 了解访问员的素质要求，掌握访问员培训的内容；
2. 掌握数据资料实地收集的过程；
3. 了解数据资料收集过程中的监控和审核。

◆ 能力目标

1. 掌握案头调研法、观察法调研法、询问调研法、定性研究、实验调研法的实际应用；
2. 能够针对具体调查项目进行数据资料的实地收集。

◆ 引导性案例

戴尔成功的秘密

1998 年 7 月，戴尔进入中国，厂房已经建好，工人已经开始上班，销售团队必须将工厂生产的电脑卖出去。工厂一个季度可以生产数万台电脑，销售团队要为每一台电脑找到买家。怎么才能找到这些客户？

1998 年，戴尔以其独特的直销模式横扫美国个人电脑市场，传统的个人电脑公司在打压下节节败退。与此相反，戴尔在中国虽然也设立了办事处，但销售额却在中国市场的 10 名以外。3 月，戴尔在厦门招兵买马，开设了戴尔中国客户服务中心。7 月，戴尔开始聚集销售人员，一场直销风暴即将席卷中国的个人电脑市场。

7 月 17 日，戴尔公司的所有销售代表都来到厦门参加直销动员大会。每个销售代表都看到，工厂已经建好，工人开始上班，供应商提供零件的卡车已经排满了工厂大门口。工厂的每个人都眼巴巴地看着这些从全国各地聚集的销售代表们，他们知道成败的关键就是这些人能不能将这个巨大厂房里流水一般生产的电脑卖出去。

这难不倒这些销售代表，他们已经分析了中国个人电脑市场的状况。60%的电脑采购都是来自商业客户，而这些商业客户 80%都集中在全国的三十几个主要城市。市场部帮助销售代表们列出了近 4 000 个主要客户的名单，这些客户来自于金融、邮电、政府、教育和制造业等的大型机构。这 4 000 个客户采购电脑的 80%来自于北京、上海、广州、西安、沈阳和成都等几个区域中心。面对变幻不定的市场，他们抓住了关键：北京、上海和广州的大型行业客户和机构。

目标清楚了，下一步就是要找到销售机会。这时销售团队开始制订销售计划。市场部首先动员在媒体的影响，报纸开始连篇累牍地介绍直销模式，讨论直销是否适合中国国情。戴尔的每一个活动都成为人们关注的焦点。同时，从 8 月到 11 月，戴尔以不同的主题在北京、上海和广州举办了多次大型活动。在厦门的内部销售代表打出不计其数的电话邀请锁定的客户参加这些活动。外部销售代表则将请柬送到重要客户的办公室。每结束一个活动，销售代表就分析客户填写的反馈表，反馈表中包括客户的姓名、联系电话、通信地址、职务、客户的电脑使用数量和品牌、目前的采购计划和时间。销售代表根据反馈表找到销售机会，接着就去拜访客户。在那段时间，每个销售代表平均每天都可以见到4个客户。通过这些活动，销售代表和四千多家的主要客户建立了联系，虽然这些客户还处于增长区（市场份额低于10%的区域），但是销售代表已经得到了他们的资料，这些资料是赢得订单的第一步。

第一个季度过去了，销售额超过了前一年全年的销售额的总和。第二个季度，销售范围从北京、广州和上海扩大到沈阳、西安、成都、杭州、南京和深圳等主要城市。第三个季度，戴尔在杭州、南京、深圳、西安和沈阳等城市成立了办事处。每来到一个新的城市，戴尔都举办大型的商务活动，收集客户的资料，然后根据这些资料展开销售。第二年结束的时候，戴尔的市场份额已经名列中国市场的前五名，销售额达到了大约三十亿元。

案例来源：精品学习网《营销案例》。

通过上述案例，请思考：戴尔公司是如何收集市场数据资料的？市场数据资料收集工作对市场调查和企业经营有什么重要意义？

子任务一　调查数据资料收集的组织

一、数据资料收集的过程与组织

（一）数据资料收集的实施过程

市场调查的实施阶段是指数据资料的收集阶段，这一阶段的主要任务是调查者与被调查者相接触，使用调查问卷进行采访，记录并回收调查问卷，最后进行数据资料的整理与分析。实施阶段对整个市场调查起着至关重要的作用，这一阶段的质量决定着市场调查项目的质量，前期的调查方案和调查问卷设计得再好，调查实施组织得不好也将导致调查项目的失败。

数据资料收集是按照所拟定的调查方案进行的，也就是说，数据资料收集就是调查方案的实现过程。由于收集数据资料的方法不同，数据资料收集时的工作人员、工作方法、工作地点也将不同。例如，入户采访时调查者要直接进入被调查者的家中进行面对面的访问，街头访问时调查者要在马路上拦截被访者，电话调查时调查者要集中在中心工作室打电话进行调查，邮寄调查时调查者要邮寄和回收问卷，观察调查时调查者要在现场对消费者进行计数和行为观察。

（二）数据资料收集的组织

专业市场调查机构一般采用项目经理、督导和访问人员的组织形式来实施调查项目，项目经理负责调查方案的制订和把握总体进程，督导负责调查项目实施过程的组织，访问人员负责收集数据资料。当调查项目较大时调查机构会建立项目办公室对督导进行管理，当调查项目较小时项目经理和督导会由一人承担。

组织数据资料收集的基本任务是保证调查者能按照所培训的方法和技巧来实施调查，减少调查过程中非抽样误差。调查过程中组织人员通过及时发现、解决出现的问题，总结经验、提高调查水平。督导是调查项目实施过程中的直接组织者。督导的主要职责有现场监督访问人员的工作，收集整理所有访问人员所做的访问摘要，审核每份问卷，向访问人员反馈信息，保持最新的准确记录，报告项目的进展情况等。访问人员是调查项目的执行者，其工作质量直接影响调查结果。访问人员要由督导对其工作进程进行监督控制，以促使其诚实、高效地完成工作。督导则由项目经理或项目办公室进行监督。项目经理或项目办公室根据督导提供的信息控制调查项目的整体进度，向督导解释调查方案中的调查意图、调查内容和调查方法，对调查过程出现的问题提出解决意见。

数据资料收集的组织主要包括三方面内容，即调查前的访问人员培训、数据资料的实地收集、数据资料收集过程中的监控和审核。

二、访问人员培训

访问员主要负责各种类型研究项目的资料搜集工作，以搜集原始资料为职责，对消费者进行访问。访问员的素质是营销调查成败的关键。因此，应当重视对访问员的培训。在整个调查活动中需要具有各种职能的访问员，应根据各自职能进行不同层次的培训。

（一）访问员的素质要求

访问员应具备一些基本的主客观条件，主观方面包括敬业，忠于职守，不偷懒或歪曲资料；耐心，不为机械式工作所苦，且能循循善诱与受访者合作；性格开放，能以自然开朗的个性与受访者讨论各种问题；积极主动，能完成预定的访问工作及件数；细致耐心，能仔细记录访问答案等。客观方面包括年龄在 20～45 岁之间、女性为佳、口齿清晰明白，通当地方言等，具体如下所示：

1.道德品质

优秀的个人品质，吃苦耐劳的精神。品德问题是任何企业在挑选员工时都必须予以重视的一个关键问题。在访问员的挑选过程中，坚持品德第一的标准仍然是需要强调的。当然用人标准是一回事，实际操作可能更为关键。

2.语言能力

口齿清晰、语言流利，简明扼要的口头表达能力。一个优秀的访问员必须具有清晰的口齿、流利的语言，以及简明扼要的口头表达能力。此外，在一些普通话普及率不高的地区，特别是一些农村偏远地区，并且当被访者中有老年人时，更应注意考查访问员的方言水平。

3.外在仪表

衣着整洁大方，有充满自信的精神状态，具有亲和力的微笑。由于访问员通常必须走家串户地进行入户访问，因此，访问员“不像坏人”的外表不仅会影响到被调查者的合作态度，甚至会影响到访问员能否成功入户。特别是在一些社会治安较差的地区，这一点尤为突出。因此，良好的外在仪表也是挑选访问员时必须予以重视的。

4.应变能力

解决随时可能遇到的各种意外问题。一般要求访问员能在复杂多变的社会环境中，独自一人解决随时可能遇到的各种意外问题，这样才能保证整个项目高效率地按计划完成。

5. 严守时间

一个市场调查项目涉及各个环节，时间要求相当严格，因此，访问员必须养成严守时间的习惯。

6. 保密

由于市场调查的特殊性，访问员会接触到客户很多机密性的资料，访问员必须像爱护自己的眼睛一样，保证所有的资料不会丢失或通过自己的谈话等方式泄露。包括对参与项目所涉及的客户品牌等任何工作内容、方法及项目内容都不得向外透露；访问记录及附带资料不得私下抄录、复印或向他人透露等。

要完成访问调查任务，一名精干的访问员还应具备以下素质：第一，使被访问者对问题产生兴趣，并且有使其自由发言的交谈技术；第二，具有创造力和想象力；第三，对问题症结具有充分的认识，并能促使（但非诱导）被访问者说出心中想说的话；第四，具有发现被访问者的习惯与隐藏在态度背后的动机的能力。

（二）访问员的培训内容

访问员的培训一般包括基础培训、项目培训、现场模拟、访问员试访、督导培访培训总结等几个步骤。培训前，要做好培训准备工作，包括要有足够大的培训空间，配备投影仪，准备签到表及访问员培训资料。培训的内容至少包括如下两个方面："怎么做"和"为什么要这么做"。"怎么做"包括怎样确定访问地点、怎样确定访问对象、怎样进行接触（包括仪表和谈话方式等）、怎样问候（包括开场白等）、怎样确定合格的被访者（包括筛选方法）、怎样询问和追问、怎样记录、怎样结束访问。"为什么要这么做"的培训是指让访问员知道遵循所规定的访问指南和访问程序是十分重要的，必须向新访问员讲清楚必须这么做的理由以及不这么做可能会造成的后果。

对访问员的访前培训可以分为两个阶段：基础培训和项目培训，其中，基础培训包含基本访问技巧的培训。

1. 基础培训

主要是对访问员进行例行常规的培训，包括以下内容。

①调查基本认识培训。

②确定访问对象（包括抽样技术）培训。

③市场调查问题性质培训。

④访问员态度和行为准则培训（包括访问前必须携带的物品，包括问卷、样本计划、身份证或访问介绍信、纸、笔、赠品、示卡、文件夹等）。

⑤受访者心态把握的培训。

⑥如何处理访问中发生的特殊情况。

一定课时的基础培训是每个备选访问员必须接受的，在基础培训中，最关键的问题是帮助访问员树立信心，掌握与人沟通的技巧。如对访问员进行态度训练，其目的就是让访问员明确访问工作对调研的客观性、科学性的重要作用，通过培训，促使他们在今后的访问实践中细致认真、一丝不苟地按照要求完成所有任务。

2. 基本访问技巧的培训

访问技巧的培训主要包括处理拒绝技巧、中心地点访问技巧、提问技巧、入户访问技巧及现场操作中的难点解析、建立和谐气氛和访问员自身安全保护等。

①如何问候(开场白)。

②如何进行接触。

③如何询问和追问。

④如何记录。

⑤如何结束访问。

3. 项目培训

主要是针对每个特定的调查项目对访问员进行的培训,包括以下内容。

①该项调查项目的内容和调查目的。

②该项调查项目的问卷结构、问卷内容。

③该项调查项目的调查时间、调查步骤及注意事项。

(三)访问员的培训方法

1. 集中讲授

集中讲授主要培训新参加调查的访问员,对其进行系统的培训,讲授营销调查的基本理论和知识、营销调查的经验和方法,介绍相关的背景资料。

2. 个别指导

个别指导由在实际工作中有丰富经验的工作人员对访问员进行指导。担任指导的人员要结合实际调查任务,对访问员在市场调查、搜集整理资料等方面进行指导。同时,对访问的技巧与艺术给予指导。

3. 模拟培训

模拟培训是一种由受训人员参加并具有一定真实感的培训方法。角色扮演是一种模拟方法,是由受训人员和有经验的调查人员分别担任不同的角色,模拟各种难以处理的市场问题,培训受训人员。案例也是一种模拟培训的方法。案例分析可以就某个企业的实例进行论证,也可以假设某个案例,进行分析,用以培养受训者处理各种情况的能力。

三、数据资料的实地收集

(一)数据资料实地收集的流程

数据资料的实地访问分为以下几个步骤执行:

(1)熟悉问卷并带齐所有的访问工具。

(2)根据地址表中的地址找到受访户。

(3)向受访户作自我介绍,请受访户同意接受访问。

(4)根据甄别条件找到合适的被访者。

(5)对被访者进行访问。

(6)访问结束后感谢被访者并赠送被访者礼品。

实地访问时需要携带的物品有受访者名册、问卷、调查手册、身份证明书、赠品、地图、铅笔、纸夹等。

(二)确定访问时间和地点

选择一周中的哪一天和一天中的哪一时段进行访问,是一个很重要的问题,它不但会影响到拒绝率或应答率的高低,还会影响到对问题回答的质量。如果是入户访问,应安排在上午9时至晚上9时之间进行,同时应注意避免吃饭时间。为了能得到有代表性的样本,访问应尽可能安排在周末和晚上进行。应当严格要求和管理访问员,确保他们按照规定的时间去访问;否则访问员一般都会倾向于选择自己方便的时间,而不是被访者方便的时间或督导所规定的时间。访问员不一定理解访问的地点会对答案有影响,因此实施主管要具体规定访问的地点,并监督访问员,以确保他们认真执行了关于访问地点的要求。

如果是入户访问,访问员要争取得到允许,进入被访者的家中,最好是和被访者面对面地坐在一起,以便准确地提问和记录。如果在购物中心、商城、体育馆等公共场所进行访问,事先最好要征得有关负责人的书面批准,并让访问员随身携带有关批文的复印件,以免发生误会,延误工作。

(三)开场白

1.需要筛选

您好!我叫×××是××公司的访问调查员。我有一些问题要询问那些拥有国产轿车的用户。请问您的轿车是国产的还是进口的?(如果是国产的,继续访问;如果是进口的,结束访问。)

2.不用筛选

您好!我叫×××是××公司的访问调查员。我有一些关于商场的问题,想了解您的看法。(马上问第一个问题。)

如果是邮寄问卷或自填式问卷,封面要包含足够的信息,如调查的性质、参与的重要性、填答的注意事项等,因此,开场白比面访方式的要长得多。在面对面的实地访问时,访问员一般对调查项目不做解释,开场白要尽量简短,目的是使被访者立即开始回答问题。一旦被访者的注意力集中在调查问题上,就不会再去考虑是否应该参与的问题。开场白的另一个原则是:绝不要请求被访者获得允许。例如,用“我可以占用您几分钟时间吗?”、“您能花几分钟时间来参加这项调查吗?”之类的问话开始都是不合适的。因为很容易得到拒绝的回答,请求被访者获得允许的拒绝率将会高得多。总之,能使被访者越早开始回答问题越好。被访者一旦参与,一般不会中途停止。

(四)提问和追问

(1)提问遵循以下原则

①要对问卷十分熟悉。

②按问答题在问卷中出现的顺序来提问。

③丝毫不差地按照问卷中的措辞来提问。

④提问时说话要慢而清楚。

⑤对方不理解的问答题要重新提问。

⑥每个有关的问答题都要提问。

⑦遵照指导语进行提问和跳答。

⑧如果需要出示卡片,一般在问答题陈述完以后再出示。

⑨在访问过程中，因为不可预料的原因使提问中断，如果中断的时间过长(超过几分钟)，那么，一般情况下就应放弃该访问。

(2)追问

问卷中会有一些开放式的问答题，需要被访者深入地回答。调查员要采取有效的追问技巧，使被访者能够进一步扩展、阐明或解释他们的回答。追问技巧的关键是既深入、客观，又不至于诱导产生偏差。常用以下的方法。

①重复问题。当应答者保持完全沉默时，他(她)也许没有理解问题，或还没有决定怎样来回答，重复问题有助于被访者理解问题，并会鼓励其应答。

②观望性停顿。访问人员认为被访者有更多的内容要说，沉默性追问，伴随着观望性注视，也许会鼓励应答者搜集他(她)的思想并给出完整的回答。当然访问人员对应答者必须是敏感的，以避免沉默性追问造成冷场。

③重复应答者的回答。随着访问人员记录回答，他或她也许会逐字重复应答者的回答，这也许会刺激应答者扩展他(她)的回答。

④中性的问题。问一个中性的问题也许会具体向应答者指明要寻找的信息类型。例如，如果访问人员认为应答者的动机应当澄清，他(她)也许会问："为什么您这样认为呢?"如果访问人员感到需要澄清一个词或短语，他(她)也许会说："您的意思是?"

常用的追问问题还有：其他理由呢？还有其他人呢？对此您还能再多谈谈您的想法吗？您是怎样想的？您指的是什么？哪一个与您所感受到的形式更接近？您可以告诉我您心中所想的吗？

(五)访问记录

(1)在访问期间随时记录回答(不要过后补记)。

(2)使用被访者自己的语言(记录原话)。

(3)不要对被访者的回答进行归纳总结或解释。

(4)记录与问答题有关的全部内容。

(5)记录所有的追问语和对应的回答。

(6)边记录边重复所记录的答案。

(六)访问结束

在所有的信息都搜集到了之后才能结束访问。在正式访问之后，被访者自发发表的评论或议论也要记录下来。调查员也应当回答被访者关于调查项目的提问，给被访者留下一个好印象。最后，向被访者赠送一个小礼品，并对被访者的合作表示诚挚的谢意。离开访问场所之前一定要再次检查，以确认所有材料(包括问卷、卡片、展示物品等)都没有遗漏。要注意，不要让受访者看调查项目以外的资料，营造良好的气氛，记录问题的解答，避免漏题及使受访者乐于接受访问等。

(七)访问中的障碍

访问中可能会出现障碍，调研人员应有所准备，以便妥当应对。这些障碍主要有：

①外界干扰。电话、门铃这些干扰会打断访问的流畅性。

②其他人干扰。最理想的访问是一对一的场合，因为有其他人在场通常会使应答人不能吐露真情。

③不合作的应答人。进行访问中,应答人由于各种原因采取不合作的态度。

④应答人采取一问三不知的态度。

⑤应答人中途退席。

以下我们选用一则小资料,说明访问时应注意的几点其他事项。

访问时应注意的事项

1.不能接受访问的人:盲、聋、哑、精神病、衰老、残疾的人;自己的朋友、亲戚、邻居;语言不通的人(即使访问员懂这种语言或有人翻译也不能);只是在被访者家中作客、打工或远房亲戚;已接受过访问或间接访问的人;不识字的人。

2.如发现有其他人不断骚扰或批评该项访问,应终止访问。

3.被访者情绪非常波动或心情烦躁或随便应付,则终止访问。

4.理想的访问是一对一的情况,其他人在场会影响被访者的回答。而实际情况往往是被访者的其他家庭成员也坐在旁边听访问员询问,有时甚至代替被访者回答,这时访问员应礼貌地向他解释,这次的访问对象是用科学的抽样方法抽出来的,以便收集不同年龄、性别和各阶层人士的意见。因此,我们只能记录被访者的个人意见,其他人如果感兴趣的,可以在询问完被访者后再交谈。

5.访问员入户前应检查好所带物品,入户时应主动出示访问员证,必要时可把公司的电话和项目负责督导的姓名告知被访者,以消除其戒心。

6.记录时最好是与被访者对着坐,不要给被访者看到问卷内容,也不要让被访者随意翻看卡片、图片和样品;需要的物品用完后收好再取出另外的物品,不要散乱在桌上,做到有条不紊。

7.街访时持卷姿势:左手前臂托着问卷,左手手指夹着卡片,但不需要时垫在问卷的下面;右手拿笔记录。问卷翻页时可折起前一页,但不要上下对折。

四、数据资料收集过程中的监控和审核

(一)数据资料收集过程中的监控

调查过程中的监控是指对访问人员进行的监督和控制,主要内容包括抽样控制、调查质量控制、对弄虚作假行为的控制、调查进度和费用的监督与控制等。抽样控制是由督导按照调查方案对调查对象进行抽样检查,以保证访问人员严格地按照抽样方案去抽取样本,而不是根据是否方便或容易接近来挑选样本。由于访问人员总在自觉或不自觉地避免那些他认为是比较困难的或不想抽取的调查对象,这使得实际调查对象与抽样方案产生差距。抽样控制采用随机抽样方式,可以防止访问人员抽取样本的随意性,又可以减少督导的工作强度。调查质量控制是对访问人员是否按要求正常地实施了调查所进行的监督核查。现场调查时督导应在现场进行控制,发现问题、解决问题;非现场调查时督导应随时与访问人员保持联系。调查质量控制通过核查问卷的方法,主要工作包括检查是否所有该答的问题都回答完毕,问卷是否有明显的逻辑错误、有没有不完全的或令人不满意的回答,以及字迹是否清楚等。有些访问人员可能会对未完成的部分问题自己编造答案,也可能根本没有去调查就自填答案,这将严重损害调查质量。对弄虚作假行为的控制就是要避免这种行为,具体方法有培训教育、严惩的警告、质量

监督、问卷审核、复查等。进度与费用控制是由督导记录工作时间及花费情况，然后向项目经理或项目办公室汇报，使项目经理或项目办公室能够及时掌握调查总体的进展情况和费用情况并做出随时调整，以保证时间和费用能使调查项目按原定划进行。

(二)数据资料收集过程中的审核

调查后的检查主要是通过问卷复核来检查调查工作的有效性。问卷复核包括现场复核和集中复核。现场问卷复核由督导负责，在回收问卷时督导对完成填写的问卷内容、完成率、被调查者资料进行审查，对于不合格问卷及时退回并要求访问人员进行补访。集中复核在项目办公室进行，首先对每个访问人员所完成的问卷进行抽查，然后入户或电话等方法进行复核，询问访问人员是否真去进行了调查，以及调查的时间、访问人员的态度、调查的质量、被调查者资料等，对于不合格者应进行补访或承担赔偿责任。

数据资料的审核介于数据资料的实地收集和数据资料整理两个工作阶段之间，数据资料实地收集阶段的审核偏重于数据资料的形式，主要包括审卷和检查所带物品两部分。

具体审卷的内容如下：

(1)被访者的个人资料包括封面、甄别部分、背景资料是否有漏填漏问，是否矛盾，甄别操作是否正确等。

(2)问卷的完整性。记下所需的有关事实；填写封面结束时间；封闭题和开放题的记录是否清楚明确；是否漏题等。

(3)答案的准确性。答案和问题一一对应，记录标准要统一，澄清模糊答案。

(4)逻辑的一致性。有关题目的对应逻辑是否一致，这点非常重要，这需要访问员在访问的过程中必须留意被访者的回答前后是否矛盾，出现逻辑疑问必须联系上下文再三确认，不要只顾埋头记录，被被访者牵着鼻子走。

(5)问卷记录一律用蓝色圆珠笔记录，整份问卷的记录是一种记录颜色。

再者，检查所带物品是否有遗漏，包括问卷、笔、卡片、图片、样品等公司和私人物品。

子任务二　数据资料的收集方法

市场数据资料收集方法选择的合适与否，会直接影响到调查的结果。因此，选择合适的市场数据资料收集方法是市场营销调研的重要环节。市场数据资料收集的方法很多，最常用的有案头调研法、观察法调研法、询问调研法、定性研究、实验调研法等。

一、案头调研

(一)案头调研的含义与特点

案头调研是市场调研术语，对已经存在并已为某种目的而收集起来的信息进行的调研活动，也就是对第二手资料进行搜集、筛选，并据以判断他们的问题是否已局部或全部地解决。案头调研是相对于实地调研而言的。通常是市场调研的第一步，为开始进一步调研先行收集已经存在的市场数据。

与实地调研相比，案头调研主要有如下优点：第一，收集快捷，使用方便；第二，数据量大，覆盖面广，易于通过调研掌握市场全局；第三，这些数据资料多由专业机构归类发布，比较系统，便于比较；第四，成本较低。由于第二手数据是为其他目的不是为手边的问题而收集的，因此，第二手数据对当前问题的帮助在一些重要方面是有缺陷的。资料的相关性和准确性都不够。收集第二手数据的目的、性质和方法不一定适合当前的情况。而且，第二手数据也可能缺乏准确性，或者有些过时了。在使用二手数据之前，有必要先对第二手数据进行评价。

(二)案头调查的步骤

调查人员进行案头调查必须遵循一些基本程序。

1.评价现成资料

在信息爆炸的时代，案头放的资料会很多，关键是调查人员应根据自己的需要对这些资料做出评价，而评价的标准应主要从专业性、准确性、全面性、时效性和可信性等方面进行考虑。

2.收集资料的途径

从一般线索到特殊线索，这是每个调查人员收集信息资料的必由之路。当进行正式调查时，首先寻找的第一类资料往往是关于市场总体概括的资料，包括基本特征、一般结构、交易情况、发展趋势等。随着调查工作的深入，对资料选择的专门程度或详细程度的要求会越来越高。

3.资料筛选

资料收集后，调查人员应根据课题的需要，剔除与课题无关的资料，筛选出与调查内容直接相关的重要资料。

4.撰写案头报告

案头报告是对案头调查工作的过程和结果的一个总结论述。撰写这类报告应注意以下几点：内容简单明了，以方便阅读、了解和掌握基本情况；重点突出，对调查的主要内容应着重展开分析；结论明确，如果没有明确的结论和建议事项，该调查报告就失去了意义和价值。

5.进行持续的案头调查

企业营销调查的基本要求是不断地收集营销信息，而持续的案头调查则能满足这种要求。持续的案头调查的内容十分广泛，它大到包括一切与企业有关的宏观经济、社会、政治等状况，小到包括人们个别的行为、需要、态度、动机等。因此，应从企业自身的实际出发，有重点、有选择地进行持续案头调查。

(三)第二手资料的来源

在一定程度上说，市场竞争是信息的竞争，谁掌握了信息，谁就赢得了市场。要研究信息，企业必须掌握信息来源。而从众多的信息源中查询第二手资料是一个重要的途径。第二手资料的来源主要可以分成两大类：内部资料来源和外部资料来源。

1.内部资料来源

内部资料主要是由所调查企业的各经营环节、各管理部门产生并发出的。主要包括3个方面。

(1)企业职能管理部门提供的资料如会计、统计、计划部门的统计数字、报表、原始凭证、会计账目、分析总结报告等。

(2)企业经营机构提供的资料，如进货统计、销售报告、库存动态记录、合同签订执行情况、广告宣传效果、消费者意见反馈等。

(3)其他各类记录,如来自企业领导决策层的各种规划方案、企业总机做的专门审计报告,以及以前的市场调查、报告等。

2.外部资料来源

外部资料来源多指来自被调查企业以外的信息资料。主要包括以下几个方面。

(1)政府机构及经济管理部门的有关方针、政策、法令、经济公报、统计公报等。

(2)行业协会已经发表和保存的有关行业销售情况、经营特点、发展趋势等信息资料。

(3)各种信息机构,如国家经济信息中心、国家统计信息中心所能提供的各类统计资料。随着计算机技术应用的普及,数据库互联网服务已经成为一种必然趋势,市场调查人员可以通过已有的计算机数据库系统进行查询。

(4)其他各种大众传播媒介,如电视、广播、报刊、杂志及文献资料,也含丰富的经济信息和技术情报。

(5)各种类型的图书馆是各种文献资料集中的地方,市场调查人员可以充分利用图书馆的优势,获得关于某个特定调查主题的信息资料。

(四)第二手资料的收集方法

1.搜索

搜索是指应用现代信息手段,特别是应用互联网和局域网,从网上、数字图书馆或数据库中获取各种所需资料。如前所述,随着现代信息技术的发展,各种网站如雨后春笋般建立,许多图书馆将设置数字图书馆,数据库也越来越多。在这些网站、图书馆,具有大量的信息资料,而且有很多是免费提供的。这是十分宝贵的资源,市场调研人员必须十分注意充分利用好这些资源。为此,开展案头调研,首先应该注意上网搜索。

2.查找

查找是获取第二手资料的基本方法。从操作的次序看,首先要注意在企业内部查找。一般来说,从自身的信息资料库中查找最为快速方便。此外,还应从企业内部各有关部门查找。只要信息基础工作做得比较好,从企业内部查找可以获得大量反映企业本身状况的时间序列信息,还可以获得有关客户、市场等方面的资料。在内部查找的基础上,还需到企业外部查找。主要是到一些公共机构,如图书馆、资料室、信息中心等。为提高查找的效率,应注意熟悉检索系统和资料目录,在可能的情况下,要尽量争取这些机构工作人员的帮助。

3.索讨

索讨是向占有信息资料的单位或个人无代价的索要。由于索讨属于不计代价的,这种方法的效果在很大程度上取决于对方的态度。因此,向那些已有某种联系的单位和个人索讨,或由熟人介绍向那些尚未有联系的单位和个人索讨,常能收到较好效果。有些企业,出于宣传自己的需要,乐意向社会提供有关的信息资料,向它们索讨也有好的效果。而采用复印的手段,常是索讨成功的有效办法。

4.购买

购买即通过支付一定的代价,从有关单位获取资料。随着信息的商品化,许多专业信息公司对其储存的信息实行有价转让,大多数信息出版物也是有价的,购买将成为收集资料的重要办法。当然,企业订阅有关的报纸、杂志等从本质上说也属于购买一类,只不过这种方式是一种经常性的工作。但要注意企业订阅的报纸、杂志应尽量避免雷同。还要注意对这些报纸、杂志发布的信息资料进行系统的收集整理。

5.交换

交换是指与一些信息机构或单位之间进行对等的信息交流。当然,这种交换不同于商品买卖之间的以物易物,而是一种信息共享的协作关系,交换的双方都有向对方无代价提供资料的义务和获得对方无代价提供资料的权利。

6.接收

接收是指接纳外界主动免费提供的信息资料。随着商品经济的发展和现代营销观念的确立,越来越多的企业或单位,为宣传自身及其产品和服务,扩大知名度,树立社会形象,主动向社会广为传递各种信息,包括广告、产品说明书、宣传材料等。作为信息资料的接收者,要注意接收和积累这些信息。不管其中有的一时显不出其价值,且又有经常性的特点,但坚持长期收集,往往会成为有价值的资料。

二、观察法

(一)观察法的特点及其分类

1.观察法的特点

观察法是指研究者根据一定的研究目的、研究提纲或观察表,用自己的感官和辅助工具去直接观察被研究对象,从而获得资料的一种方法。科学的观察具有目的性和计划性、系统性和可重复性。常见的观察方法有:核对清单法、级别量表法、记叙性描述。观察一般利用眼睛、耳朵等感觉器官去感知观察对象。由于人的感觉器官具有一定的局限性,观察者往往要借助各种现代化的仪器和手段,如照相机、录音机、显微录像机等来辅助观察。

观察法的主要优点包括以下几条:

(1)它能通过观察直接获得资料,不需其他中间环节。因此,观察的资料比较真实。

(2)在自然状态下的观察,能获得生动的资料。

(3)观察具有及时性的优点,它能捕捉到正在发生的现象。

(4)观察能搜集到一些无法言表的材料。

相对来说,观察法的主要缺点是:

(1)受时间的限制,某些事件的发生是有一定时间限制的,过了这段时间就不会再发生。

(2)受观察对象限制。如研究青少年犯罪问题,有些秘密团伙一般不会让别人观察的。

(3)受观察者本身限制。一方面人的感官都有生理限制,超出这个限度就很难直接观察。另一方面,观察结果也会受到主观意识的影响。

(4)观察者只能观察外表现象和某些物质结构,不能直接观察到事物的本质和人们的思想意识。

(5)观察法不适应于大面积调查。

在市场调查中,观察调查法主要应用于以下几个方面。

(1)店铺调查。即在商业店铺中了解和记录商品的销售情况。譬如,调查人员从消费者购买的品种、品牌、规格、花色、包装等,了解消费者的需求,以确定供货商的生产或商店的进货数量。

(2)消费行为调查。例如,新商店在研究如何布置卖场才能吸引消费者时,可以由调查人员观察类似商店或用仪器记录消费者在类似商店中的活动情况,作为新商店的设计依据。

(3)行人调查。也就是从观察行人的穿着和携带的商品来判断商品流行的款式、消费者的偏好，以获取设计新产品的依据。

(4)品牌调查。即用于调查消费者对某品牌产品的需要强度以及其他品牌同类产品的替代强度。譬如，消费者在某商店需要某一品牌的商品，而销售人员并不按要求提供，却代之以其他品牌的同类产品，从而可用多个消费者接受替代品的情况来确定某一品牌的替代强度。

2. 观察法的种类

观察法一般可以分成以下几个种类。

(1)自然观察法。自然观察法是指调查员在一个自然环境中(包括超市、展示地点、服务中心等)观察被调查对象的行为和举止。

(2)设计观察法。设计观察法是指调查机构事先设计模拟一种场景，调查员在一个已经设计好的并接近自然的环境中观察被调查对象的行为和举止。所设置的场景越接近自然，被观察者的行为就越接近真实。

(3)掩饰观察法。众所周知，如果被观察人知道自己被观察，其行为可能会有所不同，观察的结果也就不同，调查所获得的数据也会出现偏差。掩饰观察法就是在不为被观察人、物、或者事件所知的情况下监视他们的行为过程。

(4)机器观察法。在某些情况下，用机器观察取代人员观察是可能的甚至是所希望的。在一些特定的环境中，机器可能比人员更便宜、更精确和更容易完成工作。

(二)观察法的实施步骤

1. 观察法准备阶段

(1)检查文件，形成工作的总体概念，包括工作的使命、主要职责和任务、工作流程。

(2)准备一个初步的观察任务清单，作为观察的框架。

(3)为数据收集过程中涉及的还不清楚的主要项目做一个注释。

2. 进行观察

(1)在部门主管的协助下，对员工的工作进行观察。

(2)在观察中，要适时地做记录。

3. 进行面谈

(1)根据观察情况，最好再选择一个主管或有经验的员工进行面谈，因为他们了解工作的整体情况以及各项工作任务是如何配合起来的。

(2)确保所选择的面谈对象具有代表性。

4. 合并工作信息

(1)检查最初的任务或问题清单，确保每一项都已经被除数回答或确认。

(2)进行信息的合并：把所收集到的各种信息合并为一个综合的工作描述，这些信息包括主管、工作者、现场观察者、有关工作的书面材料。

(3)在合并阶段，工作分析人员应该随时获得补充材料。

5. 核实工作描述

(1)把工作描述分发给主管和工作的承担者，并附上反馈意见表。

(2)根据反馈意见有，逐步逐句地检查整个工作描述，并在遗漏和含糊地方做出标记。

(3)召集所有观察对象，进行面谈，补充工作描述的遗漏和明确其含糊的地方。

(4)形成完整和精确的工作描述。

为了尽可能地避免调查偏差，市场调查人员在采用观察法收集资料时应注意以下几点。

(1)调查人员要努力做到采取不偏不倚的态度,即不带有任何看法或偏见进行调查。

(2)调查人员应注意选择具有代表性的调查对象和最合适的调查时间和地点,应尽量避免只观察表面的现象。

(3)在观察过程中,调查人员应随时作记录,并尽量做较详细的记录。

(4)除了在实验室等特定的环境下和在借助各种仪器进行观察时,调查人员应尽量使观察环境保持平常自然的状态,同时要注意被调查者的隐私权问题。

三、询问法

(一)询问法及其分类

询问法是将所要调查的事项以当面、书面或电话的方式,向被调查者提出询问,以获得所需要的资料,它是市场调查中最常见的一种方法。通常应该事先设计好询问程序及调查表或问卷,以便有步骤地提问。

询问的内容包括三个方面:一是事实询问,即要求被调查者用事实回答调查人员的问题;二是意见询问,即调查人员希望被调查者提出自己对所询问事项的意见或见解;三是阐述询问,即调查人员想了解被调查者提出自己意见或见解的理由。

在采用询问调查法时,要掌握两点原则:一是要将所询问的问题简要、准确地传递给被调查者;二是要创造一种让被调查者乐意回答问题的环境和氛围。

询问法通常分为面谈调查法、邮寄调查法、电话调查法、留置问卷法、会议访问法、计算机访问法、混合调查法等,其中面谈调查法、邮寄调查法、电话调查法、留置问卷法是最常用的方法。

1.面谈调查法

这种方法是将所拟调查事项,派出访问人员直接向被调查对象当面询问以获得所需资料的一种最常见的调查方式。这种方式具有回答率高、能深入了解情况、可以直接观察被调查者的反应等优点,集中起来就是较别的方法能得到更为真实、具体、深入的资料。但是这种方法也存在调查的成本高、资料受调查者的主观偏见的影响大等缺点。

2.邮寄调查法

这是调查者把事先设计好的调查问卷或表格,通过邮局寄给被调查者,要求被调查人自行填妥寄回,藉以收集所需资料的方法。其好处有:调查范围大、成本低、被调查者有充分时间独立思考问题。同时存在所用时间长、受调查人文化程度限制、问卷回收率低等缺点,企业通常采用有奖、有酬的刺激方式加以弥补。

3.电话调查法

通过电话和被调查者进行交谈以收集资料的方法。这种方法进行调查的主要优点是:收集资料快、成本低、电话簿有利于分类。其主要缺点是:只限于简单的问题,难以深入交谈;被调查人的年龄、收入、身份、家庭情况等不便询问;照片图像无法利用,这与访问法相比有隔靴搔痒之感;受电话装机的限制。

4.留置问卷法

留置问卷法就是由调查人员将事先设计好的问卷或调查表当面发给被调查对象,并说明回答问题的要求,留给被调查对象自行填写。然后,由调查人员在规定的时间收回。这种询问方法的优缺点介于面谈询问法和邮寄询问法之间。

5.会议访问法

会议访问法就是利用各种会议如博览会、交易会、订货会等或直接召开座谈会进行市场调研的方法。这种调研方法的最大优点是产销直接见面,联系面广,便于收集分散的市场动态信息。其主要缺点是很多展销会只是工商企业相互之间的业务活动,并没有与消费者直接见面,不能全面了解消费者方面的信息。

6.计算机访问法

有些调研公司在购货中心建立了交互式计算机终端,希望被调查对象根据屏幕上显示的问题,键入他的回答。在现代社会条件下,已有越来越多的人喜欢这种利用间接方法吐露自己真实动机的"自动仪器"式的访问方法。

7.混合调查法

多种询问调查方法混合起来加以综合使用。如派出专人访问,与收到邮寄调查表的人进行深入交谈,或在电话调查中发现线索再派专人出访。

(二)询问法的应用方法

1.面谈调查法的应用

面谈调查法,是指派调查员当面访问被调查者,询问与营销活动有关问题的方法。它是访问法中的一种常用方法。

面谈调查可分为个人面谈和小组面谈两种方式。个人面谈时调查员到消费者家中、办公室或在街头进行一对一面谈。小组面谈是邀请6~10名消费者,由有经验的调查者组织对方进行讨论某一产品、服务或营销措施,从中获得更有深度的市场信息。小组面谈时设计大规模市场调查前的一个重要步骤,它可以预知消费者的感觉、态度和行为,明确调查所要了解的资料和解决的问题。

面谈调查法的优点包括:

(1)能当面听取被调查者的意见,并观察其反映。

(2)回收率高,可以提高调查结果的代表性和准确度。

(3)可以从被调查者的个人条件推测其经济状况,进而判断对方回答问题的真实程度。

(4)对于从被调查者不愿意回答或回答困难的问题,可以详细解释,启发和激励对方合作,以顺利完成调查任务。

与此同时,面谈调查法也有其缺点所在,主要包括:

(1)调查费用支出大。特别是对于复杂的、大规模的市场调查,人力、财力和物力消耗很大。

(2)很难对调查员的工作进行监督和控制。如有的调查员为尽早完成调查任务,不按照样本的随机原则抽样,有的调查员在调查了部分样本后即终止调查做出结论;有的调查员甚至不进行实地调查,随意编造调查结果。对于这些问题,调查组织者应采用必要的制度约束和相应的监控手段,加强对调查员的管理。

(3)对调查员的素质要求较高。调查结果易受调查员的工作态度和技术熟练程度的影响。

2.电话调查法的应用

电话调查法,是指市场调查相关工作人员通过电话向被调查者进行问询,了解市场情况的一种调查方法。它是访问法中的一种调查方法。

由于彼此不直接接触,而是借助于电话这一中介工具进行,因而是一种间接的调查方法。

电话调查分为传统电话调查和计算机辅助电话调查。

电话调查法的主要优点包括：

(1)取得市场信息资料的速度最快。

(2)节省调查时间和经费。

(3)覆盖面广，可以对任何有电话的地区、单位和个人进行调查。

(4)被调查者不受调查者在场的心理压力，因而能畅所欲言，回答率高。

(5)对于那些不易见到面的被调查者，如某些名人，采用此方法有可能取得成功。

(6)采取计算机辅助电话系统，更有利于访问质量的监控；访问人员的管理更为系统规范、达到管理集中，反馈及时之效。

与此同时，电话调查法也有其缺点存在，具体如下：

(1)由于电话调查的项目过于简单明确，而且受到通话时间的限制，调查内容的深度远不及其他调查方法。

(2)电话调查的结果只能推论到有电话的对象这一总体，因而存在着先天母体不完整的缺陷，不利于资料收集的全面性和完整性。

(3)没有办法提供直观的教具。

(4)电话调查是通过电话进行的，调查者不在现场，因而很难判断所获信息的准确性和有效性等。

3.邮寄调查法的应用

邮寄调查法，是指将事先设计好的调查问卷，通过邮政系统寄给被调查者，由被调查者根据要求填写后再寄回，是市场调查中一种比较特殊的调查方法。

邮寄调查法的主要优点包括：

(1)费用低。与其他访问方法相比，邮寄调查时原始资料调查中最为便宜、最为方便、代价最小的资料收集方法。

(2)调查空间范围大。邮寄调查可以不受被调查者所在地域的限制，没有访问人员偏差。

(3)邮寄调查可以给予被调查者相对更加宽裕的时间作答，问卷篇幅可以较长，并且便于被调查者深入思考或从他人那里寻求帮助，可以避免被调查者可能受到调查人员的倾向性意见的影响。

(4)邮寄调查的匿名性较好，所以对于一些人们不愿公开讨论而市场决策有很需要的敏感性问题，邮寄调查法无疑是一种上选方式。

(5)邮寄调查适用于从那些难以面对面访问的人远离获得信息，包括由于“看门人”(门卫、保安、秘书)阻碍无法进行面对面访问的人和封闭式社区的居民。

同时，邮寄调查法也有其缺点存在，具体如下：

(1)问卷回收率低，因而容易影响样本的代表性。

(2)问卷回收期长，时效性差。

(3)缺乏调查对象的控制。

(4)由于问卷或许是由指定地址之外的其他人填写，可能会出现错误的答复或不真实信息。

通常，可采用如下做法提高邮寄调查问卷回收率，具体方法为：

(1)由受尊重的权威机构主办、将大大提高问卷的回收率。

(2)随问卷附上回邮寄信封和邮票等。

(3)附加一点实惠性的东西，比如给予一定的中奖机会、赠送一些购物优惠券、享受会员待遇等。

(4)加强问卷管理，在问卷发出后，试着做些事后性工作，比如发跟踪信、寄明信片、打跟踪电话等。

4. 留置问卷法的应用

留置问卷调查法是面谈调查法与邮寄调查法的结合，就是调查人员将设计好的调查问卷送交给被调查者，说明调查意图和要求，由被调查者自行填写回答，再由调查者按约定的日期回收。

留置问卷调查法的优缺点介于面谈调查法和邮寄调查法之间。其优点是：

(1)调查问卷的回收率较高；被调查者有比较充裕的时间作答。

(2)问卷作答的质量较高。

其缺点是：

(1)调查费用因调查问卷的发送、收取次数增加而提高。

(2)调查的地域和范围受一定的限制；调查周期较长。

四、定性研究

(一)定性研究及其特点

定性研究是市场调查中的另一类经常使用的方法。定性研究是根据市场现象所具有的属性以及市场活动的特点，从市场的内在规律来对市场进行调查的。进行定性研究，要依据一定的理论与经验，重点把握市场特征的主要方面，而对市场的数量特性不过分追究。

与其他的市场调查方法相比，定性研究拥有以下一些特点。

1. 重视市场活动的过程

定性研究关注的不是市场活动的结果，而是什么因素引起了市场现象。定性研究不是一个静态描述市场的方法，它十分重视细节，重视考查市场因素之间的相互联系。在很大程度上，定性研究的深度要高于其他调查方法。

2. 定性研究的对象数量较少，具有很强的个性特征

由于定性更加深入、细致，因而常常用于对特定人群的调查。例如一个社区人群的信仰和风俗习惯、人们对事物的态度、信念和行为习惯等，这种调查的结果只适用于研究人群，不能用以推论其他人群。

3. 定性研究需要对研究对象进行长期考察

大多数定性研究则要求研究者与研究对象有深入的接触，建立相互信任的关系，强调在一种轻松自然的环境中收集资料。了解人们在普通状况下的态度、信念、行为，因而收集资料的手段往往较灵活，缺乏固定的模式。这种研究对调查员有更高的要求。

4. 定性研究较少地使用统计分析等复杂的数学工具

定性研究一般是用分类的方法对收集的资料进行总结，如将人们对某件事物的态度分为几类，将人们的行为方式分为几种等，或者用流程图来表示某件事物的发生过程，同时对研究对象进行描述分析。因此，定性很少应用概率统计分析，数量化研究的成分较少。

(二)定性研究的种类

定性研究最常用的方法有深度访谈法、小组座谈法和投射法。

1.深度访谈法

深度访谈法是一种无结构的、直接的、个人的访问,在访问中,一个技巧熟练的访问员深入地访谈一个被访者,以揭示某一问题的潜在动机、信念、态度和感情。深度访谈所探讨的问题需要理解和深层了解,只有通过访问者和被访问者之间的自由交谈,对所关心的主题深入探讨,才能使访问者从中概括出所要了解的信息。

深度访谈法的优点有:

(1)能更深入地探索被访者的内心思想与看法。

(2)可以更自由地交换信息。

(3)在交流中可以直接看出被访者的反映。

深度访谈法的缺点有:

(1)能够做深层访谈的有技巧的调查员是很昂贵的,也难以找到。

(2)数据常常难以分析和解释,需要专家来解决问题。

深度访谈法主要分为三种具体方法:阶梯前进、隐蔽问题探寻和象征性分析。

(1)阶梯前进。阶梯前进是顺着一定的问题线探索,例如从产品的特点一直到使用者的特点。使得访问人员有机会了解被访者思想的脉络。

(2)隐蔽问题探寻。这种方法是将重点放在个人的"痛点"而不是社会的共同价值观上;放在个人深切相关的而不是一般的生活方式上。

(3)象征性分析。这种方法是通过反面比较来分析对象的含义。要想知道"是什么",先想法知道"不是什么"。例如,在调查某产品时,其逻辑反面是:产品的不适用方面,"非产品"形象的属性以及对立的产品类型。

访问人员的作用对深度访谈的成功与否是十分重要的。访问人员应当做到:避免表现自己的优越和高高在上,要让被访者放松;超脱并客观,但又要有风度和人情味;以提供信息的方式问话;不要接受简单的"是"、"不是"回答;刺探被访人的内心。

2.小组座谈法

小组座谈法是有一群被调查者共同参与一个主题会议的调查方法,通常由一个主持会议,被调查者有几个或十几个。小组座谈法是调查者与多个调查者相互影响、相互作用的过程,一般是围绕一个主题进行讨论并使调查深入进行下去。

小组座谈法可以应用于以下目的:调查消费者对某类产品的认识、偏好及行为;调查消费者对老产品产生的新想法;调查消费者获取对新产品概念的印象;研究广告的创意;获取消费者对具体市场营销计划的初步反映。

小组座谈法的优点:

(1)资料收集快、效率高,可同时访问若干个被调查者。

(2)取得的资料较为广泛和深入。由于有多个被调查者参加座谈会,在主持人的适度引导下,大家能够开动脑筋、互相启发,从而获得大量的及有创意的想法和建议。

(3)结构灵活。小组座谈在覆盖的主题及其深度方面都可以是灵活的。

(4)能将调查与讨论相结合,即不仅能回答问题,还能探讨原因和寻求解决问题的捷径。

(5)可进行科学检测。小组座谈法容许对资料的收集进行密切的监视,调查者可亲自观看座谈会的情况,并可将讨论情况录制下来,供后期分析之用。

小组座谈法的缺点:

(1)对主持人的要求较高,而挑选理想的主持人又往往是比较困难的。

(2)容易造成判断错误。小组座谈会的结果与其他调查方法的结果相比,更容易受客户或调查者的影响而出现偏差。

(3)因回答结果散乱,使后期对资料的分析和说明比较困难。

(4)有些讨论涉及隐私、保密等问题,也不宜在会上多谈。

(5)受会议时间限制,有时很难进行深入细致地交流。

3.投射法

投射法是一种隐蔽性较强的调查方法。调查人员通过各种非结构化的、间接的询问方式,激励被访者投射出他们潜藏的动机、信仰、态度或情感,了解他们对某一事端的心理状态。在投影法中,调查人员并不要求被访者描述他们的行为,而是让他解释他人的行为,在解释他人的行为时,被调查者就间接地把自己的态度等投影到了有关的前景之中。

投射法的具体应用可以有联想法、图片响应法、主题类化法、卡通测试、句子完成法、故事完成法等。

(1)联想法。市场调查中,联想法通常用一些刺激物给被访者呈现出来,然后问他们头脑中首先联想到什么东西。

(2)图片响应法。图片响应法是利用一系列图片做测试,这些图片会包括普通事物和特殊事物。图片中,一部分人物或对象会描述得很清楚,而另一些则相当模糊。被访者对这些图片进行描述,从而投射出其个性。

(3)主题类化法。主题类化法往往运用很多图片,所以也叫图片响应法。通过被访者对图片的解释和描述,类化出某一主题。也有人叫主题统觉法。

(4)卡通测试。卡通测试是将有关调研主题的某个特定情境用卡通人物的形式展示给被访者。被访者根据一个卡通人物的评论,给出另一个卡通人物的回应。这个回应表征了被访者的情感、信仰、对情境的态度,通常用来探讨品牌价值。卡通测试其实与图片响应法一样,只是更便于管理和分析。

(5)句子完成法。句子完成法是让被访者完成没有完成的句子,从而投射出其消费心理,属于投射研究中完成法的一种。

(6)故事完成法。故事完成法是让被访者完成讲了一半的故事,从而投射出其消费心理。属于投射研究中完成法的一种。

五、实验法

实验法即通过实验对比来取得市场调查资料,一般是从影响调查问题的许多因素中选出一至若干,将其置于一定条件下进行小规模的实验,然后,对实验结果进行分析比较,研究是否值得大规模的推广。

实验调查应用的范围较广,一般而言,改变商品品质,包装,价格,广告和商品陈列等都可应用实验调查来测试,调查用户的反应和销售状况,然后决定是否可以推广。

影响市场实验对象的不可控制因素有许多，在市场实验期间，许多有关生产、交换、分配、消费等因素变化都会反映到市场上来。因此，进行市场实验是先在特定时间和地区小规模地进行实验，从有代表性的“实验市场”中了解到市场反应，从实验结果中发现问题，总结经验，再进行大范围的推广，这样有利于减少决策的盲目性，提高预见性。实验调查对市场预见来说十分重要，在市场预测中经常被使用。例如，我们若想分析价格或包装对商品销量的影响，可进行市场实验，了解市场动向，对影响销售量变动的几个因素，只变动价格和包装两个因素，其他因素保持不变，进行一定范围内的市场试销，从销量的变动便可得知价格和包装实验的影响变化。

实验法的优点是：

(1)方法比较科学，能够按照调查目的的需要，选择合适的实验，并可有效地控制实验环境，调查结果的精确性较高。

(2)能够揭示事物之间的因果关系。

(3)获得的静态和动态信息资料能够比较客观地反映实际情况。

(4)调查人员可以通过主动引起并控制市场因素的变化，借以研究其对调查对象的影响作用，而不是消极、被动地等待市场现象的发生。

实验法的缺点是：

(1)影响市场变化的可变因素难以掌握，不易选择一个社会经济和自然条件相同或相似的市场，实验结果很难相互比较。

(2)仅限于研究现实市场中各经济变量之间的关系，无法对过去和将来的情况进行分析。

(3)通过实验获取资料的时间较长，对调查费用和调查人员专业水平的要求都比较高。

具体的实验办法有产品试用、试戴、试穿、试看、试尝、试听、现场表演，举办产品展销会、产品质量对比、评比会、设立新产品试销门市部、新产品试销专柜等。

简易的实验有以下几种：

(1)事前事后对比实验，即事先对正常经营情况进行测量，然后再测量实验之后的情况，事前事后再进行对比，观察分析实验变数的效果。这种实验应注意前后对比标准，口径的一致性，尤其是在实验过程中应避免其他影响因素的干扰，否则无法进行前后对比。

(2)验组与控制组进行对比。实验组是指进行实验的单位（企业或个人），控制组是指同类非实验单位（企业或个人）。经过实验之后，进行实验组与非实验组（控制组）的对比，将测量结果在两种条件下对比，有很大的说服力。同时，实验单位与控制单位可以在同一时间进行对比，可以排除由于时间顺序不同出现的外来变数的影响。但应注意控制单位同实验单位之间要具有可比性，相比较的企业在规模、类型、商品购销条件等方面应大致相同。

(3)有控制组的事前事后的对比。是指控制组事前事后同实验组事前事后之间进行对比的一种实验调查方法。这是一种先分别对比，再综合比较的方法。首先进行控制组的事前事后对比，然后进行实验组的事前事后对比，最后将两种对比结果再进行比较。

总之，实验调查其特点是方法科学，可获取较正确的第一手资料，实验结果快，效果较好。缺点是实验时间边长，会增加调查成本。另外，不易选择社会经济因素相类似的实验市场，这样会影响调查结果的可靠性。

◆ 案例资料

昆明远睿咨询管理咨询有限公司访问员培训提纲

一、培训内容和时间安排

培训前准备　　　　　　　　(15分钟)

市场调查简介　　　　　　　(20分钟)

右手原则及抽样简介　　　　(55分钟)

问卷　　　　　　　　　　　(15分钟)

面访的流程和技术技巧　　　(125分钟)

二、培训前的准备

介绍人	内容	目的
培训督导	自我介绍、公司理念、发展历程、人员结构、部门设置等、基培所需时间、培训内容安排、联系方式、培训前请关闭通信工具	让来参与培训的访问员大致了解公司概况，以及培训内容和时间的安排，让访问员有一定的心理准备
访问员	自我介绍、姓名、目前状况、工作经验、兼职目的	调节气氛、初步了解访问员的状况、各访问员之间认识

三、市场调查简介

1. 调查市场的含义

公司自定义：就是调查市场，为客户调查他们所要了解的市场。

书面定义：一种通过信息将消费者、顾客和公众与营销者连接起来的职能。用科学的方法、客观的态度，以人们的意见、观念、习惯、行为和态度为调查研究的主要内容，有效地收集和分析有关的信息，从而为管理决策部门制定有关的战略和策略提供基础性的数据和资料。

通俗定义：从作用上来看，市场调查是营销人员与消费者、客户或者公众之间信息沟通的桥梁，可以为企业解决营销中存在的问题、帮助企业寻找进入市场的机会、评估监测市场运营状况、预测市场未来发展趋势等。

狭义理解：对消费者调查、收集消费者购买、使用商品的事实、意见、动机等，予以分析研究的工作过程。

广义理解：企业营销环境和状况进行全方位调查，既是对商品和劳务在从生产者—消费者的过程中，所发生的有关市场营销情况的资料作系统收集、整理、分析，以了解商品和劳务的现实市场和潜在市场并得出结论的工作过程。

2. 调查市场的作用

A. 了解消费者需求。

B. 了解竞争产品市场表现。

C. 评估、监测市场运营状况。

D. 发现市场空缺和市场机会。

E. 分析行业发展态势。

3. 调查市场的功能：

A. 描述功能：对事实的收集和表述。

B. 诊断功能:对信息或活动的解释。

C. 预测功能:对如何使用描述和诊断功能做出规定,以便预测计划营销决策的结果。

4. 市场调查的原则

(1)市场调查的基本原则

客观:采用科学研究方法,以保证调查结果的真实性,准确并及时反映实际情况。

时效:在规定的时间内,有效收集有关资料。

保密:委托方、被访者资料未经同意,不可泄露任何与项目无关的人。

(2)对访问员的要求

真实:按照项目要求真实收集资料、地址、被访者唯一性。

规范:原话读题,对被访者回答问题原话记录,不可随意增加或删减。

守时:按时参加培训(基础+项目培训),遵守交、发问卷的时间。

守信:保质保量项目,不违反访问员制度。

中立:不代表任何一个组织或个人的观点,访问过程中保持中立态度。

保密:不向任何与项目无关人员透露问卷内容,包括家人。

5. 市场调查的历史与现状

(1)萌芽期:20 世纪前。有记载的最早的市场调研是 1824 年 8 月由《宾夕法尼亚哈里斯堡报》,这是一次选举投票调查。

(2)成长初期:1900—1920 年。第一家正式的调研机构在 1911 年由柯蒂斯出版公司建立。主要针对汽车行业。

(3)1920—1950 年。20 世纪 30 年代,问卷调查法广泛使用。AC·尼尔森于 1922 年进入调研服务业。

(4)成熟期:1950 年到现在。中国本土的第一家调查公司零点、国外进入中国的调查公司华南国际。

现在的市场调查的基本操作流程:接受委托→方案设计→问卷设计与测试→抽样→访问实施→审卷→复核→项目总结会→数据录入→统计分析→撰写调查报告→项目汇报会→后期营销跟进。

6. 市场调查中收集数据资料的方法

A. 面访(家庭入户访问、单位入户访问、街头拦截访问、CAP)。

B. 电话访问(传统的/计算机辅助的)。

C. 自助访问(邮寄调查和留置调查)。

D. 观察监测法(铺面观察、神秘顾客、人员流动监测)。

E. 定性研究(小组座谈会、深度访问)。

四、右手原则及抽样简介

1. 右手原则

为了统一访问和抽样的行走的方向表述,准确表达访问和抽样单位所处的位置,我们必须要用右手原则。

右手原则是指:

(1)所调查对象必须在右手边。

(2)遇岔路口向右转,当右转无意义或无法右转时则按原路返回。

(3)外围和内线的交叉点即为回走点。

(4)一个样本只有一个起点和一个终点，起点必须在外围上，起点即为终点。

(5)在行走路线中内线无交叉点。

(6)当遇到复杂样本时可以将样本中的内线自定义为外围线，但总的来说只有一个起点和一个终点。

2.抽样

(1)抽样的基本术语定义：

总体(我们所要调查对象的全体)、单元(构成整体的个体)、样本(从总体抽取出的单元进行调查)。

(2)抽样的历史发展与普查的优缺点：

普查：对总体中所有单元展开调查。一般来说，普查不受抽样误差的影响，且能够得到最全面的信息。但是完成一项普查所需要的时间长，需动用的人力比较巨大，可能导致高的样本误差，涉及的费用高。

抽样：在大部分调查活动中，需要从调查总体中抽选出部分要素作为样本，对样本进行调查，并根据结果推断总体的信息。此种对样本的抽选过程即为抽样，相对而言，通过严密的设计和实施控制，抽样调查也可用相对低廉的费用获得较为准确的相近似的数据信息。

普查与抽样相结合：企业调查中，大企业普查，中小企业抽查。

(3)抽样分类：概率抽样/非概率抽样

A.概率抽样：又称随机抽样。指在总体中排除人的主观因素，给予每个总体一定的抽取机会的抽样。

简单随机抽样：指保证大小为N的每个可能的样本都有相同的被抽中的概率(抽签法/随机数字表法)。

系统抽样/等距抽样：(详细、具体)。

分层(简单随机)抽样是指将调查总体分成同质的互补交叉的层(或类型)，然后在各层(或类型)中独立抽取样本。

整群抽样：是指先将调查总体分为群，然后从中抽取群，对被抽中群的全部单元进行调查。

PPS抽样：市场调查公司中最常用的抽样方法。

B.非概率抽样：又称非随机抽样。指根据主观标准抽取样本，令总体中的每个单元的被抽取不是依据本身的机会，而是完全取决于调研者的意愿。

方便抽样：指根据调查者的方便选取的样本，以无目标、随意的方式进行。

判断抽样：根据个人的主观意识来选择总体有代表性的抽样单位的方法，指由专家判断而有目的地抽取专家认为"有代表性的样本"(尽管判断抽样常常是选择样本的一种相对容易的方法，但调查结果的使用者必须清楚地认识到，这些结果的质量依赖于个人在选择样本时的判断。因此，用判断样本对总体参数进行统计推断时也应该非常小心。一般地，用判断样本所得结果的精度没有做出统计上的说明)。

配额抽样：指先将总体元素按某些控制的指标或特性分类，然后按方便抽样或判断抽样选取样本元素。

滚雪球抽样：指先随机地选择一些被访者，并对其实施访问，再请他们提供另一些属于研究目标总体的调查对象，根据所形成的线索选择此后的调查对象。

尽管统计学家喜欢用概率抽样方法，但非概率抽样方法常常是必要的。非概率抽样的优点是成本低而且容易完成；缺点是不能对估计的精度做出正确的说明。两种最常用的非概率抽样方法是方便抽样和判断抽样。

五、问卷

1. 问卷的类别

A. 访问式问卷：访问员按照问卷向被访者询问，将对方的回答记入问卷。

B. 自填式问卷：访问员将问卷交给被访者，说明填写方法，请对方为自己填写。

C. 无结构式问卷：只有一个提纲，围绕研究目的提问。

D. 结构式问卷：根据研究目的和主题精心设计的具体结构的问卷。

2. 问卷的结构

A. 问卷封面

B. 介绍语

C. 甄别部分

D. 主体部分

E. 背景资料部分

F. 结束语

3. 问卷问题的种类及提问与记录方法

A. 封闭题

B. 半封闭题

C. 循环题

D. 开放题

4. 卡片

在访问过程中，为方便访问，要出示卡片。

六、面访的流程和技术技巧

(一)入户访问

1. 访问准则

(1)保持客观和中立的态度，不能加入自己的意见和观点来影响被访者。

(2)客观地询问被访者本人，不要妄自推测被访者的回答，不要想当然。

(3)只要被访者理解题意，给出的答案无对错之分，前提是要按统一规范的方法进行访问。

(4)完全按照问卷上的问题次序，逐字逐句地提问。

(5)控制自己的情绪，以积极的心态做好每一个访问。

2. 面访访问流程和技巧技能

(1)入户访问。入户访问是要进入被访者家中进行访问，往往能够进入家中的，说明访问已经成功了一半，所以访问员在做项目前，最基本的技术就是先掌握入户技巧。入户时尽快把自己身份及来此目的介绍清楚，主动拿出访问员证件给被访者看，争取取得被访者信任。

(2)入户访问流程。抽样→项目培训→试访→正式访问→陪访→交卷→复核→处理。

3. 正式访问技巧

(1)敲门前的准备：选择合适的入户时间、仪表、物品准备情况、调整心态、观察。

(2)敲门：是否有门铃、轻重缓急的把握。

(3)自我介绍:创造良好的轻松愉快的气氛,自信的心态、简洁、流畅、忌机械、生硬、冗长、善于用标准解释中的集中口径,灵活有针对性的回答被访者的提问,及时提出入户要求,使用尊称及规范化语言,吐字清晰、准确、流利;尽可能不用如哼、哈、喔等语气助词。

(4)处理拒绝:对各种拒访情况的处理及对特殊事件的处理,灵活运用预约,善于等待,能够充分理解被访者,不与被访者发生冲突。

(5)注意事项:工具袋、礼品袋尽可能小一些,美观一些,避免被认为是推销员;无论是否接受访问,离开时不得对该户有任何议论;带齐有关证件;把握入户时机,不要在门口耽搁事件,注意适时预约,提高入户成功率;当时不能进行访问的,要主动预约,为下一次的登门访问打下基础,采取主动询问电话、有空的时间,并留下自己的姓名和再上门的时间。

(6)访问前:

A. 进门时对室内环境的观察:光线、位置、在场人员。

B. 位置的挑选:最佳位置是坐在被访者的对面,这样便于出示卡片,其次是坐在被访者的右手边,最好提出想坐在桌子或茶几的旁边,以便于记录。

C. 对光线的选择:挑选光线好的地方,必要时可建议被访者调整光线。

D. 减少噪声:如果被访者在看电视或听音响,要请求其关掉电视机或音响,或将音量关小;选择远离电视机或音响的位置;请求被访者坐在背对电视机的位置。

E. 确定合格的被访者:使用甄别问卷;配额抽样;使用随机表;甄别问卷和随机表同时使用。

F. 对以下人员终止访问:a. 盲聋哑有重病、有精神病的人;b. 语言不通、无法沟通的人;c. 不识字的人;d. 住户雇用的保姆;e. 不在该地址住的家庭成员。

G. 对第三者的处理:说明访问对象是谁以及听取同一个人意见的重要性,也可要求与被访者单独交谈。如果有其他访客来访,则向被访者说明访问时间,如被访者觉得有不便时,与他另约一个访问时间。

(7)访问中:

A. 问卷及卡片的使用方法:右手拿问卷并记录,左手持卡片,需要出示卡片时,用左手拿起卡片,翻到需要出示的那一页,递到被访者的面前,同时右手可在问卷上做记录,注意要有一个倾斜的角度。

B. 出示卡片的注意事项:a. 卡片必须单面出示;b. 出示卡片前,在自己面前准确翻好,不要把卡片摊在桌面上乱翻;c. 被访者看完后要及时收回,不要让被访者随意乱翻;d. 翻动示卡的幅度尽量小些,避免显得手忙脚乱;e. 先出示卡片,然后看着示卡内容,读出答案;f. 如果被访者给出的答案恰好处于两个答案的中间值,请与被访者确认。

C. 示卡的出示方式:a. 逐一读出,逐一确认:按示卡的顺序,读出一个答案,让被访者确认一个答案,直到读完所有答案。用于复选题。b. 顺序读出示卡上的答案,不用读出所有答案:按示卡内容顺序读出,直至被访者给出答案,即可停止读示卡。用于较复杂的单选题。c. 读出示卡上所有的答案:用于简单的单选题。d. 无需读出示卡上的答案:让被访者看示卡上的答案,并选出所选答案的相应编号。用于个人资料题。

D. 访问中的注意事项:a. 与被访者进行良好的沟通,取得被访者的积极配合;要随时注意到被访者的理解程度和配合程度,主动调节自己的节奏,调动被访者情绪。b. 用声音、眼神、态度、积极的心态与被访者沟通。c. 控制访问节奏,快慢有序。d. 给被访者适当的思考时间。e. 保持访问时与被访者及其周围人的礼貌与沟通。f. 拒绝被访者的不合理要求:礼貌地拒绝被访者翻看问卷和卡片的要求,避免被访者自填问卷。g. 排除第三者干扰:礼貌地向第三者说明单独访问一个人的重要性。h. 记录开放题时，不要一味的做记录，要注意被访者所说答案的合理性。

E. 如何提问：要对问卷十分熟悉，按回答题在问卷中出现的顺序来提问，严格地一点不差地按问卷中的措词来提问，每个有关的问题都要提问，遵照指导语，不能对被访者作任何误导和过度解释，重读下划的关键词，较复杂的问题和对方不理解的问题，适当的完整重复问题，读题及读示卡时留出适当的时间让被访者理解，提问过程中留意被访者反应，过渡句完整读出，以引导被访者集中注意力，发音清晰，音量和速度控制在适中水平，题目中没有说明需要提示的不能提示，多选题要注意追问，有循环指示的一定要从该处循环提问，如果被访者无法选出答案，则要询问其真实想法，逐字记录在题目旁边的空白处，开放题除非题目有说明，否则不能向被访者作任何解释，注意“一次发问，两次追问”的问法。

F. 模糊答案与具体答案的确定。

G. 如何追问“一次发问，两次追问”，对模糊答案一定要追问，可以重复提问或重复被访者的回答，利用停顿或沉默的时间来追问，使用中性的追问语句，对开放题追问要“先广度，后深度”，要支援被访者或使其放心，引出进一步的阐述，运用客观或中性的问题；不可以使用提示或诱导性的字眼，不要咄咄逼人，甚至有些像盘问证人，每次追问后，要给被访者留足够的时间去思考，注意被访者说的“不知道”，要识别出是否是真的不知道（不知道有几种情况：a. 不想回答；b. 没听明白但不好意思说出；c. 思想走神，正在想别的事情；d. 害怕给出的答案是错的；e. 真的不知道）。

H. 如何记录：用蓝色圆珠笔记录，使用相同格式、符号及方法，记录封闭题答案时，在与答案对应的数字上画圈，注意选对号码或空格，如果圈错地方或被访者又选出另外一个答案而否定原答案，则在错误答案上画双斜线，以示删除，同时圈出正确答案，如果删错答案，在已删答案旁边写出对应答案，再重新圈出。记录开放题时，先听清楚被访者的回答，逐字逐句按原话记录，要在访问期间记录，不要过后补记，不要对被访者的回答进行归纳总结或解释，要记录与问题有关的全部内容，包括语法错误或俚语，如被访者说得太快，可通过请求被访者“请放慢些，方便我记录”，或边重复对方说话边记录，若听不清或记得没把握，可重复一下被访者的回答，所有问题一经提问，必须记录被访者的回答，即便是“不知道、不清楚”等，也要如实记录，如果被访者的回答较长，要边记录边重复所记录的回答；按题目正确提问和追问，取得最终答案后，在答案后注明（已追问），深度追问最多不超过 3 次，对每次追问答案用不同的符号表示出来，第一次追问的答案用（　），第二次追问的答案用【　】，第三次追问的答案用｛　｝。记录数字时，每条横线或每个方框内填写一位数字，不足的数位用“0”补足。

I. 对敏感问题的询问技巧：礼貌地做出合理的解释，打消被访者的顾虑，并保证为被访者保密，可换一种提问方式，利用卡片。

J. 控制访问节奏：访问正式开始前，为了融洽气氛，可以适当地与被访者谈一些题外话，但不要过多，在访问过程中要避免与被访者做不必要的聊天，要给被访者充分的时间以考虑问题，当被访者的陈述离题太远时，要利用中间的停顿，礼貌地打断并将话题转移，出现长时间沉默时，要重复一遍问题，并对被访者加以鼓励（但不可以引导被访者），访问一旦结束，赠送了礼品后就应离开，不可长时间停留，如过问卷时间过长，可在问完一部分问题时稍作停顿，放慢节奏，可插几句轻松的话调节气氛。

K. 礼品的出示：原则上应在访问结束时出示，但在访问开始前要向被访者说明此次访问结束后会有一份礼品赠送，如果被访者有中途拒访的意向，可在此时出示礼品，可根据情况的需要灵活出示，但不要过多强调礼品，只可一句话带过。

(8)访问后：

A. 自审问卷，看是否有漏问的地方。

B. 不要忘记留下被访者姓名、联系电话。

C. 注意记录访问结束的时间。

D. 记录《入户访问情况登记表》。

E. 检查用品、资料是否收拾齐。

F. 赠送礼品、感谢被访者的合作并礼貌的离开。

(9)其他注意事项：如果被访者问起，应将自己的全名及调查公司的电话告诉被访者；访问中遇到不可预料的事情要尽快向督导报告；除非委托人允许，一般不能暴露最终用户的身份；对每个中断的访问要记录中断的理由；保持中立态度，对被访者的见解既不表示同意也不表示不同意；书写整齐清楚；在交给督导之前要检查全部调查结果；对所有研究资料、调查材料及结果都要保密；对任何问题、答案或访问都不能弄虚作假。

4. 家庭入户访问中可能遇到的问题及解释

(1)入户前可能遇到的问题

所遇问题	被访者表现	解释及应对方法
地址	你怎么会有我家的地址？	这个就像抽奖那样，把所有地址输入电脑，我们公司就是这样随机抽中你家的。
	你访问别人家不是一样吗？	因为是用公司电脑随机抽出的，不可以随意更改，而且您的意见将代表这块居民的看法。
	(第三者干扰)到我家来问吧！	非常谢谢您的好意，如果下次有机会的话我一定会访问您的。
电子门	电子门关着，进不去。	入户访问时尽量在居民下班进出高峰，等候时机，随人流进去。
		选择没有抽到的户，按对应的门铃，说是楼上会楼下的住户忘记带钥匙了。
门卫	门卫把守。	访问前最好把问卷卡片放在包内，事先观察好行走路线，不用看门卫，从容进入。
		避开小区正门，从边门进入。
敲门	有门铃和猫眼。	有间隔地按三下门铃，人站在里面的主人能看见自己的地方，不要躲起来。
不开门	你是谁啊？有什么事？	是我，请开一下门。
开门不配合	我现在没时间。	不要紧，您告诉我您哪个时候有时间，我再过来，好吗？谢谢！如果您今天没时间，那请问您哪个时候有？我明天再来，谢谢！
	我不懂/我没多少文化/已显示害怕说错。	没关系的，您的回答是无对错之分的，您想到什么就说什么，好吗？

续表

所遇问题	被访者表现	解释及应对方法
犹豫是否接受访问	我马上要做饭,没时间。	我不会打扰您很长时间的,只是几个简单的问题。
怀疑心态	你们来做什么?	访问员及时出示证件,自我介绍,简洁说明来意。
	你们是来推销产品的吧?	访问员举例说明调查与推销的区别,强调只是收集资料。
礼品	有礼品吗?(甄别合格)	等访问结束后我们会以一定的方式来感谢您的。
	不要礼品/不好意思收礼品。	这个虽然没有多少钱,但是是对您支持我们工作的一片心意,希望您能收下。
选出的被选者不愿接受访问	我现在很忙,这样你就访问我的家人,反正大家都是一家人,谁说都是一样的。	虽然您和您家人天天在一起,可是每个人呢对同一件事的看法是有一定区别的,您是我们选出的访问对象,我们只是想了解您个人的意见和想法,等下次有机会我一定会访问您家人的意见的,谢谢!

(2)入户后可能遇到的问题

所遇问题	被访者表现	解释及应对方法
第三者干扰	第三者抢先回答问题。	不能记录第三者回答的任何答案,并且马上阻止第三者插话。可以说"是这样的,我们这次主要访问的是他的意见,当然您的意见也很重要,您看我们下次有机会的话一定征询您宝贵的意见,谢谢!"
拒绝让访问员进入	你在门口就好啦!	我能进去和您详细谈谈好吗?因为我会给您出示一些卡片或图片,而且我也要做记录,如果在外面这些都不太方便,也很浪费您的时间。
被访者要求自填问卷	把问卷留下来我自己填写,你改天再来取/算了,我自己一边看一边填,这样也快。	因为我们公司在问卷填写上有一定的规定,再说我不会耽误您太多的时间的。
中途家中有访客	访问中途被访者家中来客或者有事要出去办事。	请您留下您的联系方式,我下次来跟您预约一下,您看我明天给您电话,好吗?
中途被访者不耐烦	嫌问题太多时间长或问题太复杂,不愿接受访问。	因为您在这方面的经验太丰富了,对我们来说也太重要了,下面没有多少问题了,我会加快一些节奏的,谢谢!
年龄大反应慢或知道少	我平时不关心也不注意这方面,知道的少。	不要紧,您知道多少就告诉我多少,我们只是想知道您个人的意见,只要把您所有想到的讲出来就可以了。

（二）定点街访

1. 定点街访介绍

（1）定点街访。是在街上主动拦截被访者的形式进行的一种定量研究的调查方式。根据访问特点可分为定点拦截和不定点拦截。

（2）定点街访的流程。街头拦截→甄别→配额→访问→审卷→复核→发礼品。

2. 定点街访的具体实施

（1）街头拦截。不可将调查的内容事先透露给被访者，也不可用礼品来引诱被访者，更不可与被访者在甄别条件上达成默契。甄别员要有敏锐的观察力，能够确定被访者的年龄。注意访问员的进度，不要出现供求矛盾，保证平稳进度，使访问次序井然有序；在拦截时注意当一起有几个人时只能拦截一个被访者，当出现有两个或两个以上的合格被访者时也只能访问一个人。

（2）甄别。甄别必须起一个项目质量把关的作用，不可让不符合条件的被访者进入下一步。甄别完后要做好配额的记录，以便更好地控制项目进度。

（3）审卷（巡场督导）。巡场时留意访问员访问是否规范，如：正确出示卡片，访问速度过快，追问是否到位等。审卷时看封闭题是否有漏问，多选/错选或开放题追问不具体等。每审完一份问卷，审卷督导必须记录最终配额，随时与甄别督导核对配额。如有中途终止，巡场督导必须让访问员将废卷交到甄别督导处，做配额调整。

（三）座谈会

1. 座谈会介绍

（1）座谈会。座谈会由1位主持人主持，8人参加的小组会议，这种方式具有轻松、易于交流的特点。

（2）座谈会流程。项目准备会→预约→预约员初步甄别→报送名单→督导确定名单→预约员发送请柬→会前甄别→会议。

2. 座谈会中访问员的角色

（1）预约员。根据督导发放被访者的大致条件，通过各种途径按要求寻找合适的被访者，在规定的时间内提供名单（姓名、各种联系方式、年龄等）。

（2）甄别员。用电话形式对所有提供的名单进行问卷甄别，按项目要求甄选被访者，最后由督导确定参加会议名单。

（3）接待员。会议前在门口迎接被访者到来，查看请柬，指引被访者到休息区域等候。

（4）笔录员。在会议室，详细记录现场所有人讲话内容。

资料来源：百度文库，《远睿公司访问员基础培训提纲》

◆ 思考题

1. 数据资料收集的过程是什么？

2. 如何进行访问员的培训？

3. 数据资料收集中的监控和审核有什么重要作用？

4. 案头调查的步骤是什么？如何收集二手资料的来源？

5. 观察法的种类和应用方法是什么？

6. 询问法的种类和应用方法是什么？

7. 什么是定性研究？定性研究有哪些种类？

8. 如何使用实验法？

参考文献

[1] 简明. 市场调查方法与技术. 北京：中国人民大学出版社，2012.

[2] 王秀娥. 市场调查与预测. 北京：清华大学出版社，2012.

[3] 胡丽霞. 市场调查与预测. 北京：科学出版社，2012.

[4] 刘立雁. 市场调查. 北京：中央广播电视大学出版社，2011.

[5] 王公达. 市场调查. 上海：复旦大学出版社，2009.

[6] 朱启保. 市场调查. 北京：中国科学技术大学出版社，2009.

[7] 柯惠新. 市场调查. 北京：高等教育出版社，2008.

[8] 赵轶. 市场调查与分析. 北京：北京交通大学出版社，2008.

任务六　数据处理

◈ 知识目标

1. 了解数据处理的概念、必要性和数据处理原则；
2. 了解不合格数据的表现形式；
3. 掌握数据集中审核、编辑的概念；
4. 掌握数据编码、录入、清理和制图制表的概念。

◈ 能力目标

1. 掌握数据集中审核、编辑的方法；
2. 能够对不合格数据资料进行处理；
3. 掌握数据编码、录入、清理和制图制表的方法。

◈ 引导性案例

宝洁公司市场调查中的数据整理

宝洁公司创立于1837年，是世界上最大的日用消费品公司之一，在日用化学品市场上知名度相当高。宝洁公司自创立之初就十分重视市场调研。宝洁公司的每一名员工每年至少要花一天与消费者亲身接触，以了解消费者的需求。有些员工会被派到某家商店，从开业之时就全程观察，了解店员与顾客交流，以及顾客购买商品的情况。宝洁公司1925年成立了专门的市场调查部门，投入大量时间和金钱来获得消费者的需求资料。为深入了解中国消费者，宝洁公司在中国建立了完善的市场调研系统，市场调研部一年在中国接触到的消费者以10万人次计，并建立有庞大的数据库。

宝洁公司收集的资料包括原始资料和二手资料，收集到资料后会对调查资料进行整理。宝洁公司将数据整理划分了四项主要工作，即将数据资料分类；编校，修订或剔除不符合实际的数据；数据编码及录入；编制图表。

宝洁公司将收集好已填写的调查表后，由调查人员对调查表进行逐份检查，剔除不合格的调查表，然后将合格调查表统一编号。调查数据的统计利用计算机软件完成；将调查数据输入计算机后，经相关软件运行后，即可获得已列成表格的大量的统计数据。利用数据统计结果，再按照调查目的的要求，针对调查内容进行全面的分析工作。

通过上述案例，请思考：宝洁公司是如何进行数据整理的？数据整理有哪些基本工作？

案例来源：道客巴巴《宝洁公司进行市场调研的实例》

子任务一　数据审核与编辑

一、数据处理及其必要性

(一)数据处理的概念

在市场调查中获取的原始资料是零散的,非系统的,同时收集过程中在所难免存在虚假、遗漏、误差等现象。所以需要市场调查人员继续对资料进行加工整理。

所谓数据处理是运用科学的方法,对调查所得的各种原始资料数据进行审核、检验和初步加工综合,使之系统化、条理化,成为有效的信息资料,从而以集中、简明的方式反映调查对象总体情况的工作过程。

(二)数据处理的必要性

数据处理的必要性主要体现在以下几个方面:

1. 数据处理是市场调查十分重要的环节

在调查过程中,通过各种方法和途径收集上来的原始资料,大都是杂乱无章、零散的、不系统的;二手资料由于其调查目的、分析方法等不同,也不能直接使用。因此,数据资料必须经过科学的加工处理,从而形成完整的、系统的、有针对性和适用的调查资料,为下一步的深入分析研究奠定基础。

2. 数据处理可以提高调查资料的使用价值

市场调查资料的数据处理过程是一个去粗取精、去伪存真、由表及里、由此及彼、综合提高的过程,它能大大提高了信息的浓缩度、清晰度和准确性,从而大大提高了调查资料的利用价值。

3. 数据处理是保存调查资料的客观要求

市场调查人员获取的数据资料不仅是企业做出决策的客观依据,也是以后研究市场经济活动的重要参考资料。所以,调查人员需要认真做好数据处理,为以后数据的长期保存与研究做好基础工作。

(三)数据处理的基本原则

为了保证数据资料的质量,在数据处理过程中,应遵循以下原则:

1. 真实性原则

真实性是数据处理最根本的要求。在进行数据收集时不能弄虚作假、主观臆测。只有数据资料真实才可以客观地反映社会现实,指引调查人员得到正确的研究结论。

2. 适用性原则

适用性原则从两个方面来说,一方面是在进行数据处理时要根据市场调查的目的、任务来进行。从庞大的信息中筛选与调查主题密切相关的资料,并将其整理,为下一步研究分析工作奠定基础。另一方面数据处理的方法和工具有很多,每种方法又都有其自身的利弊,结合市场调查的目的,选择最适合的处理方法和工具,从而保证数据资料的品质,使市场调查的结果真正为企业发展而服务。

3. 精准性原则

数据处理的精准性是指在数据处理的工作过程中，调查人员必须运用科学的处理方法和工具，统计数据时做到严谨、严格审查和处理原始资料，及时发现问题及时解决。如果整理出来的数据含糊不清，模棱两可，甚至自相矛盾，那么是肯定不能得出科学结论的。因此，数据处理的精准性决定着企业生存和未来发展。

4. 完整性原则

完整性是指数据资料应当尽可能完整、全面，以便真实地反映调查对象。以免犯以偏概全的错误，使市场调查失去了本身的研究价值和意义。

5. 时效性原则

市场调查人员在处理数据资料时必须考虑信息资料的时效性。现在社会发展已进入信息化时代，市场活动的节奏越来越快，信息也有了它的有效期。这就要求调查人员尽量缩短数据处理时间，确保数据处理结果准确反映调查对象的本质。

6. 系统性原则

数据处理的系统性是指数据处理过程中，要强调分析资料之间的联系，形成系统化的资料，从而全面客观地反映调查对象的特征和变化。整理后的资料和未加工整理的资料相比，最直观的特点就是整理后的资料条理清晰，一目了然。

二、数据审核

(一)审核的内容

在数据处理过程中，首先就要进行数据的审核，以保证数据的质量。数据资料的审核是对市场信息资料的及时性、完整性、有效性、准确性等所作的判断和结论，它决定着最终数据处理结果的准确程度。

1. 及时性审核

审核的及时性是指各个被调查单位是否都按规定的日期填写和送出调查问卷、填写的资料是否是最新的资料。现代市场活动越来越快，只有反映市场活动最新状态的市场信息才最具有使用价值，才能最大限度地满足市场预测与决策的基本要求。

2. 完整性审核

审核的完整性主要是看被调查的单位是否全部参与了调查；调查问卷是否有缺损；调查问卷的每个项目是否全都填写完整。例如，在表 6-1 的问卷中，问题 A4 如果没有回答记录，根据问卷的结构，所有被调查者都应该回答这个问题；是否有答案模糊不清的问卷，比如自己是否能看清楚，在表 6-1 中，问题 B17 是开放式的，对于被调查者的答案就更需要审视清楚。如果发现单位漏查或项目漏填的情况，必须马上查明原因，采取及时有效的措施补全应填的调查问卷；如果问卷中出现“不知道”的答案所占比重过大，会影响市场调查资料的完整性，应采取适当的措施处理并加以说明。

3. 有效性审核

审核的有效性是指审核调查是否是按适当的方式进行的，调查过程中有没有弄虚作假的行为等。有些调查比如电话调查、直接访谈等，可以很方便地派监督人员进行指导和监督。还可以在设计问卷时都要记录被调查人员的姓名、地址及手机号码等，如表 6-1 所示。这些内容对数据的分析毫无用处，但它们为市场研究人员进行有效性审核提供了原始背景资料。

4. 准确性审核

审核的准确性主要是指检查数据资料是否真实地反映了客观实际情况，内容是否实际；调查资料的口径、计算方法和计量单位等方面是否符合调查设计的基本要求。例如，在表 6-1 中 B3 的问题中，如果答案是 30 000 元，则与客观实际不符。对审核中发现的不准确的调查资料，应查明原因，进行反馈和订正。

表 6-1　大学生超市消费市场调查问卷

A1. 性别：

①男　②女

A2. 你的家庭所在地：

①城市　②城镇　③农村

A3. 你的家庭经济情况：

①富裕　②一般　③比较困难

A4. 年级：

①大一　②大二　③大三　④大四

B1. 你平均一个月的生活费大约为

__________元

B2. 一般情况下，你每月的生活费（　）

①有多余　②差不多花完　③不够花

B3. 你期望一个月的月消费为

__________元

B4. 你一般多久去一次超市购物（　）

①几天　②一周　③几周　④一个月　⑤半年及以上　⑥几乎不

B5. 如果你去超市的话你会选在一天当中的哪个时段（　）

①9:00～12:00　②12:00～15:00　③15:00～18:00　④18:00～21:00

⑤21:00～24:00　⑥其他

B6. 你在选择超市时最着重什么（　）

①物美价廉　②环境好　③结账快　④上货补货快　⑤促销吸引人　⑥服务水平好

⑦停车场等设施完善　⑧营业时间合理　⑨其他

B7. 你一般一次在超市的消费金额大概多少（　）

①10 元以下　②10～100 元　③101～200 元　④201～500 元　⑤500 元以上

B8. 你去超市一般购买什么商品（　）

①食品　②服装　③电器　④日化用品　⑤美容护肤品　⑥运动器械　⑦保健品

⑧其他

B9. 你一般去以下哪家超市购物（　）

①沃尔玛　②家乐福　③好又多　④华联　⑤麦德龙　⑥乐购　⑦其他

B10. 你知不知道家乐福超市（　）

①知道　②不知道　③不清楚

B11. 你是如何获知一家超市的（　）

①电视　②宣传单　③报纸杂志　④亲朋好友　⑤网络　⑥其他

B12. 你对目前大超市是否满意【分数值表示满意度】( )

①1分 ②2分 ③3分 ④4分 ⑤5分

B13. 你认为哪个超市物美价廉?( )

①沃尔玛 ②家乐福 ③好又多 ④华联 ⑤麦德龙 ⑥乐购 ⑦其他

B14. 你经常去的那家超市是因为( )

①就近原则 ②名牌响 ③商品质量好 ④其他

B15. 请问你是否知道你学校附近有正在建设的超大卖场?

①知道 ②不知道 【回答知道,则追问超市名称及位置】( )

名称:__________ 位置:__________

B16. 如果在你学校附近再开设一家超市大卖场,你是否会光顾?【附近指500米范围内】( )

①一定去 ②可能去 ③不能决定 ④可能不去 ⑤一定不去

B17. 请问你做出上题这样决定的原因?【上题指16题】

正面原因:①__________

②__________

③__________

负面原因:①__________

②__________

③__________

(二)审核的方法

1. 逻辑审核

逻辑审核主要是市场研究工作人员根据自身的知识及经验,结合实际的具体情况对所需鉴别的调查资料信息进行分析和判断,发现疑点和问题。审核内容是否符合逻辑,项目之间是否有前后不一致或相互矛盾的地方情况。例如,一张问卷调查表中年龄是14岁,而婚姻状况中却填"已婚",这其中必有一项是错误的。当进行逻辑审核发现不合乎逻辑的情况时,要及时与被调查者取得联系,以获得正确的答案。逻辑审核是实际应用中最简单也是最常用的一种审核方法。

2. 比较审核

比较审核是把来自不同渠道,或者不同表现形式的信息资料,相互比较,从中证实某些信息资料的准确性,发现问题和疑点。

3. 计算审核

计算审核主要通过数据的计算,审核定距资料或定比资料项目之间是否保持资料固有的数字联系和平衡关系,对各数字在计算方法和计算结果上的错误进行检查。常用的计算检查方法有加总法、对比法、平衡法等。

4. 核对审核

核对审核是把调查资料与客观事实进行核对,或同权威的资料相核对。同客观事实相核对,就是通过直接的、现场的再调查来检查初始信息资料的真实性和准确性。这要花费较多的人力、时间和财力,通常只针对某些重要的信息资料,或对某些重点问题进行核对。权威资料是指那些准确性不容置疑的信息资料。把初始资料与权威资料进行对照、比较，可能发现初始信息中的差错。这时拿捏直接的足够的权威资料是关键。但这个办法对于主观性的问卷调查显然是不完全适合的。

5. 佐证审核

通过调查、收集能验证原始信息资料真实性、准确性、适用性的佐证，来鉴定初始信息资料的质量。

三、数据编辑

(一)数据编辑过程

数据的编辑整理过程一般包括：分类、编校、整理、制表、鉴定。

1. 分类

分类是数据数据编辑整理的基础，也是保证数据科学性的重要条件。分类的方法有两种：一是事先分类，即在问卷设计时已将调查问题预先作了分类编号，数据收集后只要按预先的分类整理即可；二是事后分类，市场调查中有些问题事先无法分类，如购买动机、非结构性问题的询问等，只能在事后分类。

一般来说，数据分类编组有四种类型，即按数量分组、按时序分组、按地区分组和按质量分组。采用哪种类型分类，应根据研究需要而定。

2. 编校

编校工作包括对数据的检查、改错，以及鉴别与筛选。对数据的编校应做到易读性、一致性、准确性和完整性。

3. 整理

数据的整理一般采取手工方法、机械方法和计算机方法。手工方法的优点是成本低，发现差错可随时纠正，但缺点是遇到大量复杂的数据整理时间过长；机械方法的明显特点是效率高，并保证数据整理的准确性；计算机方法比机械方法更先进，由于其计算速度快、准确性高，对大量复杂的数据处理工作特别有效。

4. 制表

为了对数据进行分析与对比，必须将编校过的数据根据调查目的和重要程度进行统计分类，制成表格或图形，使对数据的把握简洁明了。

5. 鉴定

从总体中抽取样本来推算总体的调查结果必然带有误差。为了检验所抽取的样本，证实其是否代表总体，需要采取一些方法进行鉴定。一种是凭经验鉴定误差，例如，把所得的样本数据与其他标准数据相比较，以验证其代表性。另一种是用适当的公式计算标准误差和置信度，如果计算结果在误差范围之内，则认为数据是可靠的。

(二)数据矫正技术

在收集到的数据中，由于非正常因素的影响，导致某些数据突然偏离正常规律，忽高忽低。对于这些由于偶然因素造成的、不能反映正常规律的数据，应该进行适当的技术处理。

1. 剔除法

剔除法是将那些不能反映正常趋势的数据直接剔除。如某农业机械公司近八年的年销售额呈上升趋势，这与当地农机需求发展态势基本一致。但这中间只有第5年销售额突然出现下降，经调查分析，其原因主要是宏观经济紧缩和政策调整。如果将这个数据和其他数据一起输入预测模型，就会产生偏差；而去掉这个数据，有利于预测模型接近正常趋势。

2.还原法

当采用剔除法减少数据不利于分析时，还可以采用还原法，还原法可用算术平均法或几何平均法计算出两种原值。这两种方法的选择视整个数列的趋势而定，如果数据的发展趋势呈线性时，用算术平均法较好；如果数据的发展趋势呈非线性时，用几何平均法较好。

3.拉平法

拉平法主要用来处理商业企业调整或扩大经营范围，生产企业调整生产品种或扩大生产能力后的数列。

四、不合格数据资料及其处理方法

在收集资料的过程中，在所难免会有一些不合格数据资料，严重影响市场调查结果。不合格数据资料主要有两类：一类是现场工作人员在做调查时所产生的；另一类是由被调查者导致的。在数据处理过程中，就需要及时发现这些不合格数据资料，将其影响降低到最低。

(一)不合格数据资料的具体表现形式

1.现场工作人员的故意导致的不合格数据资料

(1)现场工作人员的欺骗。工作人员为了完成工作量，达到调查问卷的份数，故意谎报被调查者的情况，就产生了欺骗。这样的问卷也失去了它的实用价值。

(2)诱导被调查者。即现场工作人员在肢体和语言等方面对被调查者的回答施加影响。主要表现在诱导、暗示等几种情况。

词语的诱导是指现场工作人员可能通过改变提问的用词而造成诱导。例如，在一项关于环境保护的问卷调查中，其中一个问题是："您关心现在的空气污染问题吗?"如果现场工作人员将问题改为"难道您对现在的空气污染问题不关心吗?"很明显被调查者很容易被提问者的语气所引导。

暗示指的是现场工作人员在面对面的访谈或是其他调查方式中，通过肢体动作进行提示，来获取自己认同的信息。例如，在面对面的访谈中，现场工作人员在提问时，可能会通过点头或是摇头等肢体动作做出暗示，从而影响了被调查者的回答。

这些都是由于现场工作人员的故意行为导致的数据资料不合格，所以现场工作人员在经过训练后应尽量避免这样的情况出现。

2.现场工作人员在无意识下导致的不合格数据资料

现场工作人员在无意识下因操作失误也可能导致数据资料不合格。

(1)现场工作人员的无知。即现场工作人员自认为自己知道市场调查的方法和步骤是正确的，但实际上他并不懂得或知道的并不正确。

(2)现场工作人员的过度疲劳。数据资料不合格往往与现场工作人员身心疲惫是密不可分的。因为市场调查是一项重复度很高，又很乏味冗长的工作，现场的工作人员很容易产生疲倦感。例如，在一天漫长的电话访谈结束时，工作人员疲劳过度，头脑反应不灵活，昏昏沉沉，这就很容易造成数据资料疏漏和错误。

3.被调查者的故意导致不合格数据资料

被调查者在完成市场调查过程中，一些故意行为就会导致数据资料的不合格。

(1)说谎。在市场调查过程中，对于有些问题被调查者不愿说出真相，就可能通过谎言来完成。一些市场调查的问题可能会涉及个人隐私，例如，有些问卷要求填写个人的电话号码、家庭住址、个人收入等内容时，而被调查者不愿个人信息资料泄露，极有可能填写错误的信息。

(2)不参与。指的是被调查者不愿参与市场调查或不回答问卷中的某些特定问题。例如，在电话访谈中，经常有些被调查者以没有时间或是不感兴趣为理由来拒绝参与调查。很明显被调查者的不参与就直接影响了整个市场调查工作的进度。

4.被调查者的无意识导致的不合格数据资料

被调查者在回答问题的过程中如果答案偏离了事实，而被调查者自身确认为提供的是事实，就产生了因被调查者的无意识而导致的数据资料不合格。

(1)被调查者对问题的误解。被调查者在回答问题时，不能准确理解问题的真谛，以至于给出的答案失去其可用性。这样的误解不论多少，都会给市场调查工作带来麻烦。

(2)被调查者对调查内容不感兴趣。一般情况下，被调查者一方面认为调查和自己没有直接关系；另一方面认为调查浪费自己时间和精力，所以表现出对调查的不感兴趣。

(3)问卷过程中的意外干扰。在回答问卷的过程中，可能有些意外干扰会影响被调查者回答问题，从而影响了最终的调查结果。例如，在回答问题的过程，被调查者的电话突然想起，思考问题的思路就被打断了，有些可能直接放弃了回答问卷。

(4)被调查者的疲劳。在调查过程中，因被调查者回答问题过多，导致疲劳，最终产生了厌烦的情绪，思考反应能力降低，为了使调查快点结束，可能会选择“没有意见”或是“不知道”来回答。

(二)不合格数据资料的处理方法

在市场调查过程中出现不合格数据资料是很正常的，但我们应该采取积极有效的预防措施将这些不合格的数据资料降低到最低。通常采用的方法如下：

1.对现场工作人员故意导致的不合格数据资料的控制方法

有两种方法用来防止现场工作人员的故意犯错：

(1)加强监督惩罚机制。可以通过人员监督或是借用摄像、录音等仪器设备对现场调查过程全程监控，以便了解调查过程是否有违规或是诱导性语言影响被调查者。同时加大违规的惩罚措施，提高工作人员的工作自觉性。

(2)回访。相关监督人员也可以通过再次回访被调查者，以核对信息的真实性。调查监督者可以通过随机抽取10%的被调查者，就某些问题重新调查询问，看答案前后是否一致。

2.现场工作人员无意识下导致的不合格数据资料的控制方法

(1)选拔与培训。严格选拔现场工作人员，要考虑其个人的性格特点是否适合市场调查的现场工作，比如谨慎、仔细、认真。工作人员选拔后应对其进行岗前培训，让其了解工作内容，工作程序，工作要求，工作准则等。

(2)实习。让现场工作人员更快地适应环境，进入工作状态，可以通过实习的方式，让他们先跟随一些有经验的调查队伍去实地调查，获取经验，从而降低不合格数据资料的比例。

(3)角色训练。现场工作人员最后还需要进行角色训练，也就是通过一次有针对性的调查问卷的彩排，成功的角色训练可以使现场工作人员很快地熟悉整个调查过程及其中应该注意的问题。

3.被调查者故意导致的不合格数据资料的控制方法

有效控制被调查者因故意导致的不合格数据资料的主要方法有：

(1)匿名。即向被调查者承诺他们所完成的问卷不会与他们的姓名联系在一起的，而是以匿名的方式完成的。

(2)保密。即向被调查者承诺他们回答的问题是非公开的。

(3)提供激励。考虑被调查者因浪费时间或与其关联程度小而拒绝或是抵触调查，现场工作人员可以通过提供奖励比如现金、礼品或是有价值的东西，来激发被调查者的参与积极性。

4.被调查者无意识下导致的不合格数据资料的控制方法

对被调查者无意识之下导致的不合格数据资料，可以通过很多种形式，包括问卷设计更加周密些、问题答案中的选择词的调整及利用提示用语等来进行控制。例如，对于一些问题的答案选择项，可以给出“没有意见”、“忘记了”等这样的回答来减少猜测的情况。

子任务二　数据的编码、录入、清理和制图制表

一、数据的编码

当数据资料集中审核、编辑之后，数据处理就进入了下一个工作内容——数据编码。编码指的是将问卷信息转化为统一的计算机可以识别的代码，以便于进行资料整理和分析的过程。也就说给每一个问题的每一个可能的答案分配一个代码。这个代码通常都是一个数字。

(一)编码的作用

信息是指具有一定意义的事物或概念。人类最初记录信息的方式是借助于各种各样的符号，代码作为信息的一种表现形式，早在几千年前就为人类所利用。百万年蒙昧期，人类学会用火并孕育出各种手势及呼喊来交流；数万年游牧期，人类能结绳记事并用龟甲、岩壁存储信息；几千年农耕期，人类在完善语言的基础上创造了文字，写于丝绢或刻于竹简上；几百年工商期，人类发明了纸张和印刷术。这些史实的科学界定当然有待科学史家的深入研究，但有一点可以肯定，人类最初借助各种各样的符号来记录和存储信息，我们祖先所创造的象形文字就是一种代码的表现形式，文字的应用对人类进步做出了卓越的贡献。当今社会，代码的形式更是多种多样。市场调查中的编码就是以一种较为简单的代码，反映调查信息资料的方式。

市场调查所获得的信息资料数量巨大，形式多样，编码对处理这些信息资料具有重要作用。

编码能够提升工作效率。数字输入很便捷，所以编码就把复杂的文字信息转化为了简单的数字信息，大大减少了数据录入的工作量，节省费用和时间，帮助市场调查人员利用计算机迅速进行分析工作。

编码能够降低误差率。比如文字资料复杂，直接录入容易丢失重要信息，而量化的数据资料简单易懂，错误率相对就会降低了。

编码是实现计算机处理的桥梁。将定性数据转化为定量数据，把整个问卷的信息转化为

规范标准的数据库，进而利用统计软件，采用统计分析方法进行定量分析。

(二)编码的原则

编码技术使市场调查工作更具可操作性，优化了调查工作的过程。在设计编码表的时候，一般遵循的原则有：

统一性原则。即在编码时内容要保持高度的统一性。编码的意义越是一致，在编码过程中产生误差的几率才会越小。例如，在表示喜欢程度时，答案都是以小到大的原则分配编码，“1”表示讨厌，“2”表示一般，“3”表示喜欢，依此类推。

周密性原则。即在编码时要尽量考虑周全，比如对于一些意外数据也要考虑好处理方法，使用何种编码。如某些调查项目，被调查者怕泄露隐私而拒绝回答，在编码时应该有“拒绝回答”的编码，防止出现数据缺失。

标准化原则。即编码的编制应该是标准化的。编码设计尽量标准化，这样有助于比较分析。例如，在某电视台收视率调查中，时间段的分组与统计部门使用的分类应一致，这样不仅方便样本与总体的对比，还方便借助相关统计资料分析收视问题。

系统化原则。在市场调查中，对于规模较大的调查项目来说，资料涉及范围很大，内容很多，彼此之间又相互关联，相互影响，所以在设计代码时要考虑其系统性，能够适应这个调查系统的要求。

(三)编码的方式

根据编码设计的时间与方法的不同，可分为事前编码和事后编码两种类型。

1. 事前编码

事前编码指的是在设计问卷时就可以对答案进行编码。这种方式只能适用于封闭性问题。这种编码设计简单易行，但可能会因为答案选项的设计少了或多了某些项而影响资料的质量。

在进行调查问卷之前，对于已经设计好的答案，我们可以给每个答案一个代码。通常情况下，事前编码的问卷将能提前编码的答案对应码都印在了问卷上(表 6-2)。

表 6-2 关于颜色的问卷调查

这些颜色中，您比较喜欢哪些？您可以只读出相应的号码	
A. 红色	1
B. 黑色	2
C. 紫色	3
D. 绿色	4
E. 蓝色	5
F. 粉色	6
G. 黄色	7
H. 橙色	8
I. 白色	9
J. 其他	X

2. 事后编码

事后编码主要适用于事先无法知道确定答案类别的问题，即在调查问卷全部回收后，通过逐一浏览问卷，对答案进行编码。如非结构式向卷和结构式问卷中的开放性问题。这种编码的设计要在资料收集完成后根据被调查者的回答进行。这种编码表的分类可能相对更准确、有效，但比较复杂、费力。

例如：在对九阳豆浆机的问卷调查中有一个问题是“您为什么购买九阳豆浆机？”这是一个开放性问题，对于被调查者给出的答案，我们并不知道。因此无法进行事前编码。只能采取事后编码：把所有调查问卷收集好后，浏览所有的问卷，每发现一类新的答案，给予一个代码。比如，第一份问卷的答案是因为以前使用过九阳的产品、质量好，放心；第二份的答案是恰逢赶上商场九阳豆浆机在做促销，比较优惠；第三份答案是因为亲戚推荐使用；第四份问卷的答案是电视中经常看到九阳豆浆机的广告，购买时就选择了它；第五份问卷的答案是因为产品的质量比较好等。我们可以依次为出现的答案种类编码：

以前使用过	1
商场做促销	2
亲戚推荐	3
电视广告	4
产品质量好	5

关于这个问题的答案代码是：1（第一份），2，3，4，5。

（四）编码的方法

在市场调查中，经常使用的编码方法有：

1. 顺序编码法

顺序编码法又称为系列编码法，即用某个标准对市场信息资料进行分类，并按照一定的顺序用连续的数字或字母进行编码的方式，这是最常用的一种方式。例如，在一项关于消费者每月家庭支出额度的调查，可以把不同额度的消费分为五个档次，编码相应如下：

01	小于1 000元
02	1 001～3 000元
03	3 001～5 000元
04	5 001～9 999元
05	10 000元以上

这种编码方法简单实用，方便管理监督，但不适于进行分组处理。

2. 分组编码法

分组编码法又称区间编码法，即根据调查对象的特性和信息资料分组处理的要求，把具有一定位数的代码单元分成若干个组或区间，每一组或区间的数字均代表一定的意义。例如，要对消费者购买汽车的意向进行调查，相关的信息包括年龄、性别、受教育程度、工资收入、职业等，据此可以将资料分为5组，然后再编码。根据表6-3，编码“23261”就表示年龄在26～35岁之间、工资收入在3 000～5 000元、学历为硕士的男教师。

表 6-3　在对消费者购买汽车意向调查时使用的编码

年龄	职业	收入	受教育程度	性别
1＝25 岁以下 2＝26～35 岁 3＝36～45 岁 4＝45 岁以上	1＝工人 2＝技术人员 3＝教师 4＝公务员 5＝企业高管 6＝销售人员 7＝其他	1＝3 000 元以下 2＝3 000～5 000 元 3＝5 000～10 000 元 4＝10 000 元以上	1＝小学 2＝初中 3＝高中 4＝大专 5＝大学 6＝硕士 7＝博士及以上	1＝男性 2＝女性

分组编码法应用非常广泛，容易理解记忆，处理起来也很方便，但是如果位数过多的话，也会造成数据处理和系统维护的困难。

3. 信息组码编码法

信息组码编码法是把信息资料区分为一定的组，每个组给予一定的组码进行编码的方法。例如，在对北京图书大厦的书目调查中，使用的信息组码如表 6-4 所示。

表 6-4　北京图书大厦的书目调查中使用的信息组码

组别	各组编码
工商管理类	0000～3000
计算机、通信类	3001～6000
艺术类	6001～9000
医药类	9001～12000
政治军事类	12001～14000
法律类	14001～15000
……	……

这种编码的方法可以用较少的位数分组，但一旦编码的体系确定之后，当遇到组内的数据大幅增加时，编码工作处理起来就有一定的困难。

4. 表意式编码法

表意式编码法又称助忆编码法，就是运用数字、文字、符合等表明编码对象的属性，并按此方法进行数据资料编码的方法。例如，32LEDTV 表示 32 英寸液晶彩色电视机，其中 32 是电视尺寸规格，LED 是指 LED 背光源，TV 表示电视机。这种编码方法比较直观，易于理解，便于记忆。

5. 缩写编码法

缩写编码法就是把惯用的编写字直接用代码来进行编码。比如，CM 表示厘米，KG 表示千克，YD 表示码，LB 表示磅。

二、数据的录入

调查问卷被集中审核、编码后，下一项工作内容就是数据录入。数据录入指的是将调查问卷或是编码表中的每一个项目对应的代码读到磁盘中，或是通过键盘直接敲入计算机中。把计算机不能读的信息形式转换成计算机能读的信息形式。

(一)数据录入的方法

目前，常用的数据录入方法有键盘录入、OMR、OCR 及语音识别。在我国键盘录入法是最常用的。后三种录入方法比较适合较大型的市场调查。

1. 键盘录入

计算机录入人员拿到审核通过的调查问卷，数据录入的软件系统为录入提供了专门的程序，实际的录入过程已准备就绪，调查的数据资料直接从问卷进入到数据录入设备可以更高效和准确。

2. OMR

OMR(Optical Mark Reader，光学标记识别技术)是用光学扫描的方法来识别按一定格式印刷或书写的标记，并将其转换为计算机能接受的电信号的设备。作为一种新的计算机外设，它是一种快速、准确的信息输入设备。利用光标阅读机可以将信息迅速输入到计算机，计算机便可以对各种信息快速准确地进行分析、处理，取代了过去利用键盘把数据一个个敲入计算机的传统输入方式，使大量数据录入计算机的难题得以解决。这种录入方法其实就是一种很简单的光标识别。

3. OCR

OCR (Optical Character Recognition，光学字符识别技术)是指电子设备(例如扫描仪或数码相机)检查纸上打印的字符，通过检测暗、亮的模式确定其形状，然后用字符识别方法将形状翻译成计算机文字的过程；即对文本资料进行扫描，然后对图像文件进行分析处理，获取文字及版面信息的过程。

OCR 技术的具体操作有以下几个部分：

(1)利用扫描仪或者其他图像输入设备将印刷文本或手写文稿实现光电转化，获得原始文本的电子图像信息，再选择适当的阈值二值化，得到二值文本图像。

(2)预处理图像。主要是除去文本图像信号中的噪声干扰和进行图像倾斜矫正，进行版面的分析和区域分割。

(3)字符的切割。对正文区域的图像进行的行切割和字切割，以获得文本文字的单字图像。

(4)归一化处理。单个字符图像特征提取之前，应该进行归一化处理包括位置的归一化和大小的归一化，以便对各种大小的字符都可以识别。

(5)基于单字图像的特征提取和模式分类。

(6)将被分类的模式进行标记，即给模式赋予计算机编码的码字，根据每一字符特征的预分类，得到要识别字符较少的候选字符集合，之后再从候选字符集中将待识别字符划分出来。

(7)利用上下文语法不同需求的规则，对识别结果进行比较和纠错。

(二)提高录入质量的方法

键盘录入代码是很普遍的录入方式，但录入人员很有可能因为错看、错位等原因造成录入错误。提高录入质量的方法有：

(1)提前熟悉调查内容及操作方法。录入人员在录入前，首先应熟悉地掌握计算机录入软件的操作方法；其次提前先了解所要录入的内容，做到心中有数。只有这样，录入人员才能及时发现录入信息中被忽视的错误，同时极大地提高录入的质量和速度。

(2)正确认识计算机的纠错能力。许多代码录入人员在进行键盘录入时，片面地追求速度，不顾质量，错误地认为即使录入出现错误，计算机软件的查错和纠错功能也能够即时纠正，结果虽然录入的速度很快，而实际用于查错纠错的时间却很长。所以一定要正确认识这个问题，不要完全依赖计算机。

(3)录入人员要善于总结经验教训，不断提升自身能力。录入人员的技巧或经验是提高资料录入的质量和速度的有效方法。所以录入人员应该及时地经常性地总结录入操作中的经验，加强相互之间的交流与沟通，对提高录入的质量和速度会有很大的好处。

(4)运用科学合理的录入方法。结合调查资料的特点，选择适合的代码录入方法可以有效避免资料录入中的错误。

(5)加强对录入人员的监督和管理。录入人员的工作态度、责任心都会直接影响录入的正确率，所以应该加强对录入人员的监督与管理。定期检查录入人员的工作质量和工作效率，对于出错率高或是录入速度太慢的录入人员应实行惩罚措施或是淘汰。

三、数据的清理

在数据录入并储存到计算机内之后，下一步工作内容就是进行数据的清理。即在对数据进行制表和统计分析之前，对数据进行最后的纠错检查。数据清理包括检查数据的一致性和对缺失数据的处理。虽然在数据审核和录入时都进行了一致性检查，但数据清理时的检查是计算机进行的，所以会更全面彻底。

1. 一致性检查

一致性检查是为了找出超出正常范围、逻辑上不合理或者极端的变量取值，这些数值是必须要给予校正。例如，在某项问卷调查中，调查对象在回答对某品牌产品满意程度的问题时，备选答案有 1～5，而数据中出现了 6、7、8，0 这些数字，就说明超出了取值范围。一般的计算机软件如 SPSS、SAS 等，对每个变量都可以识别出超出范围的值，并列出被调查对象代码、变量代码、变量名、记录号以及超出范围的取值。对于超出范围的变量取值，应该核对原始问卷进行修改。

对于逻辑上不一致的答案可能以多种形式出现，在前面数据审核部分我们已有所讲述。发现不一致的数据时，都需要核对更正。

最后还要仔细检查有无极端值。尽管并非所有的极端值都是由错误造成的，但有时通过极端值可以找出有问题的数据。例如，某被调查者在对某品牌的评价非常低，极端值就可能是由于被调查者在每个问题上都选择了第一个代码或是最后一个代码所致。

2. 处理缺失值

缺失值是指数据空缺或者是无效。有时数据缺失为合理缺失，例如，品尝过此类产品的被调查者接着回答产品口味的问题，而没有品尝过的被调查者就不用回答后面的问题。在这种情况下，在分析时就不会带来问题。但有时缺失值就会影响分析结果的可信度，尤其是当缺失值超过了 10％时。

通常情况下，经常使用的处理缺失值的方法有：

(1)均值法。也就是用样本中某回答项目的相关数据计算平均值得到的数据替代某些缺失值或是异常值。这样做不会改变其他变量,同时诸如相关分析等统计结果也不会受到太大影响。但平均值不能够准确代表调查对象对这个问题的答案。

(2)预测值法。就是依据调查对象对其他问题的答案预测出或计算出一个值来代替缺失值。这种方法是根据现有数据,分析该变量与其他变量之间的关系,再根据被调查者对其他变量的回答,估计出缺失值。比如,估计消费者对某一品牌产品的购买量,可依据现有资料建立购买量可能与消费者的可支配收入和职业有关,于是就可以通过调查对象的收入和职业来推算出对某名牌产品的需求量。但在某种程度上,还是受到调查人员主观因素的影响。

(3)删除法。就是将有缺失值的样本或问卷整个删除。这种方法可能会导致样本变小,因为在很多被调查者都有些项目没有回答。这种整个删除的方法会导致严重偏差的结果。

不同的缺失值处理方法可能会产生不同的结果,尤其是当缺失值并非随机出现,而且变量之间存在相关性时。因此,应当使缺失的数据保持在最低的水平。在处理缺失值之前,研究人员应该认真考虑各种方法可能产生的后果。

四、数据的制图制表

数据清理工作内容完成后,下一步就是数据的制图制表。我们通过制图制表把复杂的数据简单化、形象化,为数据分析与预测做好充分的准备工作。

(一)制表

数据用表格的形式来表达,使数据之间的联系更加一目了然,避免了使用繁琐的文字描述,表达更清晰、更简明,可以有序、系统、综合地反映研究对象的数据特征、分布特点,对于数据的比较和分析也提供了有利条件。

通常在问卷调查结束后,需要制作大量的统计表格。表格一般情况下都会作为原始资料,装订成册。所以在制作表格时,要注意以下几个方面的问题:第一点,表格要求科学、实用、美观、简明;第二点,表格中涉及数据单位的,一定要标示清楚,如果所有数据单位名称一致,可以在表格标题中统一注明;第三点,每份表格左上方是表的序号,表格上方为总标题,标题简明扼要,能准确反映内容;第四点,一份表格最好能准确说明一个问题,如果反映的内容较多,可以通过几份表格来表达。

市场调查资料的制表方式主要有频数表和交叉分析表。其主要内容有:

1. 频数表

频数表显示了对某个问题的各种可能回答的回答者数目,是最基本的信息形式,并且在许多情况下也是最有用的信息。

例如,在一项关于网络购物方式的调查,发放调查问卷 1 100 份,其中有 600 名为被调查者平时喜欢通过网络完成购物需求,500 名被调查者更喜欢到实体店购物,结果如表 6-5 所示。

表 6-5　购物方式分布频数表

购物方式	频数(人)	百分比(%)
网络购物	600	54.5
实体店购物	500	45.5
合计	1 100	100

频数表一般还能指出某个问题可能回答的回答者的百分数。用频数表时需要注意的一个问题是选择百分比的基数。这里有三种选择：

(1)全体被调查者人数。在调查问卷中，对于单项选择题，通常是以全体被调查者的总人数作为百分比的基数。这样就可以了解各种类型的回答项目的百分比分布情况。例如，在一份关于某公司全体员工受教育程度的问卷调查中，全体员工总数为 1 000 人，具体调查受教育程度分布频数表如表 6-6 所示。

表 6-6　受教育程度分布频数表

受教育程度	频数(人)	百分比(%)
小学及以下	10	1.0
初中	120	12.0
高中	300	30.0
中专或技校	150	15.0
大专	280	28.0
大学本科	100	10.0
研究生或研究生以上	40	4.0
合计	1 000	100

通过频数表，我们发现，该公司的受教育程度分布情况是：初中及以下只占了全体总员工人数的 13%；高中到大专学历的占了总人数的 73%；而大学本科及以上的占了公司全体人数的 14%。在此调查中，就把公司全体员工作为百分比的基数。

(2)需回答具体问题的人数。因为大多数的调查表有跳问，并不是所有被调查者都被问到所有的问题，也就是说针对有些问题，有些被调查者是不需要回答的。例如，在一份关于家庭养宠物种类的问卷调查中，有 5 000 位被调查者参与了调查，在询问被调查者是否在家中养有宠物时，其中有 3 000 位被调查者指出他们家中养有宠物，如果在问卷调查表上问题 8 是询问您家中具体养的是何种宠物，在这种情况下，3 000 就作为问题 8 的频数表百分比的基数。

(3)回答的人数。在调查问卷填写过程，比如，有些被调查者在问到某些问题时，有些被调查者回答是不知道。在这种情况下，如果 5 000 个人被问到那个问题，但其中有 350 人指出"不知道"或没有给出回答，则百分比的基数是 4 650。

在问卷调查中，对于某些多选题，答案的数量会超过被调查者的人数。这样算来，频率表中的百分比基数是应以被调查者的人数还是要以答案的数量来确定呢？通常情况下，要以被调查者的人数为基数来计算百分比。

2. 交叉分析表

交叉表是对一个问题的回答与另外一个或几个相关问题回答的检验。交叉表是数据分析中的又一步骤，它简洁、明了，是一种强有力的分析工具，许多市场调查项目在分析时都用到交叉表。交叉分析表一方面很容易被那些并不具有较深统计知识的经营管理人员接受和理解；另一方面通过交叉分析表又可以深入分析和认识那些复杂的事物和现象；为提高经营管理措施而提供了有力依据。

例如，在北京某公司中一份关于个人年收入与受教育程度关系的问卷调查中，频数表不能有效反映年收入与受教育程度之间的关系，这时就可以借助交叉分析表。

表 6-7　公司个人年收入与受教育程度关系表

受教育程度	年收入水平(元)								合计
	3 000以下	3 000～5 000	5 000～8 000	8 000～10 000	10 000～13 000	13 000～15 000	15 000～20 000	20 000以上	
小学及以下	232	136	61	48	40	46	16	13	592
初中	145	99	46	80	51	61	26	33	541
高中	196	217	137	187	217	220	164	139	1 477
大专	116	81	91	139	148	220	122	132	1 049
大学本科	29	56	34	43	74	137	117	178	668
研究生及以上	7	31	11	38	40	76	85	165	453
合计	725	620	380	535	570	760	530	660	4 780

从上表可知，有效调查人数是 4 780 人，在小学及以下的组中，年收入 3 000 元以下的有 232 人，而 20 000 元以上的只有 13 人。相反，在大学本科这组中，年收入 3 000 元以下的有 29 人，而且 20 000 元以上的却有 178 人。从整体上反映出收入水平与受教育程度的关系。

此处需要说明的以下几点：

(1)在交叉分析表中，可以为每一个单元计算两种不同的百分比：列、行、总的百分比。列的百分比是以列总和为计算基数的，而总的百分比以表的总和为基数。为了便于数据之间的比较，在交叉分析表中经常使用百分比来反映数据之间的关系。在使用百分比来编制交叉分析表时，要弄清楚是应该按照横行来计算还是按照纵列计算。把前面的表 6-7 进行适当计算后，就可以得到表 6-8 和表 6-9。

表 6-8　根据年收入计算的受教育程度　%

受教育程度	年收入水平(元)							
	3 000以下	3 000～5 000	5 000～8 000	8 000～10 000	10 000～13 000	13 000～15 000	15 000～20 000	20 000以上
小学及以下	32	22	16	9	7	6	3	2
初中	20	16	12	15	9	8	5	5
高中	27	35	36	35	38	29	31	21
大专	16	13	24	26	26	29	23	20
大学本科	4	9	9	8	13	18	22	27
研究生及以上	1	5	3	7	7	10	16	25
合计	100	100	100	100	100	100	100	100

表 6-9　根据受教育程度计算的年收入水平

%

受教育程度	年收入水平(元)								合计
	3 000 以下	3 000～5 000	5 000～8 000	8 000～10 000	10 000～13 000	13 000～15 000	15 000～20 000	20 000 以上	
小学及以下	39	23	10	8	7	8	3	2	100
初中	27	18	9	15	9	11	5	5	100
高中	13	15	9	13	15	15	11	11	100
大专	11	8	9	13	14	21	12	12	100
大学本科	4	8	5	6	11	21	18	27	100
研究生及以上	2	7	2	8	9	17	19	36	100

通过两个表格,我们不难发现,不同的计算方法,其结果代表了不同的意义。表 6-8 是以不同的收入水平组总人数作为基数分别计算的纵向百分比,可观察不同受教育程度人数的结构状况及其变化。表 6-9 则表示以受教育程度组总人数为基数分别计算的横向百分比,可观察不同收入水平的被调查者结构特征及其变化。它可直接反映出收入水平受文化水平的影响程度。

在本例中受教育程度是原因,收入水平是结果。所以表 6-9 进行交叉分析,更容易进行解释,也容易让人接受。通过编制表 6-9 进行分析,我们看到,受教育程度越低,低收入的人数越多,有高收入水平的人数比例越小,如小学及以下组最低收入的人数占 39%,而年收 20 000 元以上的人数只有 2%;受教育程度越高,低收入人数越少,拥有高收入水平的人数比例就越大,如大学本科和研究生两组中最低收入的人数合计只有 6,而年收入 20 000 元以上的人数却占 63%。

交叉分析表为总结和分析调查结果提供了一种有效的方法。但是,要注意的是如果不进行仔细设计的话,它很容易由于计算机输出的大量数据而造成混乱。分析人员必须加以判断,牢记调查目标和事先的基本假设,防止某项调查的结果可能产生无数个交叉分析表。

(2)建立交叉分析表的通常做法是设计一个表,在这张表中,各列列出各种不同因素,如人口统计和生活方式特征,它们可以作为各行所列因素如心理、行为或意愿的参考指标。百分比通常以列总计为基数进行计算。

(二)制图

数据图形化能够是复杂的数据简单化、通俗化、形象化。通过图形化的展示,高层决策者一目了然地了解数据的整体情况。数据图形化的最重要的功能之一就是帮助数据研究者掌握数据分布的形状。

频数表和交叉分析表有助于我们识别数据的重要发现,而数据图示则是将那些发现提供给客户的最好方法,因为图形化的数据具有直观、形象、生动、具体等特点。通常情况下,都尽量采用图形来帮助理解市场调查的结果。俗话说:“一图值千字。”要想让图示能直观有效地展示信息,在设计和制作图示时应注意以下几点问题:第一点,制作的每张数据图都应该有号码和标题,标题要简明扼要,能反映主要内容。第二点,对于数据图度量单位的选择要适当,对于数据的差异能清楚展示。第三点,作图时最好既使用颜色,又使用文字说明,比如在黑白复印时仍然能清晰的说明内容。颜色的选择要有逻辑性，突出重要的部分。第四点，在安排图形时还要考虑人们的阅读习惯。比如，美国人在阅读图形时喜欢从左到右的顺序，而中国人更喜欢从上到下。第五点，图标说明要简洁；对于数据的来源要说明清楚。

1. 数据图形化的构成要素

完整的数据图包括六个要素：图号、标题、图目、刻度、图形和图注。

(1)图号。是指数据图的序号，一份调查报告中，有多个图示，图号通常以图在调查报告中出现的顺序来确定。

(2)标题。是指统计图的名称，是对图示资料内容的概括。通过标题，读者能很快明白图形的含义。标题一般与图号一起写在图的最下方。

(3)图目。一般指在数据图的横坐标或是纵坐标上所用的单位名称。按中文排版习惯，纵坐标上的图目由上而下，横坐标上的图目由左而右。

(4)刻度。指在统计图的横轴或是纵轴上的坐标。按从小到大的顺序，纵轴刻度数值由下向上排列，横轴刻度值从左到右排列。

(5)图形。是图的主要部分。图形的制作要求是整个图形和谐、美观、均衡。

(6)图注。指在图形的局部或某一点，用文字或数字加以补充说明的部分。图注的目的是帮助读者理解图形所表达的内容或说明资料来源。

2. 数据图形化的种类

经常使用的数据图主要有柱形图、饼形图、线性图三种类型。

(1)柱形图。柱形图是以宽度相同条形的高低或长短来表示统计数值大小及数量关系的一种统计图形。它反映统计结果简单、直观。对于用饼形图或线形图表示的数据，也可以用柱形图来表达。另外，许多不能用其他图表有效表达的数据，也能用柱形图表达。柱形图适用于单选问题，也适用于多选问题，它能形象说明总体各部分的差距。由于这种图形制作简单，便于对比，又容易给人留下深刻印象，所以被广泛应用于实践中。

例如，在一项关于某公司员工工资收入的调查中，3 000 元以下的 30 位员工，3 000～5 000 元有 45 位员工，5 000～8 000 元有 15 位员工，8 000 元以上有 8 位员工，其统计图如下：

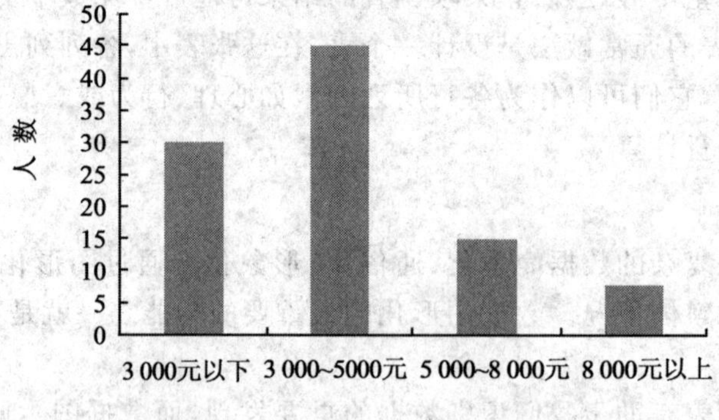

图 6-1　不同档次工资人数统计图

(2)饼形图。又称圆形图，一般用于反映内部的构成情况，将数据资料展示在一个圆饼平面上，整张圆饼总计 100%，每一部分的面积就表示了某个变量对应取值的百分比。饼形图适合于分析总体中各部分的构成比例，以及各部分之间的比较。饼形图可以是平面的，也可以是立体的，不过要尽可能将三维效果降低到最低，让饼形图最好是呈现圆形。通常情况下，也不要把圆饼分成的份数太多，以免混淆视线。

例如，在一项关于某酒店 2012 年旅游客源构成的调查中：商务旅游者占 50%，旅行社旅游者占 15%，会议旅游者占 20%，自助游占 10%，其他占 5%，用饼形图直观的表示如下：

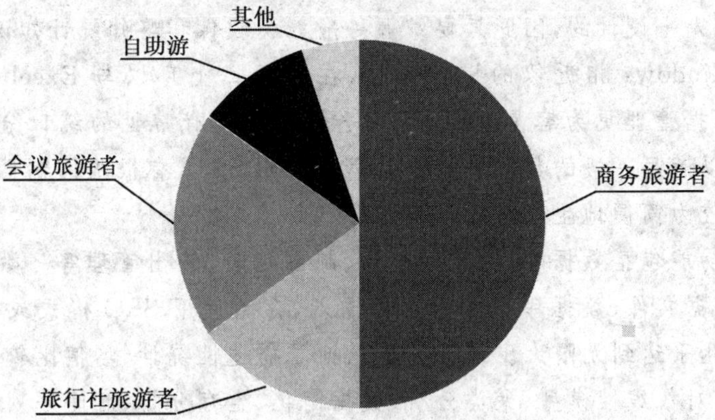

图 6-2　2012 年旅游客源构成图

(3)曲线图。这是把某一标志随时间的变化而变化的情况用时点表示出来，然后连接起来形成的图形。对于数据资料而言，只要用直线把条形图顶端中点连接起来，就可以得到折线图。它可使资料的分布更加一目了然，并且可以描述某种现象随时间变化而变化的趋势。通过分析其规律，来预测未来某一年的变化趋势。

例如，在一项关于某品牌纯净水 2012 年四个季度的销售量的调查中：第一季度售出 180 万瓶，第二季度 540 万瓶，第三季度 460 万瓶，第四季度 312 万瓶，用曲线图直观的表示如下：

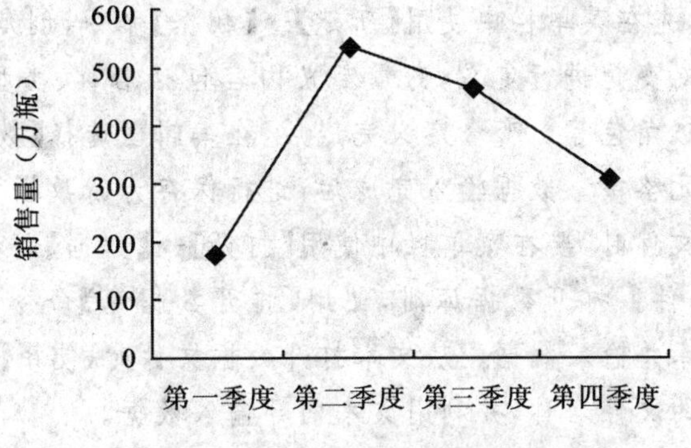

图 6-3　2012 年四个季度销售量图

◈ 案例资料

SPSS 软件的应用

SPSS 是目前最流行的统计分析软件，是市场调查与分析中数据整理和数据分析所必须使用的工具。SPSS 开发于 1968 年，最初的全称是 Solutions Statistical Package for the Social

Sciences；2009 年 IBM 公司收购了 SPSS，并将其全称改为 Statistical Product and Service Solutions。经过数十年的发展，SPSS 的卓越性能已经为人们所认可，并在自然、技术、社会等多个科学领域得到广泛应用。

SPSS 的优势表现在使用方便、功能齐全、自动统计绘图、数据分析深入等方面。SPSS 最初是为非统计专业人士设计的，因此只要掌握一般办公软件和略知统计知识的人都可以使用。SPSS 采用了与 Windows 相近似的操作界面，在数据库上可以与 Excel 直接衔接，这使得 SPSS 操作简便，数据管理更为容易。SPSS 几乎包含了所有常见的统计分析，并具有极强的二次开发功能，足以满足一般的数据统计分析需要。SPSS 具有很强的制图制表功能，结果输出形式美观，能够较为简便地生成研究报告。

SPSS 的基本功能包括数据管理、统计分析、制图制表、输出管理等。数据管理中，数据可以新建或从已有数据文件、数据库或文本文件输入，存储使用 SPO 格式或转存为 HTML、文本格式，数据容量几乎达到无限大。统计分析包括了描述性统计、均值比较、一般线性模型、相关分析、回归分析、对数线性模型、聚类分析、数据简化、生存分析、时间序列分析、多重响应等，并且每种都可以细化为多个分析过程。SPSS 有专门的绘图系统，可以根据数据绘制各种图形。新版 SPSS 采用高度可视化的构造图表交互界面，能够表现更为复杂的数据信息；统计表采用枢轴表，可以将结果直接导出到 PowerPoint 或以 PDF 格式输出，对制作报告或分享成果更为方便。

SPSS 在市场调查与分析中主要应用于数据管理、数据分析等两个工作环节，具体包括数据输入、数据整理、制作图表、描述性统计分析、解析性统计分析和预测等。

一、数据输入

SPSS 的数据输入采用了四种方式，即建立新数据文件、直接打开已有数据文件、打开数据库、从文本打开数据文件。

建立新数据文件时，先在菜单栏中使用【新建】→【数据】命令，创建新 SPSS 文件。然后在编辑区的【变量视图】下对变量进行定义，变量定义内容包括名称、类型、宽度、小数、标签、值、缺失、列、对齐、变量标准、角色等。变量定义完成后，在编辑区选择【数据视图】，把与变量名对应的调查数据输入到单元格中。数据输入完成后，进行保存为新数据文件。

直接打开已有数据文件时，要在菜单栏中使用【打开】→【数据】命令，选择要打开的文件类型和名称，双击打开该文件。打开数据库时，使用【打开数据库】命令，利用“数据库向导”，从 ODBC 数据源选择数据库并输入数据。从文本打开数据文件时，使用【打开文本数据】命令，在对话框中选择需要打开的文件名称，并利用文本向导输入数据。

二、数据整理

建立数据文件后，通常不能直接进行数据分析，而应当对数据进行整理。SPSS 提供的数据整理功能在菜单中【数据】下实现，主要包括个案和变量的排序、转置、合并和拆分、分类汇总等。

个案排序是将数据的观察值进行排序，在菜单栏中使用【数据】→【排序个案】命令，在弹出的对话框中选择所依据的排序变量，用箭头将其移到排序依据列表框中，然后进行数据排序。变量排序是利用变量直接进行数据排序，在菜单栏中使用【数据】→【排序变量】命令，在对话框中选择所依据的变量和排序顺序，然后进行数据排序。

数据转置在【数据】→【转置】命令下进行，打开对话框，将需要转置的变量转移到列表框中，并在新变量命名列表框中设置新变量，然后进行转置，转置后旧数据属性将丢失。

数据合并在【数据】→【合并文件】命令下进行，分为添加个案和添加变量，在合并对话框下进行。添加个案针对两个具有相同变量属性的个案，变量合并要求两组数据具有一个共同的关键变量。数据的拆分在【数据】→【拆分文件】命令下进行，采用相反方式进行。

数据的分类汇总是将数据按一定变量对观测值进行分组，在【数据】→【分类汇总】命令下进行，在汇总数据对话框中选择分类变量、汇总变量、汇总函数和变量标签，并将分类汇总结果保存在新文件中。

三、制作图表

图表是反映调查数据的直观方式。SPSS 的制作涉及创建数据文件、生成图表和修饰已生成的图表，这些主要在菜单中【图形】下实现。

数据文件是制作图表的依据，选定一定变量下的数据后，在【图形】→【图表构建程序】→【图库】中选择图形，在对话框中设置图表变量、元素属性、标题，然后生成图表。生成图表的编辑在编辑工具栏下进行，包括图表元素、外观、更改文本等。

四、描述性统计分析

描述性统计分析是通过数值计算，来反映数据的基本统计特征。SPSS 的许多模块可以完成描述性分析，但最常用的是频率、描述、探索、交叉表等，主要在菜单中【分析】下的【描述性统计】中实现。

进行频率分析时使用【频率】对话框，将数据中需要分析的变量移入变量列表中，并选择显示频率表格，即可输出频率分析表。频率分析可以扩展出统计量、图表、输出格式和 Bootstrap 等，其中统计量包括百分位、集中趋势、离散和分布等。

描述统计分析的用途最为广泛，它在【描述】命令下实现。使用时在对话框中选择描述性变量，再从对话框中指定描述性统计量，如均值、总和、标准差、方差、全距、最大值、最小值、标准误差、偏度系数、峰度系数等，然后由 SPSS 输出描述统计结果。

探索性分析是从数据的自身特征分析其内在规律的统计分析，它在【探索】命令下实现。打开对话框后，选择需要分析的变量并移入列表框中，把分组变量移入因子列表，SPSS 将根据分组变量对所需分析的变量进行分析，并输出结果。

交叉表分析使用【交叉表】命令，打开对话框后选择并移入行、列变量，可以在统计量中选择不同的独立性检验方法和相关度量，在单元格中选择观测量、百分比、残值，并选择单元格的输出排列顺序，最后由 SPSS 分析并输出结果。

五、解析性统计分析和预测

SPSS 提供了多种解析性统计分析和预测的应用模块，包括均值比较、方差分析、相关性分析、回归分析、多元统计分析、时间序列预测等。

均值比较用于数据的假设检验，在【分析】→【比较均值】命令下进行，包括单样本 T 检验、两个独立样本均值的 T 检验、两个配对样本均值的 T 检验。

方差分析用于多个总体均值是否相等的假设检验，其中单因素方差分析在【分析】→【比较均值】→【单因素 ANOVA】命令下进行，多因素方差分析和协方差分析在【分析】→【一般线性模型】→【单变量】命令下进行。

相关性分析用于分析不同组数据间是否存在相关性及其相关程度，在【分析】→【相关】命令下进行，包括简单相关分析、偏相关分析和距离分析。

回归分析用于考察变量之间的数量变化规律，在【分析】→【回归】命令下进行，包括一元线性回归分析、多元线性回归分析、曲线拟合、非线性回归分析等。

多元统计分析包括因子分析、聚类分析、判别分析，其中因子分析在【分析】→【降维】命令下进行，聚类分析、判别分析在【分析】→【分类】命令下进行。

时间序列预测需要使用【数据】→【定义时间】、【选择个案】、【预测】、【图形】和【分析】→【预测】命令下进行，平滑指数预测和时间序列的随机性分析要在【分析】→【预测】→【创建模型】命令下进行。

上述展示了 SPSS 的主要功能。市场调查数据资料收集完成后，需要对数据资料进行处理，包括对文字型数据进行的编码，把数据录入到 SPSS 数据文件中，按照变量进行分组、合并、变量转换等，对于存在缺失的数据进行补充，以及验证数据的可信度等。这些工作主要在【新建】、【数据】、【转置】、【分析】等模块下完成。数据处理后，要进行数据分析和市场预测，包括描述性统计分析、解析性统计分析和预测。这些工作主要在【分析】模块下完成。SPSS 将以结果数据、图表等形式输出结果，并能够输出分析运算过程，以之形成市场调查与分析报告。

◈ 思考题

1. 数据整理的原则是什么？

2. 数据集中审核的内容有哪些？

3. 编码方法都有哪些？

4. 数据录入的方法有哪些？

5. 提高数据录入质量的方法有哪些？

6. 处理数据缺失值的方法有哪些？

7. 制作图表时都分别需要注意哪些问题？

8. 假设小李是一个访问员，他进行了 100 份调查。现抽查 20 份调查问卷进行回访，涉及的是对问卷中的一个关于态度和两个关于人口统计特征问题的确认。其中，有一份问卷，被调查者称其年龄是 30～40 岁这个年龄段，但在调查问卷中标明的却是 20～30 岁这个年龄段。在另一份问卷中，当被调查者被问及“政府面临的最重要的问题是什么”时，访问员写的回答是“市政府急于提高税率”。但当这份问卷确认时，被调查者说：“该城市的税率过高。”作为一名审核人员，你认为该访问员是否诚实？是否可以认为这 100 份问卷均有效、可以接受？如果答案是否定的，你将如何做？

◈ 参考文献

[1] 李国强. 市场调查与市场分析. 2 版. 北京：中国人民大学出版社，2010.

[2] 刘登辉. 市场调查与预测. 北京：中国经济出版社，2008.
[3] 胡穗华. 市场调查与预测. 广州：中山大学出版社，2006.
[4] 雷培莉. 市场调查与预测. 北京：经济管理出版社，2004.
[5] 林根祥，吴晔，吴现立. 市场调查与预测. 武汉：武汉理工大学出版社，2005.
[6] 廖进球. 市场调查与预测. 长沙：湖南大学出版社，2009.
[7] 许以洪. 市场营销调研. 武汉：武汉理工大学出版社，2006.

任务七　数据分析与市场预测

◆ 知识目标

1. 了解市场调查分析的过程，理解数据分析的内容和方法，理解市场预测的步骤和方法；
2. 掌握频率分布分析、交叉分析、假设检验、方差分析、相关分析的概念；
3. 掌握时间序列方法、回归预测方法的概念。

◆ 能力目标

1. 能够进行频率分布分析、交叉分析；
2. 能够运用时间序列方法、回归预测方法进行市场预测。

◆ 引导性案例

数据分析引领企业发展

Google、Facebook、Amazon 等互联网巨头利用数据分析获得了巨大成功，沃尔玛之所以在零售业如此出类拔萃也要归功于其对数据的分析和利用。这些优秀的企业使数据创造出巨大价值，也使自身成为数据驱动型企业。数据驱动型企业反复收集、分析和运用数据，在数据分析的引领下分析新市场、创造新产品、提高业务效率，甚至能够左右市场走向。

经过长久监控和复杂的数据分析后，Facebook 发现了保证"该用户会长期持续进行社交活动"需要的好友数和两次新增好友之间的间隔时长，例如，好友少和好友增加速度较慢的用户一般不会长期在社交网络活动，因此 Facebook 想方设法让新用户一开始就能获得一定数量的好友。

Zynga 对于用户个人信息和在网站上的行为都有统计，长期统计带来了大量数据，数据分析创造了极大价值。通过对人们参与游戏情况的分析中，Zynga 发现了如何创造成功的游戏；在对游戏内人们互动情况进行分析后，发现了影响用户长期玩某游戏可能性的因素。

OKCupid 博客是市场分析的典范，它利用数据对产品和服务进行价值定位，分析多种来源的数据对未来趋势进行预测。

数据驱动型企业日益壮大，这些企业的经验是尽可能多的检测和收集数据，不论是在设计产品还是改善商业模式，如果不收集数据，就不会有头绪；主动而有规律地进行收集工作，量化战略和产品的成功程度；整理数据，让更多的人看到以发现问题；深入分析数据变化的原因，以及数据不变化的原因。

通过上述案例，请思考：数据是如何驱动企业发展的？数据分析和市场预测在市场调查中的作用是什么？

案例来源：创视网《创业公司如何善用数据 加入下一个千亿美元市场？》

子任务一 市场调查分析概述

一、市场调查分析的任务与要求

市场调查分析是市场调查过程中的核心环节，是一项智力水平要求很高的工作。在很大程度上讲，市场调查分析之前的工作都是为这一阶段所提供的数据准备，只有这一阶段才触及到研究市场现象的本质。

(一)市场调查分析及其重要性

市场调查分析是指数据经过技术处理后，从内容上对调查数据进行研究以揭示调查数据所蕴含的市场现象的特征和规律性。市场调查分析通常分为数据分析和市场预测两个层次，前者重在描述市场现象，后者重在探求未知和未来的市场现象及其发展趋势。

市场调查分析是市场调查的核心环节，对整个市场调查的结果有重要影响。

市场调查分析是实现市场调查目标的途径。市场调查的最终目标是针对某一特定目的，收集相关数据资料；通过对这些数据资料的分析研究，揭示其内在的、本质的市场现象特征和规律性；最后依据市场现象的特征和规律性进行决策。在这里，市场现象的特征和规律性不是浮现在调查数据表面的，它隐藏在错综复杂的市场现象背后，必须通过人们的深入、科学的研究才能获得。

市场调查分析是市场调查的核心环节。市场调查分析之前，我们历经了制订市场调查计划、编制问卷、编制抽样方案、实地调查和数据处理，这些工作是为了获取高质量数据资料，是市场调查分析前的准备。通过这些工作，数据资料从无目的、杂乱无章和分散的状态，逐步转变为有特定用途的、有序的和浓缩为精华的状态。只有数据资料在这种状态下，人们才能对其进行解读、分析和研究。在很大意义上讲，市场调查分析之前人们得到是承载市场信息的数据资料，市场调查分析之后人们才获得了对市场现象的本质特性和规律的认识。至于市场调查报告，则是人们对市场现象的本质特性和规律认识的阐述。从市场调查的全过程看，市场调查分析是最为关键的环节，如果没有这一环节，市场调查本身将失去意义。

市场调查分析是一种创新性工作。市场调查分析是通过创造性思维，对调查数据进行综合研究、提炼和再次加工，其深度和广度会超出原来的调查数据范围。如果说数据调查过程更多的是一种重复性劳动，那么市场调查分析则更多是人们的智力活动。对于同样的调查数据，不同的分析人员会得出深浅不一的研究结果。市场调查分析在市场调查整个过程中具有不可取代的特性，对分析研究人员有很高的要求。

市场调查分析能够对市场调查过程中的不足进行修正。很多时候，市场调查各个环节所出现的问题是在制定市场调查计划时是无法发现的。随着市场调查分析进行，研究方向的偏差、数据的缺失、研究方法的缺陷才会暴露出来。因此，市场调查分析还为纠正错误、弥补不足提供了机会。

(二)市场调查分析的内容和过程

市场调查分析的任务是运用调查数据进行分析、论证，针对市场调查所提出问题，给出相应的解答和说明。从深度划分，市场调查分析可以分为数据分析和市场预测两个层次。

数据分析和市场预测的主要区别在于所处理的市场调查问题上。数据分析侧重于市场现象的描述，涉及市场现象的构成、内在关系、外部特征、功能、影响因素及相关规律性，是一种对现实的、静态的市场现象所做的研究，以使人们对市场现象有一定的了解。市场预测侧重于探寻未知的市场现象或市场现象未来的发展，更多的是一种估计和猜测。从分析方法看，数据分析的直观性较强，可以直接按人们对市场现象的理解方式进行分析；但市场预测则必须依赖反映市场现象的发展规律或相关性的数学模型、社会经济原理和特定的经验。从应用价值看，数据分析是基础，市场预测的价值更高，这是因为人们进行市场调查的目的更多的是希望了解未知或未来的市场现象。由于市场预测的估计成分更高，因此市场预测的误差要高于数据分析，这使得数据分析看重精度，市场预测看重方向的正确性。

数据分析和市场预测又是相互联系的。一般情况下，数据分析在市场预测之前进行，只有当数据分析出现涉及未知或未来问题时才进行市场预测，直接的单纯性的市场预测只有在特定情况才可能出现。很多情况下，数据分析与市场预测是交织的，即在描述市场现象中发现涉及未知和未来的问题，通过预测使数据分析更为深入。也正是这种交织现象，使数据分析与市场预测在很多场合不加区分。

市场调查分析的基本过程包括数据准备、确定目标、定义变量、数据分析、市场预测、结果检验和阐述结论的几个环节。

数据准备是数据处理工作的结果。能够达到市场调查分析要求的数据资料必须具备完整性、正确性、统一性和可理解性。完整性是指数据资料是齐备的，当数据资料不全或关键数据缺失时，分析研究结论将是片面的、无效的。正确性是要求数据资料有足够的精确度，错误的数据资料会导致错误的结论，而精确度不高将使分析结论的误差加大。统一性是便于分析研究，杂乱无章的数据资料将加大分析难度，甚至使分析研究无法进行。可理解性是指数据资料要符合人们的认知思维习惯，数据资料表示成图形或图表会有助于人们分析研究。

市场调查分析常常以问题为具体目标，有一个从整体分解问题，和将问题汇总成整体的过程。市场调查的内容由问题构成，问题贯穿于市场调查计划、调查问卷、实地调查资料和处理后的数据，也是在市场调查分析阶段的工作单元。相对独立的问题被划分开后，应对问题进行更具体的界定，以使问题清晰明了。

除定性分析外，多数市场调查的问题是靠定量分析完成的，因此需要将数据转化为变量。按照我们对客观事物、现象测度的程度或精确水平来看，可将所采用的变量由低级到高级、由粗略到精确分为四个层次，即定类变量、定序变量、定距变量和定比变量。采用不同的变量可以对不同类型的市场调查数据进行分析。

数据分析和市场预测是市场调查分析的关键环节，其中数据分析着眼于对现实市场现象的描述，而市场预测着眼于对未知现象或未来市场发展趋势的分析。我们在稍后将对数据分析和市场预测的具体内容、过程和方法进行进一步探讨。

数据分析和市场预测所得出的结论需要进行检验，检验方法包括统计检验和经验上的检验。统计检验方法包括在数据分析方法中，是利用统计方法对结论的可信度或误差范围所进行的检验。经验上的检验则是将结论置身于市场现象中，考察其合理性和与调查数据的相符程度。

阐述结论是指将数据分析和市场预测所得出的结论加以描述，以使他人能够理解的工作。

阐述结论围绕具体问题展开，包括提出分析、预测结果，对相关数据、图表的解读，对市场现象的探讨，提出建议以及对精确度、局限性的说明等。阐述结论是一个逐步将具体问题汇总的过程，直至形成调查项目的总体结论。

二、数据分析的过程与方法

数据分析是市场调查分析的重要组成部分，它的任务从已有数据发现市场现象的本质及规律。例如，通过各地区市场的规模来计算整体市场的总规模，从众多消费者行为调查数据中总结消费者的行为特征，统计人们对产品的接受价格并形成接受价格的分布等。

（一）数据分析及其特点

数据分析是指根据一定的市场调查目的，在较为完备的调查数据基础上，按照一定的程序和分析方法，对数据进行分组、汇总、检验和分析等，以得到市场现象的本质特征及内在规律。数据分析与市场调查前期的调查计划、数据收集、数据整理密不可分，良好的数据质量是得出有效结论的前提。问卷设计的内容决定了可分析对象的范围，样本的代表性决定了结论的适用范围，数据类型限定了可用分析方法的范围，收集数据的质量决定了分析结果的准确性。数据分析一定要围绕着市场调查目的来进行，选择适宜的分析方法是能够得出正确结论的保证。

数据分析具有客观性、全面性、适用性、及时性、经济性等特点。

数据分析的基本要求就是所依据的数据、所使用的方法、所调查的结论是真实的。这就要求分析人员能以客观的态度审视数据资料，不能以自己的主观认识作为得出结论的前提，或以迎合项目委托人的兴趣偏好，或受调查项目关联各方的利害关系影响。失去了客观性，所调查的数据分析结论会与客观实际情况相背离，最终导致实际经营决策的重大错误，也会使市场调查机构和数据分析人员的信誉丧失。

数据分析是一项综合性极强的工作，它要求分析人员全方位、多角度地研究数据资料，从而能够得出令人信服的结论。数据分析要进行大量的分析、综合、判断、演绎、推理，全面性是处理和分析数据资料过程中始终如一应坚持的。全面性可以看做是客观性的进一步延伸，它不仅仅是对调查数据进行逐一的局部性分析，还要考察每个局部情况的相互关系和发展趋势，要了解市场现象的特殊环境和技术性特点，最终形成一个综合性的市场整体形象，并把结论置身于市场整体之下。通过全面分析得出的结论更为科学，更具有使用价值，更能够有效指导企业经营活动。

数据分析所采用的方法要科学、适当、实用，所形成的结论要能够运用到经营决策中去。数据分析方法是多种多样的，每种方法都有自己的特点和适用范围。数据分析方法并不是越难、越复杂越好。选择适用的方法要求分析人员对各种分析方法的特点、适用范围有深入的理解和准确地把握，在分析过程中灵活运用各种方法，并将多种方法组合起来而形成一套较优的方法体系，在得出结论时使用多种方法进行相互校验。数据分析所得出的结论，特别是建议、意见等应便于使用，防止分析结论自身矛盾、偏颇和脱离企业经营实际。

数据分析强调时效性，在保证分析质量的前提下，尽量提高分析速度。市场调查不同于其他研究，对时效性是格外重视的。由于调查数据是具有时间限制的，时间越久，数据的效力越差，有时超过一定时间的数据甚至会完全丧失价值，这就要求一定要尽快使用调查数据。从市场角度看，市场现象不是静态的，而是在快速发展变化的，这要求调查活动与数据分析与之同步。从经营角度看，企业的经营决策和市场营销活动要求能够及时得到数据结论，使市场调查成为经营决策和市场营销活动的必要工作环节。

市场调查是一种商业活动，而非学术性研究，因此必须符合商业中利润最大化的要求，以最小的成本获得最大的市场信息和有效的分析结论。通常，市场调查所获得数据越多、质量越高，则投入的成本就越高。但是，当人力、物力、财力、时间投入过高时，市场调查所获得的数据和分析结论并非相应地产生过高的商业价值。因此，数据分析要寻找一个合理的投入产出比，相对地降低成本和提高分析结论价值。

（二）数据分析的主要内容

市场调查的数据分析是以数据作为基础的，但由于数据分布于市场的全过程，因而数据分析涵盖了市场调查的多个方面。

对市场调查的目的进行分析，得到整个调查的方向、过程和侧重点等结论。每一项市场调查都有其特定的目的和要求，这些目的和要求体现在调查问卷、抽样方案、调查过程的各个环节。在数据分析时，要对市场调查项目的方向、过程和侧重点等重新审视，从而对数据所蕴含的意义有更深刻的理解。

对调查方式及其分析方法进行研究。调查方式在调查方案中就已经确定下来，但这时的调查方式还处于预想状态，在调查项目实施时调查方式会产生变化。数据分析方法也会遇到相似问题，即预想与实际情况有所差异。当数据分析真正开始时，需要再次对调查方式和分析方法的特性和针对性进行研究，以保证数据分析结果的科学性、有效性。

对调查数据的可靠性和代表性进行分析。由于样本选择、调查误差、数据缺失值等原因，最终数据与调查计划所设想的会有差别。如果简单地使用数据，则会使分析结果不可信，甚至产生误导性结论。因此，对数据的再次审核仍是必要的。

数据资料的分析研究。这是数据分析的实质性工作，是以调查目的为方向，从数据资料中寻找答案和解释。调查目的进行分解后形成详细、具体的问题，而调查数据则围绕具体问题来展开。数据分析时将利用适宜的方法，对数据进行解读，并把结果作为相应问题的答案。

综合分析。综合分析是在对调查数据逐一解读、研究后，对全部数据及其背景进行一种综合，这一工作是使单一问题的分析相互联系、校验，并形成一个完整的形象。综合分析是技巧性、经验性较强的工作，需要分析者对市场现象有深刻的理解和洞察力。

（三）数据分析的方法

数据分析方法的种类繁多，这与人们认识市场现象和市场调查实践有关。在市场调查实践中，人们把数据分析方法分为定性分析方法和定量分析方法。

1. 定性分析方法

数据的定性分析方法是指不采用数量分析，而依赖人们的市场经验、人们对市场规律的认识和把握的一类方法。市场调查中，定性分析的对象是数据资料，分析人员通常在深入理解数据资料的基础上，感知数据资料所蕴含的市场特性和规律，并最终上升成为理性认识。在定性分析时，强调市场现象的真伪校验和相互联系。真伪校验是用数据资料论证、判断市场现象，以得出方向、程度等特性。相互联系则偏重于一种市场现象对其他市场现象的影响，通过建立多种市场现象之间的因果关系而形成市场的整体形象。数据的定性分析方法使用较多的有比较分析法、分类分析法、归纳分析法、演绎分析法、结构分析法、功能分析法、系统分析法等。

比较分析法是对不同事物的调查资料进行对比分析，从而确定事物之间的相同点和相异点的方法。这种方法的依据是各种事物之间存在的相异点和相同点，通过横向比较、纵向比较、外形比较、原因比较、结构比较、质量比较等，找出这些相异点和相同点，从而对市场现象加以判别。

分类分析法是根据事物的相异点或相同点，将其区分为不同种类的逻辑方法。当事物进行分类后，就可以针对具体事物种类更为清晰描述其特征、规律。在不断分类、不断描述过程中，达到对事物的深入认识。

归纳分析法是从调查所收集的个别的、特殊对象的属性中概括出总体一般性属性的分析方法，它又分为完全归纳法和不完全归纳法。完全归纳法是根据某类事物中每一个对象都具有的某种属性，从而概括出该类事物的全部对象都具有的某种属性的归纳方法。不完全归纳法是根据某类事物的部分对象具有的某种属性，从而确定该类事物的全部对象都具有的某种属性的归纳方法。

演绎分析法是从一般性前提推论出个别性结论的逻辑方法。前提条件包括充分条件假言推理、必要条件假言推理和充分必要条件等，演绎分析法是依据这些前提条件，按照事物间的逻辑关系寻找出结论。

结构分析法是通过调查资料，分析某事物或现象的内在结构，从而认识其特性及其本质的分析方法。事物或现象通常由多个部分、方面或因素构成，其相对稳定的关系形式就是结构。

功能分析法是通过事物或现象与环境之间的相互关系来判别其内部状况及其特性的分析方法。功能分析法偏重于事物或现象的动态分析，包括功能的关系性质、功能存在的条件、形成功能的内在机制等。

系统分析法是把调查研究的对象作为一个系统整体来研究，找出它的结构、功能、层次和要素及其相互关系和变化规律。在分析过程中，要始终着重于从系统的整体与要素、要素与要素、系统与环境之间的相互联系、相互作用、相互制约的关系中揭示对象的系统的性质与变化规律。系统分析方法主要适用于对复杂事物的分析研究。

2.定量分析方法

定量分析是指从事物的数量特征方面入手，运用一定的统计或数学分析方法进行数量分析，从而挖掘出事物的数量中所包含的事物本身的特性及规律性的分析方法。市场活动是一种经济活动，是可以用货币表述的，因此市场现象特别适用于定量分析。定量分析中最常用的分析方法是统计分析方法，按其目的的不同，可以描述性统计分析和推论性统计分析。

描述性统计分析主要着重于对数量水平或其他特征的描述，是通过某具体指标反映某一方面的特征，或是通过若干变量描述它们的相互关系。描述性统计分析关心测量的准确性，对数据的准确性、可靠性和测度的选择有一定要求。其结果重于数量描述，但不具有推断性质。最常用的描述性统计分析包括频数与频率分析、集中趋势分析、离散趋势分析、交叉分析方法等。频数、频率分析是进行频数、频率统计，是一切定量分析的基础。集中趋势分析是在所有调查数据中，寻找有代表性的数据，并用该数据的数值描述所有调查数据的特征。离散趋势分析是以一个数值反映调查数据间的差异状况，从反面说明调查数据的代表性程度。

推论性统计分析主要用于推断总体、解释事物、检验理论等。因而对变量的选择、测度的决定、资料的时间空间范围有严格限制，必须符合严格的假设条件。其结果不仅可用于描述数量关系，还可以推断总体，进行预测，揭示原因，检验理论等。最常用的推论性统计分析包括假设检验、方差分析、相关分析等。假设检验用来判断样本与样本，样本与总体的差异是由抽样误差引起还是本质差别造成的统计推断方法。方差分析是比较两组或两组以上调查数据的总体均值的统计分析方法。相关分析是指通过调查数据研究两个或两个以上变量之间是否存在相关关系；如果存在相关关系，其相关性质和程度如何。

三、市场预测的过程与方法

我们发现市场现象时，常常遇到一些未来和未知性问题。例如未来几年市场规模有多大？企业的销售量、销售成本、销售利润会有什么变化？我们已经获得了低收入和高收入人群的购买力数据，如何推算出中等收入人群的购买力水平？促销广告与销售量存在关联性的情况下，如何根据广告费用支出测算销售量？解决这些问题就需要进行市场预测。

（一）市场预测及其特点

市场预测是指在市场调查的基础上，运用预测理论和方法，对市场现象和影响市场的各种因素进行分析、研究，推算未来一定时期市场的状况和发展趋势。市场预测与市场调查的数据分析有密切关系，数据分析侧重于对市场现象的描述，是市场调查的成果展现；市场预测侧重于从现实和已知的市场现象中发现市场的发展趋势，寻找未知的答案，是市场调查的更深层次的工作。

市场预测具有相关性、连贯性、类推性、综合性等特点。

市场预测的出发点是认为市场的各种因素是相互关联、相互影响的，当某些市场因素变化时，就必然导致其他市场因素或市场的总体状态发生变化。因此，可以根据市场因素之间的影响，发现市场的内在规律，建立市场因素的相关关系。相关关系是预测模型的基础，对市场预测是至关重要的。

市场变化不是随机的、无序的，而是市场某些因素逐步造成影响的过程。市场预测就是依据市场延续发展的过程，利用历史资料，对市场未来进行的判断。因此，历史资料直接影响到市场预测的结果，要想做好预测工作，就必须首先做好调查工作。

许多事物在发展、变化上有类似之处，这是同类事物发展的内在规律性的表现。市场预测时，可以根据已知市场现象，对类似市场现象的未来进行判断。类似性可以是结构、模式、性质、发展趋势等，类似性程度越高，类推效果越好。因此，发现类似市场现象，研究其发展、变化特性，对市场预测有重要意义。

市场预测不能仅从某些片面资料得出结论，要考虑多种因素，要把定性方法和定量方法相结合。多种因素的类推结果相互验证、相互制约，这样才能提高市场预测的准确性。定性方法可以发挥个人的经验和判断能力，定量方法可以利用数学模型，把两者结合起来，可以使市场预测具有更高的科学性和精确性。

（二）市场预测的步骤

市场预测的基本思路是针对特定问题，利用市场调查所收集的数据，结合一定的预测方法或模型，进行估计或计算，最后得出预测结论。在这一过程中，调查数据反映了市场的现实状况，而预测方法或模型反映了特定市场问题的内在关系。一般而言，市场预测大致有以下几个步骤。

确定预测目标。市场预测首先要确定预测目标，明确目标之后，才能根据预测的目标决定收集资料的范围与内容，选择预测的方法，做到有的放矢。预测目标主要是企业生产经营和市场营销决策中需要预见和估算的问题，它体现在预测工作计划中。企业要根据自身需要，确定预测目标，拟定预测项目，制订预测工作计划。预测工作计划应包括预测对象和内容，预测所需的人力、物力、财力，以及工作量和工作进度安排。预测目标必须具体、可行。市场预测受多种因素的影响，如果预测目标含糊不清，预测结果的价值就会降低，甚至产生错误结果。预测目标还应具有可行性，必须做到数据有保证、方法有依据。

收集资料。市场预测不是主观臆测的过程，它必须有充分的市场调查资料。市场调查资料反映了市场现实状况，是预测的基础，它的精确程度直接影响预测的结果。在很多时候，市场预测和市场营销调查是密切关联的，调查是前提，预测是后续工作。市场预测所需的资料包括历史资料和实现资料。历史资料是预测期以前的市场状况资料，这些资料通常用于反映市场的基本特性或影响市场变化的基本规律。例如，人口增长是有规律的，通过调查历史数据，可以把人口增长的规律描述出来，并建立数学模型。实现资料是预测期以内的市场状况资料，主要包括市场及其影响因素的最近期表现，是预测分析、计算的主要对象。

选择预测方法。市场预测的方法很多，各有其适用场合，各有其优点和缺点，因此必须根据实际需要和能力，选定预测方法。选择市场预测的方法，要分析预测问题和市场现象的规律性。已有的预测方法都是针对一定市场现象而提出的，在一定程度上反映着市场及其影响因素的规律。选择预测方法要考察预测问题和市场现象之间的联系，做到有理有据。预测方法大多有特定的适用范围，选择预测方法要对多种方法进行比较，选择最适用的方法。

计算预测值。在选定预测方法后，就可以计算预测值了。在定性预测中，计算预测值是依靠人的经验、知识和判断力进行的。在定量预测中，预测方法常常可以表述成预测模型，把调查获得数据输入预测模型，就可以得出计算结果。在市场预测中，预测值常存在误差。这是因为预测是一个预见、估计活动，预测值不是实际观察的结果，存在误差是必然的。在使用预测方法计算预测值时，企业必须事前测定预测值与实际值之间的误差，并通过各种努力使预测误差尽可能小。

评价和修正预测值。预测结果出来之后，还需对预测值与实际值的差距以及预测模型进行分析，从而对预测结果的准确和可靠程度予以评价。当市场及其影响因素发生较大变化、预测值与实际值的差距较大、预测值精度没有到达要求时，必须修正预测结果，甚至改换预测方法、重建预测模型。

提出预测结论。在评价、修正预测结果后，要用报告形式提出预测结论。预测结论的主要内容包括预测结果、预测评价和误差说明等。预测结论要把历史和现状进行比较，要把定性预测和定量预测相结合，使用数字和图表进行精确描述。

（三）市场预测的方法

预测科学已有一个比较完整的理论和方法体现。目前，市场预测的方法有数百种，最常用的也有十多种，这些方法可以分为定性预测方法和定量预测方法两大类。

1. 定性预测方法

定性预测方法是依靠预测人员的知识、经验和综合分析能力，在掌握的市场信息、资料和数据基础上，对市场的发展趋势和程度进行的判断。定性预测法是一类比较灵活方便的方法。它所花费的人、财、物较少，所需的时间短、时效性较强。这类方法的主要凭借人的分析、判断，着重研究市场性质、发展趋势。在缺少历史资料、影响因素过于复杂时特别适用。最常用的定性预测方法有综合意见法、专家意见法、推算预测法等。

综合意见法是预测人员召集相关人员，围绕预测目标收集信息和个人意见，对市场进行预测，并把各种意见进行综合的方法。常用的综合意见法有购买者意向法、销售人员意见法。购买者意向法是采用各种手段直接向购买者了解所需购买的商品和数量。销售人员意见法要求各销售区的每个销售人员，对每个区做出预测。

专家意见法是利用专家的知识、经验和分析判断能力，对市场发展进行的预测。常用的专家意见法有专家小组法和专家会议法。专家小组法是向见识广博、学有专长的专家学者或经营人才等征询意见，然后统计出预测值。专家会议法是邀请有关专家，通过会议形式，对市场共同进行分析、判断。

推算预测法是指主要依靠人的经验和判断能力，直接做出预测的方法。这类方法很多，常用的有类比法、转导法和联测法。类比法是将类似的事物进行分析、比较，通过已知事物对未知事物进行推测。转导法是根据政府公布或调查所的经济指标数据，转导推算出市场的预测值。联测法是根据一个企业的普查资料或一个地区的抽样调查资料，通过分析、联想，推测一个行业或整个市场状况的预测值。

2.定量预测方法

定量预测方法是根据市场调查所获得的数据，通过一定的数学方法建立模型，对市场现象进行数量分析，从而对市场特性和发展趋势做出预见和判断的一类方法。定量预测方法研究市场的数量特性，常需要完备的历史资料，预测结果更加具有科学性、严密性和精确性。常用的定量预测方法有时间序列预测法和回归预测法。

时间序列预测法是把市场现象的历史资料作为基础，根据时间序列的变动规律建立适当的数学模型，用数学模型对市场现象的未来趋势做出预测。市场现象是受各种因素影响的复杂的函数，这种方法就是把所有的影响因素都归结到时间变数当中，把市场现象看做是时间这个唯一的变数的函数，从数据模型中寻找变化规律。时间序列预测法最适于对具有详细时间序列资料的市场现象，以及无法确定其主要影响因素或无法将主要影响因素量化的市场现象进行预测。时间序列预测法包括简单平均法、加权平均法、移动平均法和指数平滑法等。

回归预测法是在分析市场现象自变量和因变量之间相关关系的基础上，建立变量之间的回归方程，并将回归方程作为预测模型，根据自变量在预测期的数量变化来预测因变量在预测期变化结果的预测方法。市场受多种因素的影响，市场现象与这些影响因素之间存在着一定的相关关系，影响因素变化时会导致市场状态的变化。因此，依据市场现象与影响因素之间的相关关系，并进行定量分析，就可以对市场现象进行测预。回归预测法可以在很大范围内选择自变量，用数学模型精确地描述预测函数，是一种具体的、行之有效的、实用价值很高的市场预测方法。

子任务二　数据分析

一、频率分布分析

市场调查中我们经常能遇到大量受访者针对一个调查问题做出了有差别的回答。例如，消费者对于不同汽车品牌的偏好如何？顾客对某一产品价格的接受程度怎样？一个地区居民的收入水平呈什么样的分布？我们希望找到这些受访者的共同特征，或是了解这些受访者的观点倾向性。从数据分析角度，就是在大量数据中寻找到有代表性的数值，并了解这个数值的代表性有多强。这种数据分析就是频率分布分析，它是较为简单却非常重要的数据分析方法。

（一）频数与频率

1. 频数

频率分布分析的基础是频数、频率。频数是对调查的总体数据按某种标准进行分组，统计出各个组内含个体的个数。例如，在产品购买人群年龄分布调查中，最终有效的调查数据有629个。在这里变量是购买者年龄，我们按购买者年龄把数据分为20岁以下、20～30岁、30～40岁、40～50岁、50～60岁、60岁以上六组。把每组购买者的人数进行统计，就形成每组的频数。其中，20～30岁的购买者有89人，40～50岁的购买者有133人等，见表7-1。

经过频数统计，我们可以很清楚地看出产品购买人群在年龄上的分布状态，每组购买者越多，表明该产品越容易为年龄人群接受。例如，30～40岁、40～50岁两组的频数远大于其他组，则表明该产品更受中年购买者喜爱。很显然，如果不对数据进行分组，对调查数据将难于理解、难于反映调查对象的特征。频数统计是一种可以大大简化数据的分析方法。

与频数相关的还有累积频数。累积频数就是将各组的频数逐级累加起来，其方法有两种：一是从类别顺序的开始向类别顺序的最后累加频数；二是从类别顺序的最后向类别顺序的开始累加频数。通过累积频数，可以很容易看出某一类别以下或某一类别以上的频数之和。在产品购买人群年龄分布表中，我们将20岁以下、20～30岁、30～40岁等三组频数累积，则可以得出40岁以下购买者的数量。

表7-1　产品购买人群年龄分布

购买者年龄	取值	频数	累积频数	频率(%)	累积频率(%)
20岁以下	1	33	33	5.2	5.2
20～30岁	2	89	122	14.1	19.3
30～40岁	3	247	369	39.3	58.6
40～50岁	4	133	502	21.1	79.8
50～60岁	5	76	578	12.1	91.9
60岁以上	6	51	629	8.1	100
合计		629		100	

2. 频率

频率是每个小组的频数与数据总数的比值。在产品购买人群年龄分布调查中，20岁以下、20～30岁、30～40岁、40～50岁、50～60岁、60岁以上六组的频数与数据总数629相比，得到的数值就是频率。与频数类似，频率也是用于描述数据分布状态的，并且频率与频数分布是通常一致的。例如，产品购买人群在年龄上的频率分布状态，也同样说明30～40岁、40～50岁两组购买者较为集中，该产品越容易为中年人群接受。为了统计分析的需要，有时需要观察某一数值以下或某一数值以上的频率之和，叫做累积频率，频率的最终累积值为100%。

与频数分析相比，频率的准确度更高。我们常常遇到这种情况，在调查数据中存在缺失值，使得对应数据组的频数变小，因而产生误差。使用频率时，缺失值使对应数据组和数据总数同时减少，因而使误差降低。也正是这个原因，在进行数据分析时，频率要比频数更广泛。

（二）集中趋势分析

集中趋势分析是指在所有调查数据中，寻找有代表性的数据，并用该数据的数值描述所有调查数据的特征。由于所有数据的数值如同围绕该代表数据进行分布，因此称为集中趋势。集中趋势分析属于描述性统计分析，它偏重于说明数据的数值分布情况，但不去追究数据间的内在联系。我们一般常用到的集中趋势分析包括平均数、众数、中位数。

1. 平均数

平均数是最常用的集中趋势分析指标，进一步可以分为算数平均数、调和平均数、几何平均数等，其中算数平均数更为常用。

算数平均数的计算公式如下：

$$\overline{X} = \frac{1}{n}\sum_{i=1}^{n} X_i$$

式中，$\overline{X}$ 是所有数据的平均数；X_i 是各个调查数据；n 是样本数。

在表 7-1 产品购买人群年龄分布中，我们有六组数据，分布取值为 1、2、3、4、5、6，这六组取值的平均数是 3.45。这时，该平均数可以解读为在各个年龄段的调查人群中，最容易接受该品牌的产品的是年龄 40 岁左右的人士。

利用平均数进行分析，最适宜的情况是所有调查数据是等距或定比的，因此我们不需要考虑数据之间的特殊关系。但应注意的是参与平均数计算的是所有调查数据，当其中存在极端值时，会明显影响平均数的大小，而使平均数的代表性出现问题。

2. 众数

众数是调查数据中出现最多的样本所对应的数值。在表 7-1 产品购买人群年龄分布中，30～40 岁组的频数是 247，出现次数最多，因此该调查数据的众数是 30～40 岁组的取值 3。该众数可以解读为在调查的所有样本中，对该产品接受最多的是 30～40 岁的人群。

众数适用的情况是调查数据呈现分类状态，能够对各类数据进行比较。众数在计算时比较简单，一般采用观察方法，重点考察特定种类调查对象的变量数值水平即可。由于众数是从数据出现次数上反映调查现象的集中趋势，因此当调查数据中有些数据出现次数非常大时应优先使用众数进行分析。

3. 中位数

中位数是把调查样本按某一标志从大到小或从小到大进行排序，位置处于中间的那个样本所对应的数值。由于样本数可能是奇数，也可能是偶数，因此样本数是奇数时，中位数是正中间位置的样本数值；样本数是偶数时，中位数是中间位置上两个样本数值的平均值。在表 7-1 产品购买人群年龄分布中，中间位置上的组数是 3、4，因此调查数据的中位数是 3.5。对该中位数的解读与上述平均数的解读一致。

中位数使用的情况是调查数据能够进行排序。由于中位数处于数据序列中间的位置，因此不受极大、极小这种极端数值的影响，当数据中存在极端值时应优先使用中位数。

从表 7-1 产品购买人群年龄分布中计算的结果来看，平均数、众数、中位数是近似的，但也有差异，这要求我们应根据不同的调查问题选择适当的指标，或把平均数、众数、中位数结合来用。

（三）离散趋势分析

集中趋势分析是以一个代表性数值作为总体调查数据的特征，但同时我们也遇到一个问题，即这个数值的代表程度到底有多大，为此我们引入离散趋势分析。离散趋势分析就是以一个数值反映调查数据间的差异状况，即离散程度。当我们通过集中趋势分析找到中心数值后，离散程度表明各个调查数据偏离中心数值的程度。离散趋势分析最常用有极差、标准差、离散系数。

1. 极差

极差是指调查数据中最大值和最小值之间的差值，其计算公式是：

$$极差(R)=最大值-最小值$$

在表 7-1 产品购买人群年龄分布中，人群年龄最大分组取值是 6，最小分组取值是 1，因此人群年龄分组极差是 5。

极差反映了调查数据的离散程度，极差越大，离散程度越大；反之，离散程度越小。在调查数据中，任何两个数据之间的数值之差都不能超过极差，所以极差就是调查数据在分布上最大的波动范围。极差是最简单的离散趋势分析标志，它计算容易，含义直观，运用方便，多数情况是离散趋势分析的首选方法。但是，极差只指明了调查数据间的最大离散范围，而未能利用全部数据值的信息，不能细致地反映数据彼此相符合的程度。由于极差取决于两个极端值，不能反映其间的变量分布情况，受极端值的影响很大。

2. 标准差

标准差是总体各单位标志值与其平均数离差平方的算术平均数的平方根，它反映组内个体间的离散程度。标准差的代表符号是 σ，其计算公式是：

$$资料未分组：\sigma=\sqrt{\frac{\sum(x-\bar{x})^2}{n}}$$

$$资料分组：\sigma=\sqrt{\frac{\sum(x-\bar{x})^2 f}{\sum f}}$$

式中，x 是单位标志值，即调查数据的数值；$\bar{x}$ 是单位标志值的平均数；n 是总体单位数；f 是各组的频数。

表 7-1 产品购买人群年龄分布是一分组的调查数据，前面我们已经计算过，其平均值 $\bar{x}$ 是 3.45，x 各年龄组的取值，f 是各年龄组对应的频数，由此可以计算出 σ 为 1.25。

标准差反映的是调查数据各单位标志值偏离程度的指标。标准差越大，各单位标志值偏离平均值的程度越大；反之，偏离平均值的程度越小。由于全部调查数据参与了离散程度的比较，因此标准差的精度要高于极差。

3. 离散系数

离散系数是一组数据的标准差与其相应的均值之比，是计算数据离散程度的相对指标。离散系数的代表符号是 V_σ，其计算公式是：

$$V_\sigma=\frac{\sigma}{\bar{x}}$$

式中，σ 是标准差；$\bar{x}$ 是平均数。

我们前面已经计算过表 7-1 产品购买人群年龄分布的标准差和平均数，分别是 1.25 和 3.45，那么其离散系数就是 2.76。

离散系数反映单位均值上的离散程度，常用在两个总体均值不等的离散程度的比较上。当对两个或多个资料的离散程度进行比较时，如果度量单位与平均数相同，可以直接利用标准差来比较。如果单位与平均数不同时，比较其变异程度就不能采用标准差，而需采用标准差与平均数的比值来比较。若两个总体的均值相等，则比较标准差系数与比较标准差是等价的。

二、交叉分析

频率分布分析针对的是单一变量的数据分析，但我们在市场调查中常常会遇到两个或多个变量的情况。例如，在分析一个企业销售状况时要结合不同产品、不同地区市场、不同时间等；在分析消费者时要研究消费者的年龄、收入状况、消费者的购买行为特征、购买者的社会地位与价值观等；在研究购买行为时又需要分析购买的频率、购买的城乡地域、购买的场所等。这时我们需要使用交叉分析方法。

（一）交叉分析方法与交叉表

1. 交叉分析方法

交叉分析法是在单一变量分析基础上，把两个或两个以上变量分析结果结合在一起，形成交叉、立体的分析。交叉分析可以由浅入深、由低级到高级，解决错综复杂的调查问题。由于交叉分析涉及多个变量，使分析精度更高，从而弥补了单一变量分析所形成的偏差。交叉分析利用了数据的交叉特性，使变量值成为了不同变量的交叉结点，从而反映出变量与变量之间的关系。

有一个经典的例子能够说明交叉分析的实用价值。美国一位研究人员提出美国人的海外旅游需要可能与年龄有关。在开始的分析中，没有区分被调查者的性别，结果发现海外旅游需要与年龄之间没有任何关系。但是，当将性别作为一个变量引入后，则有了新的发现。在男性中，45 岁以下的人有 60%希望海外旅游，45 岁以上的人只有 40%有这种愿望。女性恰好相反，45 岁以下的人只有 35%希望海外旅游，45 岁以上的人则有 65%有这种愿望。因此，当数据混合在一起时无法发现的问题，在引入性别这个新变量后，性别、海外旅游需要和年龄的关系就显现出来。

2. 交叉表

交叉分析的基本工具是交叉表，这是一种同时将两个或两个以上有一定联系的变量及其变量值按照一定的顺序交叉排列在一起的统计表。我们一般使用的分析表多是二维表，即有两个变量，并把这两个变量纵横排列在一起。但交叉分析表是三维或更多维的表，即包含着三个或更多个变量，是把简单分析表嵌套而成的。

以下，我们举例说明交叉表的构成。一家化妆品公司生产 A、B、C 三种产品，并在广东、浙江、山东、湖南四个地区进行销售，一年的 1 月至 12 月的销售状况分别显示在表 7-2、表 7-3 和表 7-4 中。

表 7-2 化妆品公司在不同地区的销售状况 万元

	广东	浙江	山东	湖南	销售总额
产品 A	16 084	8 337	5 673	6 882	36 976
产品 B	7 856	4 782	987	3 744	17 369
产品 C	9 862	12 891	2 107	2 853	27 713
总计	33 802	26 010	8 767	13 479	82 058

表 7-3 化妆品公司全年的销售状况 万元

	广东	浙江	山东	湖南	销售总额
1 季度	13 930	9 916	2 494	2 884	29 224
2 季度	9 366	7 707	2 659	4 043	23 775
3 季度	4 353	3 640	2 140	3 465	13 598
4 季度	6 153	4 747	1 474	3 087	15 461
总计	33 802	26 010	8 767	13 479	82 058

表 7-4 化妆品公司全年在不同地区的销售状况 万元

		广东	浙江	山东	湖南	销售总额
产品 A	1 季度	6 892	3 129	1 821	1 527	13 369
	2 季度	4 731	2 762	1 692	1 983	11 168
	3 季度	2 183	1 185	1 241	1 603	6 212
	4 季度	2 278	1 261	919	1 769	6 227
产品 B	1 季度	3 204	1 781	190	803	5 978
	2 季度	1 866	1 205	276	1 334	4 681
	3 季度	983	993	317	1 002	3 295
	4 季度	1 803	803	204	605	3 415
产品 C	1 季度	3 834	5 006	483	554	9 877
	2 季度	2 769	3 740	691	726	7 926
	3 季度	1 187	1 462	582	860	4 091
	4 季度	2 072	2 683	351	713	5 819
		33 802	26 010	8 767	13 479	82 058

从交叉表的结构可以看出，制作交叉表的关键在于变量的选择。变量要与研究内容紧密相关，其选择应在调查之前完成。我们也看到，交叉表与交叉配额抽样方案所使用的表格结构十分相似，实际上两者在思想上确有相同之处。交叉表中的变量是有相互关系的，但这种关系不一定是因果关系。

使用交叉表的另一个要求是数据必须完备，这也就是说调查所需要的样本总量要足够大。

如果交叉表中存在过多缺失数据，会严重影响描述变量之间的关系。

另外，我们对交叉表中的数据进行分析时往往不是每个数据都进行研究。变量选择不当将得出错误结论；有时即使变量和数据没有错误，也会因为无法解读每个数据而找不到内在关系。

(二)交叉分析过程

1. 交叉表的分析解读

交叉分析是基于交叉表进行的。交叉分析重点是根据数据，说明变量的特征和变量之间的相互关系。

表 7-5 所显示的是保险公司关于驾驶事故的调查数据，在交叉表中变量是性别和事故类型。从调查人数看，男性 7 080 和女性 6 950 相差无几，因此可以使用频数分析。从数据看出，无论男性，还是女性，从未在驾驶中出现事故的人数都多于至少在驾驶中出现一次事故的人数，这也就意味着在赔偿费率计算合理时可以产生盈利；对于女性，从未在驾驶中出现事故的人数更多，因此吸引女性投保是更合算的。

表 7-5 保险公司关于驾驶事故的调查

事故类型	男性	女性
从未在驾驶中出现事故	3 965	4 309
至少在驾驶中出现一次事故	3 115	2 641
调查人数	7 080	6 950

2. 交叉表中频数向频率的转换

在频率分布分析中我们介绍过，使用频率常常比使用频数更为准确。在交叉分析中我们也会将频数转换成频率。

以下是一项关于居住时间与对本地超市熟悉程度关系的调查，见表 7-6。

表 7-6 居住时间与对本地超市熟悉程度关系频数表

熟悉程度	居住时间			总数
	小于 13 年	13～30 年	大于 30 年	
不熟悉	45	34	55	134
熟悉	52	53	27	132
调查人数	97	87	82	266

在这里，我们可以按照居住时间、熟悉程度两种方式将频数转换成频率。转换的依据是由研究目的所决定的，一般以自变量为基准进行转换，见表 7-7。

表 7-7 居住时间与对本地超市熟悉程度关系频率表 %

熟悉程度	居住时间		
	小于 13 年	13～30 年	大于 30 年
不熟悉	46.4	39.1	67.1
熟悉	53.6	60.9	32.9
合计	100	100	100

3. 交叉表中引入新变量

交叉分析的主要优势在于引入新变量后，可以使分析精度增加。表 7-8 是一项关于时装购买状况的调查，这是一个双变量交叉表。

表 7-8 时装购买状况的双变量表 %

时装购买状况	婚姻状况	
	已婚	未婚
高	31	52
低	69	48
合计	100	100
调查人数	700	300

在表 7-8 中，变量是婚姻状况和时装购买状况，在此我们引入第三个变量性别，形成表 7-9 所示的交叉表。

表 7-9 时装购买状况的三变量表 %

时装购买状况	男性		女性	
	已婚	未婚	已婚	未婚
高	35	40	25	60
低	65	60	75	40
合计	100	100	100	100
调查人数	400	120	300	180

交叉表引入新变量会使原有的分析发生变化。以双变量引入一个变量而成为三变量的交叉表为例，该交叉分析结果可能会出现四种情况。当原来两个变量具有每种联系时，新变量会使原变量关系更为精确，或者不改变原变量间的关系；当原来两个变量没有联系时，新变量会使原变量具备某种联系，或者使原变量仍没有联系。

三、假设检验

市场调查中我们常常提出一些判断性主题。例如，今年的销售状况是否好于去年；消费者对两种产品包装有无偏好；竞争对手的形象是否更好；中等收入家庭对奢侈品有无购买需求；产品定价是否合理等。这些问题有时是调查过程中的问题，有时就是一项市场调查的目的。我们用调查数据对该问题进行判断，所采用的方法是假设检验。

(一)假设检验的过程

假设检验用来判断样本与样本，样本与总体的差异是由抽样误差引起还是本质差别造成的统计推断方法。其基本原理是先对总体的特征作出某种假设，然后通过抽样研究的统计推理，对此假设应该被拒绝还是接受作出推断。

我们在市场调查中得到的调查结果，其真实性由两方面决定，即本质和误差。本质因素是一种大概率因素，是经常发生的；误差因素是一种小概率因素，在调查样本足够多或调查精度足够大时误差因素会降低。我们通过统计分析，可以排除误差因素的影响，保留本质性因素，并说明我们判断的正确性。

假设检验利用了小概率事件反证法。误差因素是小概率事件，并且我们事前假设这些因素是误差因素。如果我们认定的这些因素，其出现概率足够小，我们就认为我们的假设是成立的；如果我们认定的这些因素，其出现概率足够大，就会推翻我们事前的假设。

具体而言，假设检验的实施步骤有三步：提出检验假设、选择检验方法和计算统计量、作出推断结论。

提出检验假设。这里提出的假设是我们将进行判定的命题，包括原假设和备择假设。原假设用 H_0 表示，是指与原来设想一致的、没有差别的或等价的表述。备择假设用 H_1 表示，是指与原来设想对立的、相反的或矛盾的表述。通常，H_0 成立时要求误差概率较大，即样本与总体或样本与样本间的差异是由抽样误差引起的；H_1 成立时要求误差概率较小，即样本与总体或样本与样本间的差异不是由抽样误差引起的，而是有本质引起的。为了判断误差水平，还要预先设定的检验水准，即显著性水平，记作 α，一般取 $\alpha=0.05$ 或 $\alpha=0.01$。

选择检验方法和计算统计量。选择检验方法是假设检验的关键环节，假设检验方法分为参数检验和非参数检验。参数检验是在总体分布形式已知的情况下，对总体分布的参数进行的检验，常用参数检验有 u 检验、t 检验、F 检验、χ^2 检验等。非参数检验不涉及有关总体分布的参数，常用单总体非参数检验有卡方检验、二项分布检验、K-S 检验等。选择检验方法要根据研究类型、目的和资料情况，例如配对的两样本均数比较，选用 t 检验；完全随机的两样本均数比较，选用 u 检验或 t 检验等。每种特定的检验方法有需要计算的样本统计量，如 u、t 值等，此时要根据调查数据对这些样本统计量进行计算。

作出推断结论。通过计算统计量，我们可以得到现有数据下统计量的值，把该值与 H_0 假设时确定的标准进行比较，这个比较值称作 P。根据 P 的大小可以判断接受或拒绝 H_0 假设。

在进行假设检验后，我们需要将数学结果转变成市场调查的结论。例如，在研究“消费者对两种产品包装有无偏好”这一问题时，如果 H_0 假设是“消费者对两种产品包装没有偏好”，而假设检验判断结果拒绝了 H_0，那么我们需要对产品包装有所选择，以适应消费者的需求偏好。

运用假设检验对数据资料的要求比较高。进行假设检验前必须注意资料的可行性，这是指数据资料在统计上是否具有意义，以及在统计上有意义的数据资料在描述市场现象中是否有意义。选择假设检验方法是难点，必须研究目的和数据资料特点。由于数据资料和检验水准确定的原因，容易错误地拒绝原本成立的假设，或者错误地接受原本不成立的建设，因此必须恰当地设定检验水准。对判断结论要慎重，判断错误的可能性是存在的。特别是，建设检验在数学上得出的有意义的结论，在市场角度可能是错误的。

（二）常用的假设检验方法

1. U 检验

U 检验是一种用于调查数据平均值差异性的假设检验方法。这种检验要求调查样本足够大，然后考察这些样本数据的分布状况。由于标准的数据分布呈正态分布，因此考察调查数据的实际分布就可以进行比较，从而推断调查数据值与理论值的差异是否显著。这种方法也可以推及两组调查数据之间的比较。

U 检验的具体运用分以下几个步骤。首先建立假设，假定两个平均数之间没有显著差异。然后根据单一变量和双变量的不同情况，选用不同的统计量计算 u 值。计算之后，比较两个 u 值，推断发生的概率，并依据 u 值与差异显著性关系作出判断。

U 检验分为单一变量和双变量两种情况。

单一变量的 U 检验是检验一个样本平均数与一个已知的总体平均数的差异是否显著。这种情况下其原假设为 $H_0:\mu=\mu_0$，备择假设 $H_1:\mu\neq\mu_0$（或 $\mu>\mu_0$；$\mu<\mu_0$）。计算公式如下：

$$u=\frac{\bar{x}-\mu_0}{\frac{\sigma}{\sqrt{n}}}$$

式中，u 是 u 检验统计量；$\bar{x}$ 是样本的平均数；μ_0 是已知总体的平均数；σ 是样本的方差；n 是样本容量。拒绝域在显著水平 α 下为：$|u|>u\frac{\alpha}{n}$（或 $u>u_\alpha$，$u<-u_\alpha$）。

双变量的 U 检验是检验来自两个的两组样本平均数的差异性，从而判断它们各自代表的总体的差异是否显著。这种情况下其原假设为 $H_0:\mu_1=\mu_2$，备择假设 $H_1:\mu_1\neq\mu_2$（或 $\mu_1>\mu_2$）。计算公式如下：

$$u=\frac{\bar{x}_1-\bar{x}_2}{\sqrt{\frac{\sigma_1^2}{n_1}+\frac{\sigma_2^2}{n_2}}}$$

式中，u 是 u 检验统计量；$\bar{x}_1$、$\bar{x}_2$ 是样本 1、样本 2 的平均数；σ_1、σ_2 是样本 1、样本 2 的方差；n_1、n_2 是样本 1、样本 2 的容量。拒绝域在显著水平 α 下为：$|u|>u\frac{\alpha}{n}$（或 $u>u_\alpha$）。

2. t 检验

t 检验也是一种用于调查数据平均值差异性的假设检验方法。但是，这种检验要求调查样本比较小，例如样本量小于 30。t 检验的数据分布也要求是正态分布，但由于样本量较小，因而难于确定总体的方差，这时我们可以利用样本的标准差进行假设检验。从数据分布状态看，t 检验的数据分布图形与正态分布基本相似，但其自由度为 $n-1$；如果 $n>50$，那么其数据分布可以被正态分布取代。

t 检验的实施过程与 u 检验基本一致。采用 t 检验还是 u 检验主要从样本容量、方差或标准差的已知状况来确定。

t 检验一般分为单一变量、配对双变量、独立双变量三种类型。

单一变量的 t 检验是检验一个样本平均数与一个已知的总体平均数的差异是否显著。这种情况下其原假设为 $H_0:\mu=\mu_0$，备择假设 $H_1:\mu\neq\mu_0$（或 $\mu>\mu_0$；$\mu<\mu_0$）。计算公式如下：

$$t=\frac{\bar{x}-\mu_0}{\frac{S}{\sqrt{n}}}$$

式中，t 是 t 检验统计量；$\bar{x}$ 是样本的平均数；μ_0 是已知总体的平均数；S 是样本的标准差；n 是样本容量。拒绝域在显著水平 α 下为：$|t|>t_{\frac{\alpha}{2}}$（或 $t>t_\alpha$，$t<-t_\alpha$）。

配对双变量的 t 检验是检验两组匹配的调查数据，或在两种不同条件下所做的同一调查所获得的数据之间的差异是否显著。由于是匹配数据，因此这两组数据之间具有相关性。这种情况下其原假设为 $H_0: \mu_1=\mu_2$，备择假设 $H_1: \mu_1 \neq \mu_2$ 或 $\mu_1>\mu_2$。计算公式如下：

$$t=\frac{\overline{x}_1-\overline{x}_2}{\sqrt{\frac{S_1^2+S_2^2-2\gamma S_1 S_2}{n}}}$$

式中，t 是 t 检验统计量；$\overline{x}_1$、$\overline{x}_2$ 是样本 1、样本 2 的平均数；S_1、S_2 是样本 1、样本 2 的标准差；γ 是样本 1、样本 2 的相关系数；n 是样本 1、样本 2 的样本容量。拒绝域在显著水平 α 下为：$|t|>t_{\frac{\alpha}{2}}$（或 $t>t_\alpha, t<-t_\alpha$）。

独立双变量的 t 检验是检验两组相互独立、没有关联性的调查数据间的差异是否显著。这种情况下其原假设为 $H_0: \mu_1=\mu_2$，备择假设 $H_1: \mu_1 \neq \mu_2$ 或 $\mu_1>\mu_2$。计算公式如下：

$$t=\frac{\overline{x}_1-\overline{x}_2}{\sqrt{\frac{(n_1-1)S_1^2+(n_2-1)S_2^2}{n_1+n_2-2}\left(\frac{1}{n_1}-\frac{1}{n_2}\right)}}$$

式中，t 是 t 检验统计量；$\overline{x}_1$、$\overline{x}_2$ 是样本 1、样本 2 的平均数；S_1、S_2 是样本 1、样本 2 的标准差；n_1、n_2 是样本 1、样本 2 的样本容量。拒绝域在显著水平 α 下为：$|t|>t_{\frac{\alpha}{2}}$（或 $t>t_\alpha, t<-t_\alpha$）。

3. F 检验

F 检验是关于两组调查数据的总体方差是否相等的假设检验。在 t 检验中我们需要保证两组调查数据的总体方差相等，因此 F 检验通常作为 t 检验的前提检验。F 检验的基本思想是比较两组调查数据的方差，以判定两者的精确性有无显著性差别。这一检验并不能判定两组调查数据之间的整体差别，调查数据的整体差别是有 t 检验来完成的。

F 检验的原假设为 $H_0: \sigma_1^2=\sigma_2^2$，备择假设：$\sigma_1^2 \neq \sigma_2^2$ 或 $\sigma_1^2>\sigma_2^2$。计算公式如下：

$$F=\frac{S_1^2}{S_2^2}$$

式中，S_1、S_2 是样本 1、样本 2 的标准差。F 检验的原假设拒绝域在显著水平 α 下为：$F>F_{\frac{\alpha}{2}}$，$F<F_{1-\frac{\alpha}{2}}$ 或 $F<F_\alpha$。

4. 卡方检验

卡方检验是常用的非参数假设检验，用于检验两个分类指标间有无关联，检验两个或多个样本率（或构成比）的差别有无统计意义，还能用于检验某指标是否符合某种特定分布类型。卡方检验的基本思想是对比较理论频数和实际频数的吻合程度，当调查数据的实际频数与理论频数相一致时，我们将接受调查数据的结果；而当实际频数与理论频数差异程度很大时，我们则认为调查数据是难于接受的。卡方检验还可以推及两组调查数据，以判断两者的吻合程度。

卡方检验分为单一变量和双变量两种情况。

单一变量的卡方检验主要用于分类变量，以检验调查数据中某一变量下频数的类别差异性。其原假设为 H_0：变量 X 与类别是独立的；备择假设 H_1：变量 X 与类别是不独立的。计算公式如下：

$$\chi^2=\sum_{i=1}^{k}\frac{A_i-T_i}{T_i}$$

式中，χ^2 是卡方检验统计量；A_i 是调查数据的频数；T_i 是理论上的期望频数。拒绝域在显著水平 α 下为：$\chi^2 > \chi^2_\alpha$。

双变量的卡方检验用于检验两组调查数据的关联程度，例如交叉表中变量特征的影响性分析。其原假设为 H_0：两组数据的变量特征无相互影响，备择假设 H_1：两组数据的变量特征有相互影响。计算公式如下：

$$\chi^2 = \sum_{i,j} \frac{A_{ij} - T_{ij}}{T_{ij}}$$

$$T_{ij} = \frac{n_i n_j}{n}$$

式中，χ^2 是卡方检验统计量；A_{ij} 是调查数据在 (i,j) 单元的频数；T_{ij} 是理论上 (i,j) 单元的期望频数。n_i、n_j 是数据 (i,j) 单元的行、列总频数，n 是样本容量。拒绝域在显著水平 α 下为：$\chi^2 > \chi^2_\alpha$。

四、方差分析

市场调查中我们常常需要分析一些影响因素对整个现象的影响。例如，产品销售结果受产品的质量、品牌、价格、功能、商标、销售方式、消费者、地区等多种因素的影响，每种因素或多种因素的变化，将导致销售结果出现差异。因此，鉴别影响因素并考察其影响程度，就需要涉及方差分析。

方差分析是比较两组或两组以上调查数据的总体均值的统计分析方法。一种市场现象，常常受多种因素的影响，因而在调查数据上表现出波动性。造成波动的元素分为两类，一类是不可控制的随机因素，另一类是研究中施加的对结果形成影响的可控因素。一个复杂的事物往往涉及许多因素，而这些因素又是互相制约、互相依存的。我们一般把可控因素称为因素，把因素变化的多个等级称为水平。

方差分析的基本原理是对调查数据进行分析，寻找那些对市场现象有显著影响的因素，考察这些因素的相互关系，以及显著影响因素对市场现象的最佳影响水平。寻找影响因素的方式，就是将造成调查数据波动的随机因素和可控因素相分离，并将两者进行比较。如果差异不大，则认为随机因素对调查数据的总体影响不大；如果差异很大，则认为随机因素对调查数据的总体有重要影响。

例如，我们调查男、女两种性别消费者对某一产品所期望的价格是否存在差异。男性被调查者有 20 人，女性被调查者有 15 人。在上述两组数据中，组内变异，即由于随机误差的原因使男性、女性两组内部的期望价格数值各不相等；组间变异，即由于性别的影响使得男性、女性两组的期望价格数值的均数大小不等。这时，我们先消除各组样本数不同的影响，然后在男性、女性两组间进行比较。这种比较使用了 F 检验，如果 F 值接近 1，则说明男性、女性两组间没有差异；反之，则说明男性、女性两组间存在差异。从统计角度看，如果两组数据存在差异，则说明性别是一个影响价格的显著性因素。从市场角度看，如果男性、女性对该产品所期望的价格存在差异，也就是说需要针对男性、女性进行分别定价。

方差分析是有前提条件的。因素的水平是可以严格控制的，这样可以把每个因素的水平作为自变量。各组调查数据的总体分布呈正态分布，且总体方差相等。各组调查样本是相互独立的随机样本。

方差分析分为单因素方差分析和多因素方差分析。单因素方差分析只涉及一个因素，这个因素对应多个变化等级水平。多因素方差分析涉及多个因素，这些因素对应多个变化等级水平。

方差分析的实施过程是假设检验。单因素方差分析的实施过程包括确定独立变量和非独立变量；提出原假设 H_0 和备择假设 H_1；分解调查数据的总体变差；计算相关统计量，进行显著性检验；根据检验结果，提出分析结论。多因素方差分析和单因素方差分析的具体过程大致相同，其使用的相关统计量也相似，差别仅仅在于变异的分解方式有所不同。

1. 单因素方差分析

单因素方差分析用于分析由单一因素影响的调查数据各组平均值的差异。

单因素方差分析的数据结构见表 7-10。其中，组数即水平数，记作 $A_1, \cdots A_k$；X 是影响因素，也即自变量；第 j 个数据组的观察值为 $X_{j1} \cdots X_{jn}$；每组的样本容量为 n，样本的总容量为 $N = n_1 + n_2 + \cdots + n_k$。

表 7-10　单因素方差分析的数据结构

组数	观察值					
A_1	X_{11}	X_{12}	…	X_{1i}	…	X_{1n}
A_2	X_{21}	X_{22}	…	X_{2i}	…	X_{2n}
⋮	⋮	⋮	⋮	⋮	⋮	⋮
A_j	X_{j1}	X_{j2}	…	X_{ji}	…	X_{jn}
⋮	⋮	⋮	⋮	⋮	⋮	⋮
A_k	X_{k1}	X_{k2}	…	X_{ki}	…	X_{kn}

根据前面所述方差分析的原理，寻找数据波动的影响因素是方差分析的关键，这一过程我们称之为变差分解。单因素方差分析中，数据的总变差由两部分构成：各组内数据的变差之和加上各组间数据的变差之和；组内变差反映了调查数据在抽样中产生的随机误差，组间变差反映了系统可控因素产生的误差。变差的计算公式如下：

$$SS_{总} = SS_{组内} + SS_{组间}$$

$$SS_{总} = \sum_{j} \sum_{i} (x_{ij} - \overline{\overline{x}})^2$$

$$SS_{组内} = \sum_{j} \sum_{i} (x_{ij} - \overline{x}_j)^2$$

$$SS_{组间} = n_j \sum_{j} (x_j - \overline{\overline{x}})$$

式中，$SS_{总}$ 是总变差；$SS_{组内}$ 是组内变差；$SS_{组间}$ 是组间变差；$\overline{\overline{x}}$ 是总平均数；$\overline{x}_j$ 是第 j 组平均数，x_{ij} 是第 j 组第 i 个样本值，n_j 是组数。

单因素方差分析的假设检验采用 F 检验，提出的原假设为 $H_0: \mu_1 = \mu_2 = \cdots = \mu_k$，检验统计量的计算公式如下：

$$F=\frac{SS_{组间}/(k-1)}{SS_{组内}/(N-k)}$$

式中，F 是检验统计量；$SS_{组内}$ 是组内变差；$SS_{组间}$ 是组间变差。原假设的拒绝域在显著水平 α 下为：$F>F_{\alpha}$

2. 无交互作用的双因素方差分析

双因素方差分析用于分析由两因素影响的调查数据各组平均值的差异。这两个因素可能出现两种情况，一种是相互之间没有交互作用，一种是相互之间存在交互作用。有交互作用的双因素方差分析过于复杂，在此我们将不进行介绍。

双因素方差分析的数据结构见表 7-11，我们在此仅列有一组调查数据。从数据结构表中我们可以看到，调查数据受 A、B 两种因素的影响，因此 A、B 是两个自变量。因素 A 所处的列位置有 r 个水平；因素 B 所处的行位置有 k 个水平。这组调查数据的样本容量为 $n=r\times k$。

表 7-11　双因素方差分析的数据结构

		因素 A					
		A_1	A_2	…	A_i	…	A_r
因素 B	B_1	X_{11}	X_{12}	…	$X\,1i$	…	$X\,1r$
	B_2	X_{21}	X_{22}	…	X_{2i}	…	X_{2r}
	⋮	⋮	⋮	⋮	⋮	⋮	⋮
	B_j	X_{j1}	X_{j2}	…	X_{ji}	…	X_{jr}
	⋮	⋮	⋮	⋮	⋮	⋮	⋮
	B_k	X_{k1}	X_{k2}	…	X_{ki}	…	X_{kr}

无交互作用的双因素方差分析所进行的变差分解与单因素方差分析的思想基本相同，差异之处是无交互作用的双因素方差分析需要分别考察 A、B 两个因素所产生变差。变差的计算公式如下：

$$SS_{总}=SS_{组内}+SS_{A因素}+SS_{B因素}$$

$$SS_{总}=\sum_{j}\sum_{i}(x_{ij}-\overline{x})^2$$

$$SS_{组内}=\sum_{j}\sum_{i}(x_{ij}-\overline{x}_i-\overline{x}_j+\overline{x})^2$$

$$SS_{A因素}=r\sum_{i}(x_i-\overline{x})^2$$

$$SS_{B因素}=k\sum_{j}(x_j-\overline{x})^2$$

式中 $SS_{总}$，是总变差；$SS_{组内}$ 是组内变差；$SS_{A因素}$ 是 A 因素造成的变差；$SS_{B因素}$ 是 B 因素造成的变差；$\overline{x}$ 是总平均数；$\overline{x}_i$ 是 A 因素同一水平的样本平均数；$\overline{x}_j$ 是 B 因素同一水平的样本平均数；是 x_{ij} A、B 因素 ij 的样本值；r 是 A 因素的水平数；k 是 B 因素的水平数。

无交互作用的双因素方差分析与单因素方差分析的假设检验过程相同，但需要对 A、B 两个因素分别进行 F 检验。提出的原假设为 $H_0:\mu_{A1}=\mu_{A2}=\cdots=\mu_{Ar};\mu_{B1}=\mu_{B2}=\cdots=\mu_{Bk}$。检验统计量的计算公式如下：

$$F_{A因素}=\frac{SS_{A因素}/(r-1)}{SS_{组内}/(r-1)(k-1)}$$

$$F_{B因素}=\frac{SS_{B因素}/(k-1)}{SS_{组内}/(r-1)(k-1)}$$

式中，$F_{A因素}$、$F_{B因素}$是检验统计量；$SS_{组内}$是组内变差；$SS_{A因素}$是A因素造成的变差；$SS_{B因素}$是B因素造成的变差。原假设的拒绝域在显著水平α下为：$F_{A因素}>F_{\alpha}$或$F_{B因素}>F_{\alpha}$。

下面我们举例说明方差分析的具体应用，为了简便起见，我们仅以单因素方差分析为例。

某企业将四种规格的化妆品在五个地区进行销售，其销售额数据如表7-12所示。我们将分析不同产品规格在销售额上的差异性。

表 7-12　不同规格化妆品的销售数据　　万元

	地区				
	A	B	C	D	E
规格 1	1 060	1 148	1 004	1 164	1 088
规格 2	1 248	1 132	1 232	1 116	1 184
规格 3	1 116	1 004	1 140	968	1 060
规格 4	1 232	1 184	1 296	1 268	1 312

我们采用F检验，提出的原假设为H_0：四种产品规格在销售额上没有差异，即$\mu_1=\mu_2=\mu_3=\mu_4$。

我们将四种规格化妆品作为数据组，其平均值分别为$\bar{x}_1=1\ 092.8$，$\bar{x}_2=1\ 182.4$，$\bar{x}_3=1\ 057.6$，$\bar{x}_4=1\ 258.4$，总平均值为$\bar{x}=1\ 147.8$。

根据$SS_{总}=\sum_j\sum_i(x_{ij}-\bar{x})^2$公式计算，总变差$SS_{总}=185\ 487.2$

根据$SS_{组内}=\sum_j\sum_i(x_{ij}-\bar{x}_j)^2$公式计算，组内变差$SS_{组内}=62\ 534.4$

根据$SS_{组间}=n_j\sum_j(x_j-\bar{x})$公式计算，组间变差$SS_{组内}=122\ 952.8$

根据检验统计量$F=\frac{SS_{组间}/(k-1)}{SS_{组内}/(N-k)}$公式计算，$F=\frac{122\ 952.8/(4-1)}{62\ 534.4/(20-4)}=10.486$

对于显著水平$\alpha=0.05$，我们通过F分布表查出临界值，$F_{0.05}(3,16)=3.24$。

由于，$F>F_{\alpha}$所以拒绝H_0，即认为产品规格对销售有显著影响。

五、相关分析

市场现象常常具有相关特性。例如，人们的消费水平常常与收入相关联，产品的市场占有率和企业所进行促销投入有关，消费者对产品品牌的认知程度与产品的价格接受程度有关。市场调查必须了解哪些市场现象是具有关联性的，这些关联性到底有多大，它们是如何建立关联关系的。解决这些问题需要进行相关分析。

相关分析是指通过调查数据研究两个或两个以上变量之间是否存在相关关系，如果存在相关关系，其相关性质和程度如何。

相关分析所依据的原理是事物之间存在不确定性关系。在现实环境中，事物之间可能存在两种关联形式，即函数关系和不确定性关系。函数关系是一种有关的关联形式，而不确定性关系则表明事物之间既存在关联性，但关联的具体形式不确定。事物如果处于不确定性关系时，其调查数据在分布上呈现出一定一致性。如果我们把调查数据制作成散点图，那么具有相关关系的不同变量就会表现出一定的线性或非线性分布。我们正是利用这种数据分布特点来判断事物间的相关关系的。

相关分析可以适用于两个变量，也可以适用于多个变量。变量按其相关关系形态可以分为线性相关和非线性相关。当变量的变化趋势一致时，相关性表现为正相关；当变量的变化趋势相反时，相关性表现为负相关。从相关程度上看，变量可以表达为无相关关系、微弱相关、低度相关、显著相关、高度相关、完全相关。

相关分析的主要工作包括三个方面：第一是确定变量之间是否存在相关关系，以及相关关系呈现的状态；第二是确定相关关系的密切程度，这主要是通过绘制数据分布的散点图和计算数据的相关系数来完成的；第三是对相关系数的显著性进行检验。

数据相关表是现实变量之间相关关系的统计表，通常是将两个变量的对应数值平行排列，且其中一个数值按取值大小顺序排列。数据相关表的结构见表 7-13。对于这两个变量，我们把其中作为变化根据的变量称为自变量 X，发生对应变化的变量称为因变量 Y。

表 7-13 数据相关表

变量 X	x_1	x_2	…	x_i	…	x_n
变量 Y	y_1	y_2	…	y_i	…	y_n

相关分析对数据有一定要求，一般情况下样本量要大于 30，数据过少会导致分析结果准确性下降。不同变量要求使用成对的调查数据，任意两个个体之间的调查数据是不能进行相关分析的。当进行相关系数计算时，如果数据过少会计算出较大的相关系数，而两个事物之间可能并没有相关关系。如果两个事物存在相关关系，但两者之间并不一定存在因果关系。而如果两个事物没有线性相关关系，并不一定说明两者没有相关关系，两者可能是非线性相关关系。

相关系数是分析变量之间相关性的重要统计量，它描述了两个变量相互之间的变化方向和密切程度。相关系数的计算一般分为三种，即皮尔逊相关、斯皮尔曼相关和肯得尔相关。皮尔逊相关是运用最广的相关系数，它反映了两个变量之间的线性相关特性，这种相关系数的计算要求变量是连续性的。计算公式如下：

$$r=\frac{\sum_i (x_i-\bar{x})(y_i-\bar{y})}{\sqrt{\sum_i (x_i-\bar{x})^2 \sum_i (y_i-\bar{y})^2}}$$

式中，r 是相关系数；x_i、y_i 是 X、Y 样本的数据观测值；$\bar{x}$、$\bar{y}$ 是 X、Y 样本的平均值。

以该公式计算的相关系数 r 在 -1 到 1 之间，所表示的相关程度如下：

$r>0$，　　表明是正相关
$r<0$，　　表明是负相关
$r=0$，　　表明不存在线性相关关系
$0<|r|\leqslant 0.3$，　　表明微弱相关
$0.3<|r|\leqslant 0.5$，　　表明低度相关
$0.5<|r|\leqslant 0.8$，　　表明显著相关

$0.8<|r|\leqslant 1$，　　表明高度相关

$|r|=1$，　　表明完全相关

相关系数一般是将样本相关系数 r 转换成总体相关系数 ρ 进行假设检验。这时检验的原假设为 $H_0:\rho=0$，备择假设 $H_1:\rho\neq 0$。计算公式如下：

$$t=r\sqrt{\frac{n-2}{1-r^2}}$$

式中，t 是 t 检验统计量；r 是样本相关系数。它服从 $n-2$ 的 t 分布，拒绝域在显著水平 α 下为：$|t|>t_{\frac{\alpha}{2}}(n-2)$。

以下我们以一个实例进行说明。

某产品以两种包装 A、B 在 10 个地区进行销售，其销售价格数据如表 7-14：

表 7-14　包装 A、B 的销售价格数据相关表

地区	1	2	3	4	5	6	7	8	9	10
包装 A	24	22	26	20	23	21	24	25	22	23
包装 B	24	18	25	22	20	23	19	24	23	22

首先，我们考察该产品的包装 A、包装 B 在 10 个地区销售价格的相关性。

根据调查数据，我们计算出 $\bar{x}=22$、$\bar{y}=23$，然后利用公式 $r=\dfrac{\sum_i(x_i-\bar{x})(y_i-\bar{y})}{\sqrt{\sum_i(x_i-\bar{x})^2\sum_i(y_i-\bar{y})^2}}$ 计算，我们可以得出 $r=0.342\,6$。

由于 $0.3<0.342\,6<0.5$，符合 $0.3<|r|\leqslant 0.5$ 条件，我们可以得出包装 A、包装 B 的销售价格是低度相关的，或者说两种的相关性是不显著的。

为了对我们得出的结论进行判断，我们下面进行假设检验。

原假设 H_0：包装 A、包装 B 在销售价格上没有相关关系 $\rho=0$，备择假设 H_1：包装 A、包装 B 在销售价格上存在相关关系 $\rho\neq 0$。

在此，$n=10$、$r=0.342\,6$，利用公式 $t=r\sqrt{\frac{n-2}{1-r^2}}$ 计算，我们可以得出 $t=1.03$。

使用 t 分布表查询，在 $\alpha=0.05$、$n=10$ 的情况下，$t_{\frac{0.05}{2}}(10-2)=2.306$。

由于 $1.03<2.306$，与 $|t|>t_{\frac{\alpha}{2}}>(n-2)$ 的拒绝域相反，因此没有拒绝原假设 H_0，即包装 A、包装 B 在销售价格上没有相关关系。

最后，从市场角度进行分析，我们可以认为该产品的包装 A、包装 B 在 10 个地区销售时，其价格之间的相关关系是不显著的。

子任务三　市 场 预 测

一、时间序列方法

市场调查的目的不仅仅是描述已知的市场现象，更重要的是探寻市场的内在规律和发展

动向。例如，我们常常希望了解未来市场规模有多大？人们的需求有何变化？明年的产品价格如何确定？销售量和营业利润能多大什么水平？这些问题对判断未来市场，确定经营计划是有直接意义的。在更深一个层次看，市场分析的许多工作是从已知探索未知的。例如今年的粮食产量对明年的食品价格有何影响？新竞争对手出现后将会出现什么样的竞争格局？这些工作需要对市场现象进行预测。

(一)时间序列方法的过程

时间序列是调查所得到的某些观测数值，可以按照时间排列成先后顺序。时间序列是很大事务所拥有的特性，但市场现象的时间序列特性尤为突出。例如，企业是销售量、产品的价格都是可以按时间顺序排列的。时间序列预测方法就是依据市场现象的时间序列特性，从调查数据中寻找时间序列规律，并运用递推方式预测未来市场现象的水平。基本的时间序列预测方法可以分为平均法、指数平滑法、季节指数法、趋势外推法等。

时间序列法的原理是市场现象发展演进的有序性和市场现象之间的关联性。大多数情况下，市场现象是有一个发展过程的，这一过程受本质和偶然两方面因素的影响。本质因素体现着市场的内在联系或规律，在时间序列下表现为市场现象发展进程中主要因素之间的关联性。例如，人们的收入水平决定着购买力，而购买力又对总体物价水平有影响；当我们能够了解人们的收入变动状况后，也就在一定程度上了解了物价总体水平的变动趋势。偶然因素是外部因素或人们未知的影响因素，例如，经济危机和自然灾害会突然出现，这时物价总体水平会受到重大影响。

时间序列法旨在发现市场的内在关联性或规律，并剔除偶然因素的影响。市场的内在关联性或规律最终体现在研究对象所针对的变量，以及针对变量的时间函数。时间序列法并不深究市场现象发展的因果关系，而是深究数量上的相关关系。偶然因素的直接结果是造成误差，因此剔除偶然因素的过程就是减少函数误差的过程。由于偶然因素的作用，有时时间序列法预测的结果与实际结果并不一致，但增加调查数据精度、使用更佳的数学模型会使预测的结果与实际结果更接近一致。

时间序列法与时间序列类型关系密切。最常见的时间序列类型有长期变动趋势、季节变动趋势、循环变动、不规则变动等。长期变动趋势是指调查数据在一个较长时期内具有特定的变动趋势，例如，宏观经济是否景气能维持很长时期，通货膨胀所造成的物价上涨趋势在短时间内不会改变，手机、汽车等消费品的生产成本呈现下降趋势等。季节变动趋势是调查数据受季节的周期性变化而形成的循环往复特性，例如，蔬菜价格在一年四季内的高低起伏，饮料销售量在每年夏季形成高峰，服装款式的应季变化等。循环变化是指调查数据在一个特定周期内的有规律的变化，这种周期不仅仅是一年四季，例如经济周期，房地产建设周期，电子消费品的新产品和价格波动周期等。不规则波动是指调查数据出现的随机变动，其随机变动的诱因常常是自然、社会、经济的偶然因素，例如金融危机所产生的影响等。一个具体市场现象的时间序列往往是上述多种时间序列的综合表现，例如，每种产品的销售量可能同时经济周期、居民收入增长、季节、新产品周期等多种因素的影响，可以看作几种时间序列的叠加，我们在分析一个具体的时间序列时也常常需要把这些因素分解开来。

时间序列法的实施过程一般包括时间序列的编制、时间序列的分析、选择时间序列预测方法、计算预测、误差分析和进行市场现象解释等。时间序列的编制依赖调查数据。调查数据越充实，此后的时间序列及其预测越准确。用于时间序列的调查数据通常是历史性数据，可能出现缺失数据、调查口径不一致、调查时间不准确等情况，因此调查数据必须进行一定整理。而在此基础上的时间序列的编制是指将调查数据按时间顺序排列的过程。时间序列编制的最终结果常常是一个时间序列表，或以图形表达出来。时间序列分析是指对时间序列分解，并寻找适宜的时间序列类型的过程。前面我们曾说明，一个具体的时间序列往往由多种时间序列构成，因此分解时间序列是实施时间序列法中难度较大的工作。时间序列分析要针对具体调查对象，依赖专业人员和专业知识，利用已有研究成果和计算机技术也很有成效。选择时间序列预测方法与时间序列分析与直接关系，通常两者是相匹配的。时间序列预测方法的难点在于数学模型的复杂性，以及对精确性的要求。由于时间序列法的中间过程脱离了因果分析而更多地是一种数学分析，所以数学模型上的细小差异都能对结果产生影响。在时间序列预测方法确定后，将利用调查数据进行计算，并进行计算结果的误差分析。目前，计算机在数据计算和误差分析中扮演着重要角色，这使得人工计算量大大减少，也使计算精度大大提高。最后，市场现象解释是返回市场现象研究，将预测值的市场含义进行解读，得出市场分析中的推出结论和建议。

(二)平均法

平均法是对一定时期内市场现象进行观察，并以其观察数据的平均值作为未来预测值的预测方法。这种方法适用于较为均衡稳定，或没有明显向上、向下变动趋势的市场现象。评价法较常用的具体方法有简单评价法、加权评价法和移动评价法。

1.简单评价法

简单评价法是以调查数据的平均数作为预测值的预测方法。调查数据可以是频数、频率或某一特定类型的观察值。简单平均法的思想是认为某种市场现象处于静态，未来与现在没有特别变化，而我们仅仅描述出市场现象的特点，并以之作为预测值即可。

简单平均法的计算公式与算数平均数的计算公式是相同的，具体如下：

$$\overline{X} = \frac{1}{n}\sum_{i=1}^{n} X_i$$

式中，$\overline{X}$ 是已有观察数据的平均数，也就是预测值；X_i 是已有观察数据；n 是观察期数。

简单平均法的应用实例是很多的。例如，一般年景下农作物的产量是比较稳定，如果我们想测算下一年一片土地的产量，把前几年这块土地的产量的平均值计算产量即可。

2.加权评价法

加权评价法是将观察期中每一个调查数据前赋予一个权数，然后计算其平均值，并以该平均值作为未来预测值的方法。

加权评价法可以看成是简单评价法的扩展。很多情况下，不同调查数据在整体数据中的地位是不一样的。例如，在对一个地区家庭平均购买力的调查中，家庭收入水平是不一样的，一般可以划分为低收入、中低收入、中等收入、中高收入、高收入等五类家庭。由于这五类家庭的比重是不一样的，如果进行使用简单法，计算出的平均购买力水平可能会被高收入家庭拉高或被低收入家庭拉低。因此，我们必须了解这五类家庭所占的比例，并结合这个比例进行计算。这个比例就是权数，它表示各个调查数据对总体结果的影响程度。权数一般是通过辅助调查获得的，例如，上述对一个地区家庭平均购买力的调查中，需要单列一个项目来调查不同收入家庭的比例。权数可以表示为小数，也可以表示为百分数，但权数之和应是1或百分之一百。

加权评价法的计算公式如下：

$$\overline{X}=\sum_{i=1}^{n}f_iX_i$$

式中，$\overline{X}$ 是已有观察数据的平均数；X_i 是已有观察数据；f_i 是权数且 $\sum_{i=1}^{n}f_i=1$。

例：一个地区家庭平均购买力调查的数据如表7-15所示。

表7-15 家庭平均购买力调查数据表

家庭类别	不同类别家庭所占比例（%）	年购买力水平（万元）
低收入家庭	8	2.11
中低收入家庭	31	4.97
中等收入家庭	37	9.32
中高收入家庭	19	16.74
高收入家庭	5	38.06

根据上述数据，我们以不同类别家庭所占比例作为权数，计算平均值的结果是10.24万元。

3.移动平均法

移动平均法是对时间序列的观察值设定一个跨越期，由远向近将跨越期的调查数据计算平均值的预测方法。随着时间序列的观察值向后推移，平均值也向后推移，并形成了一个新的时间序列，这个时间序列的最后一个平均值是预测值计算的依据。

移动平均法的优势是计算简便，同时又能反映数据的波动性。由于采用了跨越期，过远的数据将不是非常重要，而对预测结果有直接影响的是近期几个跨越期的数据。

移动平均法的关键是跨越期，它的采用减少了波动因素所产生的误差。在简单平均值法或加权平均值法中，由于对全部观察值进行平均计算，波动因素会相互抵消而无法准确显示变化趋势。移动平均法在跨越期包括全部调查数据时就相当于简单平均法，而跨越期只有一个数据时则就是原始数据，因此跨越期的长短决定了预测的角度。一般而言，跨越期的选择需要结合研究问题，如果随机因素较多，跨越期应较短；如果调查数据相对稳定，跨越期则可以较长。

移动平均法可以分为一次移动平均法和二次移动平均法。

一次移动平均法是指按一定跨越期对时间序列进行平均值的计算，并只形成一个新的时间序列的预测方法。其计算公式为：

$$\overline{X}_t=\frac{X_{t-1}+X_{t-2}+\cdots+X_{t-n}}{n}$$

式中，$\overline{X}_t$ 是预测值；X_i 是观察数据；t 是调查数据的时间；n 是跨越期。

例：某公司一年的物资采购量及其预测数，其中跨越期为3个月。

表 7-16　某公司一年的物资采购量及其预测数　　吨

月份	采购量	平均值
1	281	
2	282	
3	278	
4	284	
5	290	
6	291	283
7	286	285
8	282	285.5
9	279	286.6
10	286	285.6
11	288	284.8
12	283	284.2
1		283.6

在表 7-16 中，采购量是该公司一年实际发生量，平均值是预测量。使用移动平均法计算时，从 6 月开始有预测数，6 月的预测值为 1 月到 5 月实际发生数的平均值，记录的 6 月的平均值中，依此类推。我们可以看到，每月的预测数与实际发生数是有差别的，但预测数可以反映实际数的变化趋势和特点。

二次移动平均法是以一次移动平均值作为时间序列，再进行一次移动平均计算。二次移动平均法的具体计算过程与一次移动平均法是相同的，其采用原因是误差后移现象。一次平均法中，跨越期里形成的波动因素将在预测值中反映，因此出现了误差后移现象。采用二次移动平均法可以进一步减少这种误差后移，特别是调查数据呈线性变化时二次移动平均法的效果更为显著。

(三)指数平滑法

指数平滑法是将时间序列中最近数据和以往预测值分别加权计算平均值，因此用于预测的一种方法。这种方法方便易行，大大减少了数据使用量，能够减少随机因素和过远历史数据的影响，提高预测的精度。

指数平滑法的预测依据有两个，即最近市场现象的实际数据和前一期市场现象的预测数据，并给两者分布赋予权数 α 和 $1-\alpha$。指数平滑法对于最近市场现象更为重视，因为这时的调查数据对预测影响更大，而过远的历史数据则影响要小。随着时间的推移，新的市场实际数据不断出现，预测值不断调整，从而降低了预测的误差。对于近期数据和历史数据的作用，可以通过调整 α 来实现，α 越大则现实市场现象影响越大，α 越小则现实市场现象影响越小。

指数平滑法分为一次指数平滑法和二次指数平滑法。

1. 一次指数平滑法

一次指数平滑法是根据市场现象对预测值影响程度，选择适当的权数，以此对最近实际值和预测值进行加权计算来推算下一期预测值的预测方法，其中权数也被称为平滑系数。其计算公式是：

$$\overline{x}_t = \alpha x_{t-1} + (1-\alpha)\overline{x}_{t-1}$$

式中，$\overline{x}_t$ 是 t 期的预测值；x_{t-1} 是 $t-1$ 期的实际值；$\overline{x}_{t-1}$ 是 $t-1$ 期的预测值；α 是平滑系数。

一次指数平滑法的实施过程分为确定初始值、平滑系数和预测三步。

初始是指 $\overline{x}_{t-1}$，对其的确定是运用一次指数平滑法的关键。计算每个当期预测值都必须具有前期预测值；依此类推，第 1 个预测值是无法计算的，一般取实际值，即 $\overline{x}_1 = x_1$。但是，如果数据很多，时间也很久远，则可以选用几个实际值的平均数作为 $\overline{x}_{t-1}$。计算 $\overline{x}_{t-1}$ 时，选用的实际值越多，实际值的时间越远，$\overline{x}_{t-1}$ 的误差就越小。

平滑系数是指 α，它是人为估算的。α 的取值越大，近期实际值的影响越大；α 的取值越小，预测值的影响越大。通常情况下，α 的大小取决于时间序列的稳定程度，如果时间序列稳定程度较高，α 取值在 0.1～0.3；如果时间序列有变化倾向，α 取值在 0.3～0.5；如果时间序列呈明显的波动或上升、下降趋势时，α 取值在 0.5～0.8。实际预测中，可以选择不同的 α，然后用预测值与实际值比较，以确定适宜的 α。

计算预测值是根据当前实际值 x_{t-1} 和前期预测值 $\overline{x}_{t-1}$、α 进行计算的，如果需要还应进一步对预测值的市场意义进行解释。

例：某公司一年的物资采购量及其预测数，我们以一次指数平滑法进行预测，见表 7-17。

表 7-17　某公司一年的物资采购量及其预测数　　吨

月份	采购量	α=0.3 的预测值	α=0.6 的预测值
1	281		
2	282	281.0	281.0
3	278	281.7	281.4
4	284	279.1	280.0
5	290	282.5	281.6
6	291	287.8	285.0
7	286	290.0	287.4
8	282	287.2	286.8
9	279	283.6	284.9
10	286	280.4	282.5
11	288	284.3	283.9
12	283	286.9	285.5
1		284.2	284.5

2. 二次指数平滑法

二次指数平滑法是对一次指数平滑值作再一次指数平滑的方法。它不能单独地进行预测，必须与一次指数平滑法配合，建立预测的数学模型，然后运用数学模型确定预测值。二次指数平滑法的优点是计算简单、样本要求量较少、适应性较强、结果较稳定，在大多数情况下人们更喜欢用线性二次指数平滑法作为预测方法。

二次指数平滑法的计算公式是：

$$S_t^{(2)}=\alpha S_t^{(1)}+(1-\alpha)S_{t-1}^{(2)}$$

式中，$S_t^{(2)}$ 是 t 期的二次指数平滑值；$S_t^{(1)}$ 是 t 期的二次指数平滑值；$S_{t-1}^{(2)}$ 是 $t-1$ 期的二次指数平滑值；α 是平滑系数。

二次指数平滑法的实施过程是在一次指数平滑法基础上进行的。在一次指数平滑法计算中，我们通过 x_{t-1} 和 $\bar{x}_{t-1}$ 计算出 $\bar{x}_t$。在二次指数平滑法计算中，我们使 $S_t^{(1)}=\bar{x}_t$，再进行一次计算，就得出 $S_t^{(2)}$。通过这种方式进行计算，二次指数平滑法的数学模型就近似于线性方程形式，因此预测精度将提高。

下面，我们仍以某公司一年的物资采购量及其预测数来说明二次指数平滑法的实施方法。

例：某公司一年的物资采购量及其预测数，我们以二次指数平滑法进行预测，见表 7-18。

表 7-18　某公司一年的物资采购量及其预测数　　吨

月份	采购量	一次指数平滑法预测值 $\bar{x}_t$，$\alpha=0.3$	二次指数平滑法预测值 $S_t^{(2)}$，$\alpha=0.3$
1	281		
2	282	281.0＝281×0.3＋281.0×0.7	281.0＝281.0×0.3＋281.0×0.7
3	278	281.7＝282×0.3＋281.0×0.7	281.2＝281.7×0.3＋281.0×0.7
4	284	279.1＝278×0.3＋281.7×0.7	280.6＝279.1×0.3＋281.2×0.7
5	290	282.5＝284×0.3＋279.1×0.7	281.2＝282.5×0.3＋280.6×0.7
6	291	287.8＝290×0.3＋282.5×0.7	283.2＝287.8×0.3＋281.2×0.7
7	286	290.0＝291×0.3＋287.8×0.7	285.2＝290.0×0.3＋283.2×0.7
8	282	287.2＝286×0.3＋290.0×0.7	285.8＝287.2×0.3＋285.2×0.7
9	279	283.6＝282×0.3＋287.2×0.7	285.1＝283.6×0.3＋285.8×0.7
10	286	280.4＝279×0.3＋283.6×0.7	283.7＝280.4×0.3＋285.1×0.7
11	288	284.3＝286×0.3＋280.4×0.7	283.9＝284.3×0.3＋283.7×0.7
12	283	286.9＝288×0.3＋284.3×0.7	284.8＝286.9×0.3＋283.9×0.7
1		284.2＝283×0.3＋286.9×0.7	284.6＝284.2×0.3＋284.8×0.7

(四)趋势延伸法

趋势延伸法是根据市场发展的连续资料，寻求市场发展与时间之间的长期趋势变动规律，用恰当方法找出长期变动趋势增长规律的函数表达式，据此预测市场未来发展可能水平的预测方法。趋势延伸法的最大特点是以数学方式描述了市场现象的规律性，使预测的深度和精度大大增加。趋势延伸法一般按函数表达式进行分类，包括直线趋势延伸法和非直线趋势延伸法。

1. 直线趋势延伸法

直线趋势延伸法是对观察期的时间序列资料表现为近似直线的上升和下降时采用的一种预测方法。这种方法需要首先借助相关分析，判别变量与时间之间是否基本上存在线性关系。

当变量与时间之间确实呈线性关系时，就可以把这种关系表现为线性函数。然后利用线性函数的延伸来求得预测值。

直线趋势延伸法的计算公式是：

$$Y = a + bt$$

$$a = \frac{\sum y - b\sum t}{n}$$

$$b = \frac{n\sum ty - \sum t\sum y}{n\sum t^2 - \left(\sum t\right)^2}$$

式中，Y 是预测值；a、b 是直线方程的参数；n 是时间序列的项数；y 是调查数据的实际值；t 是时间。

直线趋势延伸法的实施主要包括判断相关性、拟合直线方程、带入数据进行预测三步。判断相关性是考察时间序列是否是直线型趋势。我们可以把调查数据描绘在散点图上，如果时间序列呈线性关系，那么散点图上的点分布形态近似于一条直线。拟合直线方程是利用调查数据计算 a、b 两个参数，然后表示成一次线性方程。a、b 的计算方法是使用最小二乘法，即根据历史数据拟合一条发展趋势线，使该线与实际值之间的离差平方和为最小，然后求解得出。在得到一次线性方程后，将预测时间 t 带入，即可求出预测值。

例：某公司 1—10 月的销售额数据如表 7-19 所示，我们使用直线趋势延伸法来预测 11 月和 12 月的销售额。

表 7-19　某公司 1—10 月的销售额　　百万元

月份	1	2	3	4	5	6	7	8	9	10
销售额	8	11	16	19	22	25	26	29	30	28

我们根据上述数据计算 t、y、ty、t^2 值，见表 7-20。

表 7-20　某公司 1—10 月销售额的最小二乘法计算表

t	y	ty	t^2
1	8	8	1
2	11	22	4
3	16	32	9
4	19	76	16
5	22	110	25
6	25	150	36
7	26	182	49
8	29	232	64
9	30	270	81
10	28	280	100
$\sum t = 55$	$\sum y = 214$	$\sum ty = 1\ 362$	$\sum t^2 = 385$

由上述 t、y、ty、t^2 值，我们可以计算出 a、b 两个参数，以及直线趋势方程。

$$b=\frac{n\sum ty-\sum t\sum y}{n\sum t^2-(\sum t)^2}=2.24$$

$$a=\frac{\sum y-b\sum t}{n}=11.78$$

$$Y=11.78+2.24t$$

把 11 月、12 月的时间数代入直线趋势方程，得到预测值。

$$Y_{11}=11.78+2.24\times11=36.42\ (\text{百万元})$$
$$Y_{12}=11.78+2.24\times12=38.66\ (\text{百万元})$$

2.二次曲线趋势延伸法

二次曲线趋势延伸法是指时间序列观察值数据随时间变动呈现抛物线形状趋势变化的非直线趋势延伸法。二次曲线趋势延伸法与直线趋势延伸法的预测原理是相同的，其差别主要在调查数据的分布的形态上。二次曲线的散点图呈现抛物线形状，其方程的二阶差分是一个常数，因此这种方法适用于时间序列数据呈抛物线形状上升或下降，且曲线仅有一个极点的情况。

二次曲线趋势延伸法的计算公式是：

$$Y=a+bt+ct^2$$

$$a=\frac{\sum y-c\sum t^2}{n}$$

$$b=\frac{\sum ty}{t^2}$$

$$c=\frac{n\sum t^2y-\sum t^2\sum y}{n\sum t^4-(\sum t^2)^2}$$

式中，Y 是预测值；a、b、c 是二次曲线方程的参数；n 是时间序列的项数；y 是调查数据的实际值；t 是时间。

(五)季节指数法

季节指数法是根据时间序列中的数据资料所呈现的季节变动规律性，对预测目标未来状况作出预测的方法。市场活动中季节变动是经常发生的，这些季节变动的原因可能是纯粹的时间因素，如气候、日历天数和节假日等；也可能是市场现象相互影响的结果，如经济周期、政治、社会心理等。季节变动会使市场现象产生有规律性的变化，表现在时间序列上就是有一定规律的周期波动。波动周期一般选择为月、季或年，季节指数法就是要寻找这种周期波动，并用来进行预测。

1.简单季节指数法

简单季节指数法的运用条件是时间序列没有长期变动趋势，仅需要考虑由于季节对时间序列的周期性影响。这时，我们可以直接对时间序列中各年同季节(周、月、季度)的实际值加以平均,再将各年同季节(周、月、季度)的平均值与各年的总平均值进行比较,而得出季节指数。在预测时,利用季节指数与预测期已知数据,可以计算出预测值。

季节指数的计算公式如下：

$$季节指数=\frac{\dfrac{某季节实际值总和}{某季节个数}}{\dfrac{全部季节实际值总和}{全部季节个数}}$$

例:某公司四年各月的产品销售数据如表 7-21 所示,根据该数据计算各月的季节指数。

表 7-21　某公司四年各月的产品销售数据　　万元

年份	1	2	3	4	5	6	7	8	9	10	11	12	年合计
1	6	9	12	18	21	25	22	17	13	12	10	8	173
2	7	12	19	24	28	29	30	25	20	18	14	9	235
3	12	17	27	28	34	39	37	27	22	20	18	14	295
4	15	22	30	34	37	43	39	35	29	26	26	17	353
月平均值	10	15	22	26	30	34	32	26	21	19	17	12	22
季节指数(%)	46	68	100	118	136	155	146	118	96	86	77	55	1 200

在本例中,1 月的月平均值、四年的月平均值、1 月的季节指数结果是：

$$1\text{ 月的月平均值}=\frac{6+7+12+15}{4}=10(\text{万元})$$

$$\text{四年的月平均值}=\frac{173+235+295+353}{48}=22(\text{万元})$$

$$1\text{ 月的季节指数}=\frac{10}{22}=46\%$$

其他各月的季节指数同理计算得出。

在预测时,如果给出第五年 1 月的销售量为 18(万元),则可以根据季节指数推算出其他各月的销售量。

$$\text{第五年的月平均值}=\frac{18}{46\%}=39(\text{万元})$$

$$\text{第五年 2 月预测值}=39\times68\%=27(\text{万元})$$

同理,可以得出第五年 3—12 月的预测值为 39、46、53、60、46、37、34、30、21(万元)。

2.复杂季节指数法

在很多时间序列中,季节变动和长期趋势变动是交织在一起的,这时采用的复杂形式的季节指数法。

复杂季节指数法的基本原理是将季节变动和长期趋势变动分解开来。首先将时间序列的长期趋势值计算出来,计算方法可以采用移动平均法、指数平滑法、趋势延伸法、回归分析法。此时,原调查数据将转变成长期趋势的时间序列分布。在此之后,把各期的实际观察值与长期趋势下的数值比较，就可以得到各期的季节指数。最后，利用季节指数和预测期已知数据，就可以计算出预测期的相应数据。

二、回归预测方法

许多市场现象之间存在着关联性，当其中一些市场现象发生变动时，将会导致另外一些市场现象的变动。例如，物价上涨与通货膨胀是有直接关系的，我们从某种产品与通货膨胀的关联性大小，以及实际通货膨胀的变动趋势，也就可以预测出该产品价格上涨的大致范围。这种分析市场现象之间的关联性，并以此作为依据进行预测的方法就是回归预测方法。

(一)回归预测方法的过程

回归预测法是在分析市场现象的自变量和因变量之间相关关系的基础上，建立变量之间的回归方程，并将回归方程作为预测模型，根据自变量在预测期的数量变化来预测因变量的统计分析方法。这种方法是十分常用的市场分析预测方法，它能够深入反映市场现象之间的内在联系，因而具有很高的实用价值。

回归预测法中的自变量是作为预测对象的市场现象，因变量是影响预测对象的因素。与时间序列法不同的是，时间序列法的自变量是时间，而回归预测法的自变量是一个非时间的其他变量。回归预测法中自变量和因变量之间不一定是因果关系，但两者之间必须具有相关关系，这种关系具体表现为回归方程。一般而言，回归预测法中的自变量和因变量表现具有较强的相关性，而多个自变量之间的相关性应较弱。回归预测法采用的调查数据是针对因变量的，即那些影响市场预测对象的主要因素，当调查数据量足够大时就可以依赖相关性来进行预测。

回归预测法有多种类型。依据相关关系中自变量的个数不同分类，可分为一元回归分析预测法和多元回归分析预测法。在一元回归分析预测法中自变量只有一个，而在多元回归分析预测法中自变量有两个以上。依据自变量和因变量之间的相关关系不同，可分为线性回归预测和非线性回归预测。线性回归预测的调查数据分布呈现为一条近似的直线，非线性回归预测的调查数据分布呈现为曲线。

回归预测法实施的一般过程是：

1.明确预测的具体目标

由于回归预测法精度要求较高，预测目标必须是具体、清晰的。通常，预测目标是市场现象的发展或水平值，例如销售量、利润额、市场占有率等。

2.确定自变量和因变量

明确预测的具体目标，也就确定了因变量。如预测具体目标是下一年度的销售量，那么销售量就是因变量。通过市场调查和查阅资料，寻找与预测目标的相关影响因素，即自变量，并从中选出主要的影响因素。

3.数据准备

回归预测法是定量分析预测方法，其资料应是较为完备的数据。

4.建立回归预测模型

依据自变量和因变量的调查数据进行计算，在此基础上建立回归分析方程，即回归分析预测模型。

5.进行相关分析

回归分析是对具有相关关系的影响因素（自变量）和预测对象（因变量）所进行的数理统计

分析处理。只有当变量与因变量确实存在某种关系时，建立的回归方程才有意义。因此，作为自变量的因素与作为因变量的预测对象是否有关，相关程度如何，以及判断这种相关程度的把握性多大，就成为进行回归分析必须要解决的问题。进行相关分析，一般要求计算相关系数，以相关系数的大小来判断自变量和因变量的相关的程度。

6. 检验回归预测模型

回归预测模型是否可用于实际预测，取决于对回归预测模型的检验和对预测误差的计算。回归方程只有通过各种检验，且预测误差较小，才能将回归方程作为预测模型进行预测。检验方法通常有回归标准差检验、回归系数的显著性检验、回归方程的显著性检验等。

7. 利用回归模型进行预测

利用回归预测模型计算预测值，并对预测值进行综合分析，确定最后的预测值。

(二)一元线性回归预测法

一元线性回归预测法是指调查数据的两个成对变量呈直线趋势时，根据其中自变量的变化来估计因变量变化的预测方法。

市场活动中经常会有一个市场现象受另外一个因素影响而发生变动的情况。我们通过大量调查数据的分析，可以发现两者呈线性关系时，就可以使用一元线性回归预测法进行预测。但是，如果市场现象是受多种因素的影响，而不是仅仅受一个因素的影响时。应用一元线性回归分析预测法就必须对影响市场现象的多种因素做全面分析。只有当诸多的影响因素中，确实存在一个对因变量影响作用明显高于其他因素的变量，才能将它作为自变量，应用一元相关回归分析市场预测法进行预测。

一元线性回归预测法中确定直线的方法是最小二乘法。我们将调查数据的两个变量值标注在散点图上，这样所形成的一系列点如果呈现出直线型，就可以找到两个变量之间的经验公式，即一元线性回归预测模型。最小二乘法的基本思想是最有代表性的直线应该是直线到各点的距离最近。我们假定有一条直线，即 $Y=a+bX$。该直线与各个数据点的距离是 $(Y-y)$，为防止这些距离正负抵消，我们使用 $(Y-y)^2$ 表示距离。最短距离之和是指 $\sum(Y-y)^2$ 的最小值。通过方程求解，我们可以 a、b 的值。由此，我们得到的一元线性回归预测模型的计算公式是：

$$Y=a+bX$$

$$a=\frac{\sum y-b\sum x}{n}$$

$$b=\frac{n\sum xy-\sum x\sum y}{n\sum x^2-\left(\sum x\right)^2}$$

式中，Y 是预测值；X 是自变量；a、b 是一元线性回归方程的参数；n 是数据个数；y 是因变量的实际值；x 是自变量的实际值。

在计算得到一元线性回归预测模型后，我们需要对该模型进行检验。检验一元线性回归预测的常用方法回归模型的相关系数检验、回归标准差检验、拟合优度检验。

相关系数我们在相关分析中已经介绍，其计算公式如下：

$$r=\frac{\sum_i(x_i-\bar{x})(y_i-\bar{y})}{\sqrt{\sum_i(x_i-\bar{x})^2\sum_i(y_i-\bar{y})^2}}$$

式中，r 是相关系数；x_i、y_i 是 X、Y 样本的数据观测值；$\bar{x}$、$\bar{y}$ 是 X、Y 样本的平均值。相关系数检验中，r 的取值范围为 $0\leqslant r\leqslant 1$，r 越接近 1，相关性越好；r 越接近 0，相关性越差。

回归标准差是指一元线性回归预测模型中因变量 Y 的实际值与估计值的比较值，具体计算公式如下：

$$S_y=\sqrt{\frac{\sum(y-y_c)^2}{n-2}}$$

式中，S_y 是回归标准差；y 是因变量实际值；y_c 是因变量估计值；n 是数据个数。对于回归标准差检验，S_y 越接近 0，模型的拟合程度就越好；反之，则说明模型中的估计值与实际值偏差较大，模型的拟合程度较差。由于 S_y 缺乏比较性，我们以 $\frac{S_y}{\bar{y}}$ 来判断模型的拟合程度。一般情况下，$\frac{S_y}{\bar{y}}\leqslant 0.15$ 时即可认为模型的拟合程度较好。

拟合优度检验是利用判定系数 R 来检验模型的拟合程度。其计算公式如下：

$$R=\sqrt{\frac{\sum(y_c-\bar{y})^2}{\sum(y-\bar{y})^2}}$$

式中，R 是回归标准差；y 是因变量实际值；y_c 是因变量估计值。拟合优度检验中 R 的取值范围为 $0\leqslant R\leqslant 1$，R 越近 1，模型的拟合程度就越好；R 越近 0，模型的拟合程度就越差。

一元线性回归预测模型通过检验后，就可以利用该模型进行预测了。通常使用的预测方法有点预测和置信区间预测法两种。

点预测法是将自变量取值代入回归预测模型求出因变量的预测值。

置信区间预测法是估计一个范围，并确定该范围出现的概率。使用置信区间预测法的原因是自变量和因变量之间是相关关系，因此因变量的预测值是在所拟合的直线附近变动的，使用一个变动区间更为合理。置信区间的大小的影响的因素包括因变量估计值、回归标准差、概率度等，其中概率度取决于可靠程度的大小。

例：某公司前 10 个月的销售额和广告费数据如表 7-22 所示，使用一元线性回归预测预测在销售额为 4 500 万元时广告费的支出。

表 7-22　某公司销售额和广告费支出数据

月份	1	2	3	4	5	6	7	8	9	10
销售额(百万元)	9	12	17	21	25	26	29	33	36	40
广告费(万元)	6	7	9	12	15	17	21	24	26	27

根据上述数据，我们计算出回归分析数据表，销售额为 x，广告费 y，所示如表 7-23：

表 7-23　回归分析数据表

月份	x	$x-\bar{x}$	y	$y-\bar{y}$	x^2	xy	y^2	y_c	$(y-y_c)$	$(y-y_c)^2$
1	9	−15.8	6	−10.4	81	54	36	4.36	1.64	2.59
2	12	−12.8	7	−9.4	144	84	49	6.65	0.35	0.12
3	17	−7.8	9	−7.4	289	153	81	10.46	−1.46	2.13
4	21	−3.8	12	−4.4	441	252	144	13.50	−1.50	2.25
5	25	0.2	15	−1.4	625	375	225	16.55	−1.55	2.40
6	26	1.2	17	0.6	676	442	289	17.31	−0.31	0.10
7	29	4.2	21	4.6	841	609	441	19.60	1.40	1.96
8	33	8.2	24	7.6	1 089	792	576	22.65	1.35	1.82
9	36	11.2	26	9.6	1 296	936	676	24.93	1.07	1.14
10	40	15.2	27	10.6	1 600	1 080	729	27.98	−0.98	0.96
合计	248		164		7 082	4 777	3 246			15.47

第一步，判断相关关系。

根据调查数据，我们计算出 $\bar{x}=24.8$、$\bar{y}=16.4$，然后利用公式 $r=\dfrac{\sum_i (x_i-\bar{x})(y_i-\bar{y})}{\sqrt{\sum_i (x_i-\bar{x})^2\sum_i (y_i-\bar{y})^2}}$ 计算，我们可以得出 $r=0.985\,8$。由于 $r\geqslant 0.8$，表明该公司的销售额和广告费支出是高度正相关的。因此我们可以使用一元线性回归预测法进行预测。

第二步，建立回归预测模型。

我们先计算参数 a、b 的值，然后拟合一元线性回归预测模型。

根据 $b=\dfrac{n\sum xy-\sum x\sum y}{n\sum x^2-\left(\sum x\right)^2}$，我们计算出 $b=0.761\,9$

根据 $a=\dfrac{\sum y-b\sum x}{n}$，我们计算出 $a=-2.495\,1$

根据 $Y=a+bX$，我们得出 $Y=-24\,951+0.761\,9X$

第三步，检验回归预测模型的拟合程度。

根据回归预测模型，我们可以计算出各个月份的预测值 y_c，然后利用回归标准差进行检验。根据 $S_y=\sqrt{\dfrac{\sum (y-y_c)^2}{n-2}}$，我们计算出 $S_y=1.39$。通过 S_y 与 $\bar{y}$ 比较，$\dfrac{S_y}{\bar{y}}=0.85$，较 15%小，因此该回归预测模型的拟合程度较好。

第四步，利用回归预测模型进行预测。

在销售额为 4 500 万元时，进行按点预测法进行计算。

根据 $Y=a+bX$，我们得出 $Y=-2.495\,1+0.761\,9\times 45=31.79$，即当销售额达到 4 500 万元时，需要投入广告费用 31.79 万元。

(三)多元线性回归预测法

有些时候,市场现象的影响因素不止一个,而是两个或两个以上,例如,企业销售额会受产品价格、广告费用、市场规模等因素的影响。这时一元线性回归预测法是不够用,必须使用多元线性回归预测法。多元线性回归预测法是指两个或两个以上自变量与一个因变量存在线性相关关系时,利用回归方程进行的预测。

在多元线性回归预测法中,二元线性回归预测法是相对简单和具有代表性的预测方法。二元线性回归预测法是指一个因变量和两个自变量之间存在线性相关关系时预测方法,这种预测方法在基本原理上与一元线性回归预测法并没有太大差异。

二元线性回归预测模型的计算公式如下:

$$Y = a + b_1 X_1 + b_2 X_2$$

$$a = \overline{y} - b_1 \overline{x}_1 - b_2 \overline{x}_2$$

$$b_1 = \frac{\sum x_1 y \sum x_2^2 - \sum x_2 y \sum x_1 x_2}{\sum x_1^2 \sum x_2^2 - \left(\sum x_1 x_2\right)^2}$$

$$b_2 = \frac{\sum x_2 y \sum x_1^2 - \sum x_1 y \sum x_1 x_2}{\sum x_1^2 \sum x_2^2 - \left(\sum x_1 x_2\right)^2}$$

式中,Y 是预测值;X_1、X_2 是自变量;a、b_1、b_2 是二元线性回归方程的参数;y 是因变量的实际值;x_1、x_2 是自变量的实际值;$\overline{y}$ 是因变量的实际平均值;$\overline{x}_1$、$\overline{x}_2$ 是自变量的实际平均值。

检验二元线性回归预测的常用方法回归模型的相关系数检验、回归标准差检验。

二元线性回归预测模型的相关系数检验使用复相关系数,其计算公式如下:

$$R = \sqrt{1 - \frac{\sum (y - y_c)^2}{\sum (y - \overline{y})^2}}$$

式中,R 是复相关系数;y 是因变量的实际值;$\overline{y}$ 是因变量的实际平均值;y_c 是因变量的估计值。

回归标准差的计算公式如下:

$$S_y = \sqrt{\frac{\sum (y - y_c)^2}{n - 3}}$$

式中,S_y 是回归标准差;y 是因变量实际值;y_c 是因变量估计值;n 是数据个数。

例:某公司前 6 个月的销售额和广告费数据如表 7-24 所示,使用二元线性回归预测预测在广告费为 21 万元、人工成本 36 万元时的销售额。

表 7-24 某公司销售额和广告费支出数据

月份	1	2	3	4	5	6
广告费(万元)	17	18	16	19	18	18
人工成本(万元)	29	32	25	34	33	31
销售额(百万元)	26	30	24	32	31	30

根据上述数据，我们计算出回归分析数据表，广告费为 x_1、人工成本为 x_2，销售额为 y，如表 7-25 所示。

表 7-25　回归分析数据表

月份	x_1	x_2	y	x_1^2	x_2^2	x_1y	x_2y	x_1x_2	y_c	$(y-y_c)$	$(y-y_c)^2$
1	17	29	26	289	841	442	754	493	27.3	−1.3	1.69
2	18	32	30	324	1024	540	960	576	30.0	0	0
3	16	25	24	256	625	384	600	400	23.7	0.3	0.09
4	19	34	32	361	1 156	608	1 088	646	31.9	0.1	0.01
5	18	33	31	324	1 089	558	1 023	594	30.9	0.1	0.01
6	18	31	30	324	961	540	930	558	29.2	0.8	0.64
合计	106	184	173	1 878	5 696	3 072	5 355	3 267			2.44

我们根据上述数据，计算参数 a、b_1、b_2 的值，然后拟合二元线性回归预测模型。

根据 $b_1=\dfrac{\sum x_1y\sum x_2^2-\sum x_2y\sum x_1x_2}{\sum x_1^2\sum x_2^2-\left(\sum x_1x_2\right)^2}$，我们计算出 $b_1=0.139\ 8$

根据 $b_2=\dfrac{\sum x_2y\sum x_1^2-\sum x_1y\sum x_1x_2}{\sum x_1^2\sum x_2^2-\left(\sum x_1x_2\right)^2}$，我们计算出 $b_2=0.860\ 0$

根据 $a=\bar{y}-b_1\bar{x}_1-b_2\bar{x}_2$，我们计算出 $a=-0.009\ 8$

根据 $Y=a+b_1X_1+b_2X_2$，我们得出 $Y=-0.009\ 8+0.139\ 8X_1+0.860\ 0X_2$

根据所得出的回归预测模型，我们可以计算出各个月份的预测值 y_c，然后利用回归标准差进行检验。根据 $S_y=\sqrt{\dfrac{\sum(y-y_c)^2}{n-3}}$，我们计算出 $S_y=0.901\ 8$。通过 S_y 与 $\bar{y}$ 比较，$\dfrac{S_y}{\bar{y}}=0.031$，较 15%小，因此该回归预测模型的拟合程度较好。

最后我们使用二元线性回归预测预测在广告费为 21 万元、人工成本 36 万元时的销售额。根据 $Y=a+b_1X_1+b_2X_2$，我们得出 $Y=-0.009\ 8+0.139\ 8\times21+0.860\ 0\times36=33.9$，即在广告费为 21 万元、人工成本 36 万元时的销售额为 3 390 万元。

◆ 案例资料

某市家用汽车消费情况的调查分析

随着居民生活水平的提高，私车消费人群的职业层次正在从中高层管理人员和私营企业主向中层管理人员和一般职员转移，汽车正从少数人拥有的奢侈品转变为能够被更多普通家庭所接受的交通工具。了解该市家用汽车消费者的构成、消费者购买时对汽车的关注因素、消费者对汽车市场的满意程度等对汽车产业的发展具有重要意义。

本次调查活动中共发放问卷 400 份，回收有效问卷 368 份，根据整理资料分析如下。

(一)消费者构成分析

1.有车用户家庭月收入分析

表1 有车用户家庭月收入分析 %

家庭收入(元)	比重	累积
2 000以下	28.26	28.26
2 000～3 000	33.70	61.96
3 000～4 000	10.87	72.83
4 000～5 000	18.48	91.31
5 000以上	8.69	100.00

目前该市有车用户家庭月收入在2 000～3 000元间的最多;有车用户平均月收入为2 914.55元,与该市民平均月收入相比,有车用户普遍属于收入较高人群。61.96%的有车用户月收入在3 000元以下,属于高收入人群中的中低收入档次。因此,目前该市用户的需求一般是每辆10万～15万元的经济车型。

2.有车用户家庭结构分析

表2 有车用户家庭结构 %

家庭结构	比重	累积
夫妻	36.96	36.96
与子女同住	34.78	71.74
与父母同住	8.70	80.44
单身	17.39	97.83
其他	2.17	100.00

Dink家庭,即夫妻二人无小孩的家庭,占有车家庭的比重大,为36.96%。其家庭收入较高,负担较轻、支付能力较强,文化层次高、观念前卫,因此Dink家庭成为有车族中最为重要的家庭结构模式。核心家庭,即夫妻二人加上小孩的家庭,比重为34.78%。核心家庭是当前社会中最普遍的家庭结构模式,因此比重较高不足为奇。联合家庭,即与父母同住的家庭,仅有8.70%。单身族占17.39%,这部分人个人收入高,且时尚前卫,在有车用户中占据一定比重。另外已婚用户比重达到了81.5%,而未婚用户仅为18.5%。

3.有车用户职业分析

调查显示有29%的消费者在企业工作,20%的消费者是公务员,另外还有自由职业者、机关工作人员和教师等。目前企业单位的从业人员,包括私营业主、高级主管、白领阶层仍是最主要的汽车使用者。而自由职业者由于收入较高及其工作性质,也在有车族中占据了较高比重。消费者职业构成见图1。

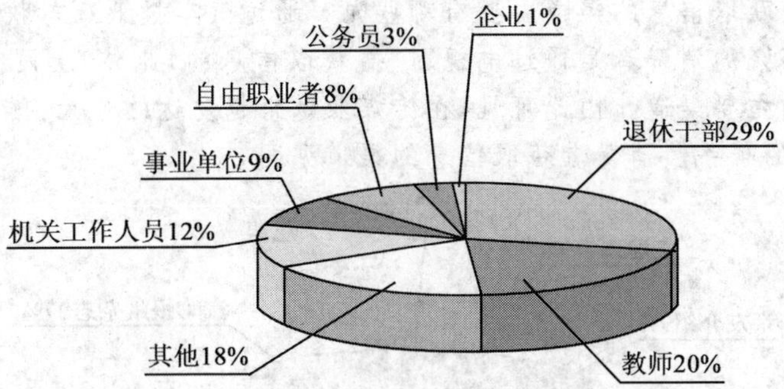

图 1 消费者职业构成

4. 有车用户年龄及驾龄分析

在我们所调查的消费者中，年龄大多在 30～40 岁或是 30 岁以下，所占比重分别为 43% 和 28%，也有 23% 的年龄在 40～50 岁，仅有 6% 的消费者年龄在 50 岁以上。可见，现在有车一族年轻化的趋势越来越明显，这是因为大多数年轻人没有太多的家庭负担，正处于购买力和消费需求同样旺盛的时候，而越来越低的购车门槛，也给了他们足够的购车理由。

该市有车用户的驾龄平均为 5.294 年，而在本次接受调查的消费者中，有 61.94% 的用户驾龄在 3 年以上，由此可见，本次调查的有车用户驾龄普遍较长，因而对汽车也比较熟悉，对汽车相关信息掌握的也相对全面，这就使得我们对有车用户青睐的品牌的调查有了较高的可信度，而他们在汽车使用方面的经验，也能够为今后该市家用汽车市场营销策略的制定提供一定的帮助。

（二）消费者购买汽车时关注的因素分析

调查显示，消费者在购车时最关注的因素首先还是汽车的价格和性能，所占比例分别达到了 19% 和 16%，因此，性价比越高的汽车越能受到消费者的青睐。其次在消费者对汽车的关注因素中排在前例的还有油耗、品牌和售后服务等几项，所占比重分别为 14%、13% 和 13%，由此可见，汽车自身的品质与经销商所提供的售后服务保证是同等重要的。因此，在对消费者最终选购汽车起主导作用的因素中，油耗经济性好、性价比高、售后服务好这三项占据了前三名，所占比重分别为 22%、21% 和 15%。影响消费者购车的因素见图 2。

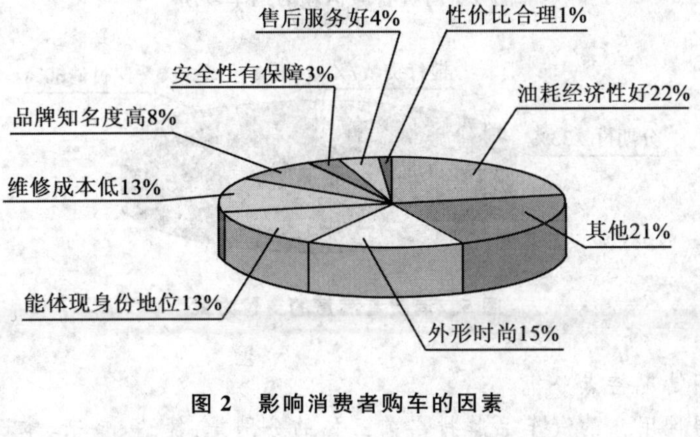

图 2 影响消费者购车的因素

消费者在购车前获取信息的渠道主要有哪些呢？通过汽车报纸杂志获取信息的消费者占总数的27%，还有23%的消费者是通过电视、广播获取信息的，此外，上网查询和广告等也都是消费者获取信息的主要渠道。由此可见，在传媒业越来越发达的今天，任何媒介都能够加以利用，成为推动营销的帮手。消费者获取信息的渠道见图3。

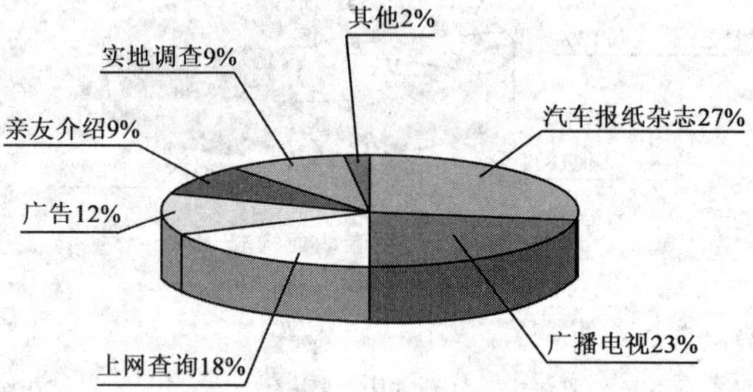

图3　消费者获取信息的渠道

在大型汽车市场、品牌专卖店、综合销售点和其他销售点这几种汽车销售点中，目前消费者最为信赖的还是品牌专卖店，选择在品牌专卖店购买汽车的消费者比重竟高达74%，相信这与品牌专卖店舒适的购车环境、良好的信誉、有保障的售后服务都是分不开的。而目前消费者在支付方式的选择上大多还是选择一次付清，也有33%的消费者选择分期付款，但选择向银行贷款买车的消费者仅为7%，这一方面反映出大部分消费者的购车计划是在对自身收入合理估算后的可行选择；另一方面也说明了目前我国信贷业的不发达与不完善。消费者最信赖的购车场所见图4，消费者满意的支付方式见图5。

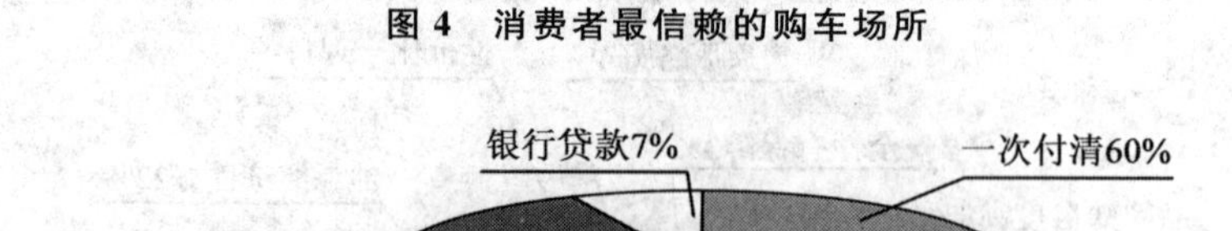

图4　消费者最信赖的购车场所

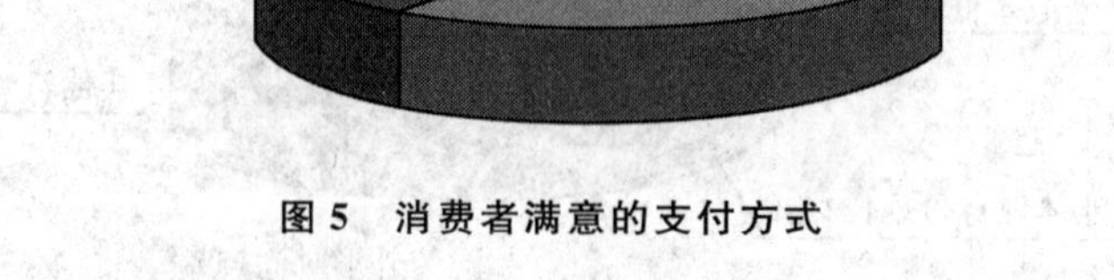

图5　消费者满意的支付方式

（三）用户使用情况特点分析

本次调查中男性用户的汽车品牌排名前三位的分别是：捷达、宝来、本田，所占比例分别为37%、14%和11%；女性用户的汽车品牌前三位的分别是：宝来、本田、捷达，所占比例分别为

44%、13%和13%。由此可见,该市家用汽车市场上消费者使用的品牌的前三位毫无疑问的是捷达、宝来和本田,所占比重分别是33%、20%和11%。而消费者所认为的该市家用汽车市场上数量最多的汽车品牌前四位也分别是:捷达、宝来、本田和丰田,这与实际情况也较为相符。由此可见,目前最受有车一族青睐的无疑是经济车型。

本次调查从购车用途来看,仅有1%的消费者是为了家用方便,98%的消费者买车是为了上下班方便或作为商业用途。

对车主保险情况调查来看,有81%的人都会给爱车投保,以减少用车风险,但也有4%的消费者认为给爱车投保没有必要。

目前,油价的不断上涨,已成为车族关心的问题,在他们用车的过程中也产生一定影响,有46%的消费者已经考虑更换小排量、低油耗的车,还有18%的消费者选择减少用车频率,但也有36%的消费者认为基本没有影响。可见,未来的几年内,低油耗的车型仍会成为消费者青睐的对象。此外,还有交通设施不足,塞车现象严重和停车难问题占据日常行车困扰的榜首,这表明我国交通设施建设仍需进一步提高。

(四)用户满意度分析

目前该市家用汽车消费者使用最多的三种品牌分别是捷达、宝来、本田,这三种品牌的汽车到底具有哪些优势呢?通过比较发现:捷达车用户对本车最满意的地方在于车的性能和燃油经济性,所占比重分别是53%和30%。捷达车的动力性和品牌知名度也是比较令他们满意的因素;宝来车的用户对本车最满意的地方在于车的舒适性、品牌知名度和燃油经济性,所占比重分别是34%、24%和24%,该车的动力性和整体性也较出色;而本田车最令用户满意的地方除了舒适性、品牌知名度、性能外,还有车的外观,这几项所占比重分别是30%、20%、20%和20%。由此看出。消费者较为满意的车型除了经济舒适外,还必须具有较高的品牌知名度。这三种车的优势见图6、图7、图8。

在上面的分析中,我们曾提到售后服务也是消费者选车时较为关注的因素之一,那么对消费者使用最多的几款车型来说,他们的售后服务情况如何呢?通过比较,捷达车的用户中有13%的用户非常满意,44%的人表示较为满意;宝来车有6%的用户表示非常满意,50%的人表示较为满意,还有44%的人认为一般;本田车的用户中有30%的用户非常满意,40%的人表示较为满意。总体来说,这几种品牌汽车的售后服务都比较令用户满意。而在售后服务过程中,用户最为看中的服务指标就是技术等级,占到43%,接下来依次是收费标准、返修率和服务态度,分别占22%、20%和15%,这反映了大多数用户心目中质量和价格仍是衡量服务好坏的根本标准。

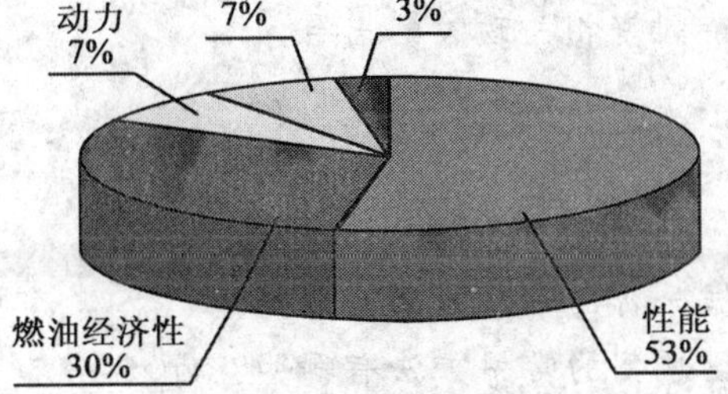

图6　捷达车的优势分析

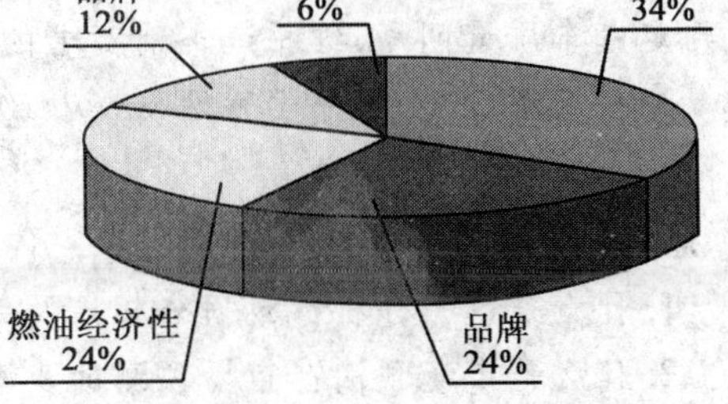

图7　宝来车的优势分析

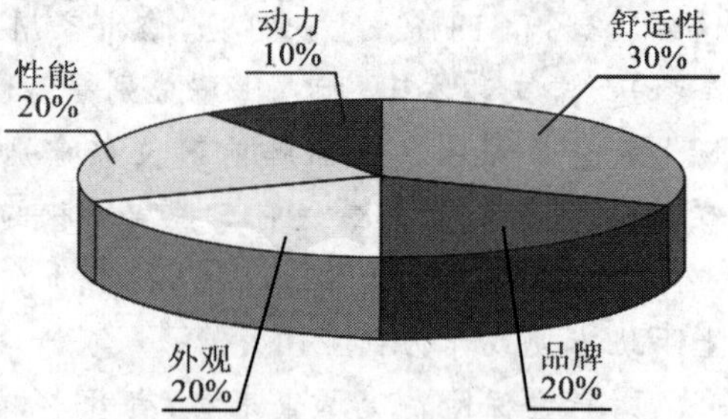

图 8　本田车的优势分析

近几年来关于汽车投诉比例在逐年上升，其中汽车质量、安全隐患及维修保障等问题突出。在解决纠纷的过程中，有28%的消费者认为最令他们头痛的是缺乏硬性的检测标准，27%的消费者认为是找不到相关的投诉机构，22%的消费者认为检测程序太过复杂，还有15%的消费者认为检测费用过高，另外8%的消费者则认为还存在其他方面的问题。这表明我国政府职能机构还需要进一步改进工作，相关程序需要进一步简化，相关检测设施需要进一步完善，使其更好地为大众服务。在遇到问题需要解决时，消费者最希望得到哪些维护消费者权益的援助呢？46%的消费者希望能设立相关部门以方便检查质量问题，28%的消费者希望能够专设部门判定是非，18%的消费者则希望媒体能对问题车辆进行曝光，还有7%的消费者希望能有专业的律师提供法律咨询。这一方面反映了我国公民维权意识的提高，也反映相关职能部门的服务不到位。

（五）建议

通过对本次调查结果的分析，就反映出的问题和现象特提出以下建议：

(1)在家用汽车消费群体中，女性消费者中还具有很大的市场潜力，汽车生产商可以在汽车的整体设计中加入一些符合女性需求的细节设计，使汽车设计更富人性化，也更能受到女性消费者的青睐。

(2)从目前家用汽车市场的实际情况来看，经济实用型汽车是最受欢迎，但消费者在选购实用汽车的同时，也会考虑到汽车的外观能否体现其身份、地位，因此生产商应加强对经济实用型汽车在外观、内饰上的提高，以争取更多消费者。

(3)在购车地点的选择上，大部分消费者选择了品牌专卖店，因为那里的环境、服务等都比别处更胜一筹，但综合销售点实际上更有利于消费者进行实地考察，从而客观地对汽车品牌进行对比。但目前该市的几个综合销售点的经营状况都远不如品牌专卖店，综合经销商应考虑如何采取对策。

(4)目前通过银行贷款的方式买车的消费者还是少之又少，这与中国人的消费观念有关，但就目前中国的形势来看，通过贷款的方式买房、买车都是非常合适的选择，虽然我国仅在北京等少数大城市提供了不超过货物本身的14.3%的低息贷款，但经销商若能做足这方面的“文章”，也可促进家用汽车消费市场的长足发展。

(5)消费者在维权方面达成的共识就是希望国家能够设立专门的部门，制定出硬性的指标以判定汽车质量问题，维护汽车消费者的合法权益，有待国家相关政策的出台。

资料来源：资料圣才学习网 www.100xuexi.com

思考题

1. 什么是数据分析？数据分析涉及哪些内容？数据分析的常用方法有哪些？

2. 什么是市场预测？市场预测的步骤是什么？市场预测的常用方法有哪些？

3. 说明频率分布分析、交叉分析、假设检验、方差分析、相关分析的概念和运用方法。

4. 如何使用时间序列方法、回归预测方法进行市场预测？

5. 某公司经销 A、B、C、D 四种产品，该公司在北京、上海、广州、南昌、沈阳设有 20 家销售点，各销售点的销售状况数据如下，请绘制交叉表，并对其进行频率分布分析。

销售点	地区	销售产品	销售状况
1	北京	产品 A	不佳
2	北京	产品 C	良好
3	上海	产品 B	良好
4	上海	产品 A	不佳
5	南昌	产品 B	良好
6	广州	产品 A	不佳
7	上海	产品 D	良好
8	沈阳	产品 B	良好
9	上海	产品 C	良好
10	广州	产品 D	良好
11	广州	产品 C	良好
12	南昌	产品 A	不佳
13	北京	产品 B	良好
14	南昌	产品 C	良好
15	上海	产品 D	良好
16	沈阳	产品 A	良好
17	广州	产品 B	良好
18	北京	产品 D	不佳
19	广州	产品 B	良好
20	北京	产品 C	不佳

6. 以下是某公司近五年各月的销售数据，请使用你认为适合的方法预测第六年全年的销售量。

	第一年	第二年	第三年	第四年	第五年
1 月	54	49	56	64	61
2 月	46	50	52	54	69
3 月	62	59	61	68	76
4 月	58	58	61	71	71
5 月	57	60	62	69	74
6 月	56	55	63	79	69

续表

	第一年	第二年	第三年	第四年	第五年
7月	56	58	63	68	71
8月	52	55	63	66	72
9月	54	55	63	67	69
10月	51	59	63	71	74
11月	54	55	64	70	72
12月	52	55	63	69	75

参考文献

[1] 孙洪霞，苗成栋．市场调查．北京：电子工业出版社，2012.

[2] 陈伟．市场调查与预测．哈尔滨：哈尔滨工程大学出版社，2012.

[3] 吴勇．市场调查．广州：广东高等教育出版社，2011.

[4] 李文柱．市场调查实务．北京：机械工业出版社，2010.

[5] 李国强，苗杰．市场调查与市场分析．北京：中国人民大学出版社，2010.

[6] 魏颖，岁磊．市场调查与预测．北京：经济科学出版社，2010.

任务八　市场调查与分析报告的撰写

◈ 知识目标

1. 了解市场调查与分析报告的意义；
2. 掌握市场调查与分析报告的基本结构；
3. 掌握市场调查与分析报告的撰写方法和技巧。

◈ 能力目标

1. 能够根据项目的要求，撰写市场调查与分析报告；
2. 能够对市场调查与分析报告进行口头汇报。

◈ 引导性案例

携程发布《中国旅游者意愿调查报告》

2013 年，国内最大的在线旅游服务商携程旅游发布了《中国旅游者意愿调查报告》。报告显示，市民旅游意愿强烈，近半数将出游 3～4 次；57%消费者会增加旅游预算，半数以上计划人均支出超过 1 万元。约半数选择带薪休假错峰旅游；自由行将成为主要出游方式，3/4 游客选择；旅游网站是国民主要的预订渠道。今年计划去的目的地中，境内丽江、出境泰国最受宠。

携程旅游专家从 2013 年 1 月开始，通过网络问卷的方式进行随机调查，收集了来自全国 30 多个城市的旅游者的反馈，通过统计分析得出本次报告相关结论。

1. 旅游意愿创新高 57%将增加预算近半数出游 3～4 次

被调查者中 37%将在 2013 年出游 1～2 次，47%选择出游 3～4 次，7%选择出游 4～6 次，9%将出游 6 次以上。不准备旅游的比例为 0。在旅游预算方面，57%的旅游者选择在 2012 年基础上增加，37%的旅游支出将持平，6%选择减少。

2. 约半数选择带薪休假错峰旅游

如果今年外出旅游，消费者会选择哪个时机？调查发现，带薪休假错峰出游成为主流，有 49%的旅游者选择；其次是选择周末和小长假，比例各为 15%；再次是国庆黄金周，有 12%的游客选择。春节黄金周出游的比例最低，为 9%。

3. 假期不够最影响旅游意愿

影响旅游信心最重要的因素是什么？假期不够制约最大。"是否有足够的假期和时间"有 31%的被调查者选择，比例最高。其次是"旅游价格水平"，担心旅游价格贵，有 25%选择；再次是旅游安全问题，有 15%选择；其他还有"收入增长情况"(14%选择)、"旅游市场秩序和质量"(13%选择)等。

4.住房消费最影响旅游消费支出

在全年人均旅游预算方面，选择2 000元以下的比例为5%，56%的旅游者将支出10 000元以上，其中5%预算超过5万元，消费水平持续提升。哪些消费可能会限制2013年的旅游消费？消费者选择最多的是住房消费（购房或租房费用），比例达24%；其次还有：子女等教育费用（14%），日用必需品消费（12%），医疗费用（11%），社交和娱乐费用（10%）等。

5.75%游客选择自由行

在出游方式上，国内旅游者将主要选择自由行。调查显示，75%的游客在2013年选择自助游和自由行，25%选择跟团出游。在交通方式上，飞机、火车、自驾游是三大交通选择。51%的被调查者选择飞机出行，20%选择火车，11%选择自驾车。其他交通方式还有巴士汽车、邮轮、自行车、徒步等。

6.超过八成选择在线旅游 3%手机客户端预订

旅游者通过什么方式预订报名、安排行程？86%选择通过网络和电话预订，11%将通过线下旅行社报名，3%选择手机客户端预订。旅游者在旅游产品类型方面有何偏好？调查发现，旅游者网络预订，选择最多的前三位产品是：机票、酒店、自由行产品，比例分别是21%、20%、20%；其次有团队游（17%）、门票（10%）、一日游（8%）、火车票（4%）等。

7.计划去的目的地：境内丽江、出境泰国最受宠

2013年国内游客最青睐去哪些地方旅游？调查统计，今年旅游者计划去的境内目的地按照人气从高到低依次是：丽江、九寨沟、厦门、三亚、成都、拉萨、北京、新疆、杭州、哈尔滨、桂林、西安、青岛、昆明、上海、南京、广州、深圳等。

今年旅游者计划去的境外目的地按照人气从高到低依次是：泰国、港澳、欧洲、韩国、台湾、马来西亚、新加坡、澳洲、印尼、日本、马尔代夫、柬埔寨、美国、越南、非洲、菲律宾、中东、加拿大等。

案例来源：比特网

通过上述案例，请思考：携程发布的调查报告的基本结构是什么？这份报告的调查结论是什么？调查者是如何得出其调查结论的？

子任务一　市场调查与分析报告

一、市场调查与分析报告的作用和类型

（一）市场调查与分析报告的含义

市场调查与分析报告是市场调查工作的最后一个环节，是整个市场调查工作最终成果的集中表现。

市场调查与分析报告也称市场调查报告，市场调研报告，是市场调查人员以书面形式，反映市场调查内容及工作过程，并提供调查结论和建议的报告。市场调查报告是反映调查研究情况和成果的一种报告性文件，是市场调查研究成果的集中体现，也是评价调研工作质量的重

要依据。一份优秀的市场调查与分析报告，可以系统地、有条理地反映调研问题和结果，帮助决策者掌握所研究问题的基本情况，为企业决策提供科学依据。

在市场营销活动中，调查报告的作用越来越重要。在市场调查项目基本完成以后，调研人员应当撰写市场调查与分析报告。

从事营销管理和实践活动的工作人员，都要学会撰写市场调查报告，尤其是从事市场营销管理的人员，更需要经常撰写市场调查报告。

（二）撰写市场调查报告的作用

市场调查报告是调研过程的历史记录和总结，是调研活动的最终成果，是评价调研工作质量的重要依据，对市场调查与分析活动有重要作用。

市场调查报告的作用表现在以下几个方面。

1. 市场调查报告是市场调查分析的最终成果，是从感性认识到理性认识飞跃过程的反映

与市场调查资料相比，市场调查报告不仅在形式上更便于阅读，而且能够透过现象看本质，从原始的调查数据中总结出规律性的东西来，使客户能够更加系统而深入地理解市场，从而更好地指导实践活动。

2. 市场调查报告是为各部门管理者、为社会、为企业服务的一种重要形式，是企业经营决策的重要依据

经过组织整理、提炼加工的市场调查报告都是非常便于阅读和理解的，它全面记载了市场调查项目展开的目的、方法以及实施情况，深入细致地分析了经调查后所得到的主要结果和结论，中肯大胆地提出了相关市场建议。因此，一份好的市场调查报告，对于社会或企业管理者、决策者了解整个市场调查过程，并依据这一调查所得到的基本结论来判断经济或市场现状及趋势，从而作出正确的决策具有极其重要的意义。

3. 市场调查报告是评判一项市场调查活动质量高低的重要标志

与市场调查的其他环节如方案策划、组织培训、操作实施、资料加工整理等相比，市场调查报告无疑是整个市场调查项目最具全面性、代表性的有形产品，也是市场调查呈现给社会或企业，以及市场调查机构本身留档的主要材料。因此，显示一项市场调查活动组织开展的水准，评判其研究结果可信程度的最主要方面当然非市场调查报告莫属。

（三）市场调查与分析报告的类型

市场调查的内容极为广泛，不同的调研所要解决的问题不同，并且阅读报告的读者对象不同，因此调查报告就具有不同类型。通常按报告形式不同，分为书面报告和口头报告两种。书面报告又分为综合报告、专题报告、研究性报告和技术性报告等几种。

1. 综合报告

综合报告是全面反映整个调研活动的情况，详细地给出调研基本结果和主要发现的报告。它是提供给用户的最基本的报告。通常需要将统计处理资料的基本结果整理形成统计表和统计图，还要对调研活动中的相关情况进行描述或分析。综合报告主要包含的内容有：调研概况、样本结构、基本结果、对不同层次调研对象的分析、主要项目间的关联性分析以及主要发现等。

2. 专题报告

专题报告是针对某个问题或问题的侧面而撰写的报告。例如，针对农村消费者问题、老年

消费者问题，都可以分别写出专题调查报告。与综合报告相比，专题报告涉及的范围较窄，因而内容比较深入。

3.研究性报告

研究性报告实际上也可以看成是某种类型的专题报告，只是其学术性较强，需要进行更深入的分析研究，并且要求从中提炼出观点结论等理论性的东西。

4.技术性报告

技术性报告也叫做说明性报告，是对调研中的许多技术性问题进行说明的报告。例如，对调研过程中调研对象的构成、调研的方法、抽样误差的计算、样本的代表性程度等进行说明，目的是表述调研过程的科学性，从而说明调研结果的客观性和可靠性。

二、市场调查与分析报告的结构与内容

（一）市场调查与分析报告的基本结构

调查报告的撰写属于实用经济应用文的写作范畴，针对不同的调研目的和读者对象，市场调查与分析报告的结构和内容各有差异，但是，规范的市场调查报告应有其基本结构。市场调查报告的结构通常分为三大部分，包括开头部分、主体部分和附录部分，见表 8-1。每个部分又包括若干具体内容。开头部分包括扉页、目录、摘要等；主体部分包括正文、结论和建议等；附录部分包括附录。

表 8-1　市场调查与分析报告的基本结构

扉页	报告正文
1.市场调查题目	1.详细背景介绍
2.市场调查用户	2.调查主题详细说明
3.市场调查组织者	3.调查方法的详细说明
4.市场调查日期	4.调查主题的详细论述过程
序言	5.调查图表解释
1.目录	得出结论
2.简介（项目背景，人员配备）	1.市场调查结论 1
市场调查结论摘要	2.市场调查结论 2
1.调查主题简要陈述	提出建议
2.调查结论简要陈述	1.市场营销建议 1
3.调查方法简要陈述	2.市场营销建议 2
4.提出建议简要陈述	附录：种类附录资料

报告的结构不是固定不变的，不同的调查项目、不同的调研者或调查公司、不同的用户以及调查项目自身性质不同的调查报告，都可能会有不同的结构和风格。在有些场合，市场调查与分析报告的结构也可以划分为扉页、提交信、目录、摘要、引言、正文、结论与建议、补充说明、附件九个部分。

(二)市场调查与分析报告的主要内容

1. 扉页

扉页是指调查报告翻开后的第一页,点明报告的主题,主要包括三项内容:一是调查报告的标题;二是调查机构名称、调查人员组成、委托调查单位名称;三是完成和提交调查报告的日期。如图 8-1 所示。

上海手机市场消费需求的调查报告

调查单位__________

通讯地址__________

电话__________

E-mail __________

报告提出日期________

报告主送单位________

图 8-1　市场调查报告扉页示例

标题包括市场调查题目、报告日期、委托方、调查方,一般应打印在扉页上。

标题就是市场调查报告的题目,是用以揭示、评价、反映调查报告内容的文字。标题是引起读者注意的关键因素。标题通常由“时间+范围+调查对象+文种”构成。标题是市场调查报告内容的浓缩点,是报告的中心问题,选择一个好的标题是调查报告成功的一半。标题必须准确揭示报告的主题思想,做到题文相符。标题要简单明了,高度概括,具有较强的吸引力。例如《××学院大学生消费情况调查分析》、《对××××年上海手机市场消费需求的调查》、《消费者需要什么样的电脑》、《超市大卖场爆炸式增长》、《××品牌西装价格策略的市场效果》等。

标题从形式上看,一般有公文式标题、文章式标题两种形式。

(1)公文式标题。公文式标题由调查对象和内容、文种名称组成,例如《关于 A 地区家电用品市场需求状况的调查报告》。值得注意的是,实践中常将市场调查报告简化为“调查”,这种写法也是可以的。

(2)文章式标题。文章式标题用概括的语言形式直接交代调查的内容或主题,例如《某市城镇居民潜在购买力动向》。实践中,这种类型市场调查报告的标题多采用双题(正副题)的结构形式，更为引人注目，富有吸引力。例如《竞争在今天，希望在明天——全国彩电用户问卷调查分析报告》、《依靠科技走上成功之路—××公司新产品开发的调查》等。

标题从内容上看，一般有以下三种形式：直叙式标题、表明观点式标题、提出问题式标题。

(1)直叙式标题。直叙式标题是用概括的语言形式直接交代调查的内容或主题，是反映调查意向或指出调查地点、调查项目的标题。例如《北京市中高档商品房需求的调查》、《北京老年人旅游现状调查》等。这种标题的特点是文字简练，朴实精确，简明、客观，以简明的文字表明其内容，使调查的主要内容一目了然。

(2)表明观点式标题。表明观点式标题是直接阐明作者的观点、看法，或对事物作出判断、评价的标题。如：《对当前的需求不旺不容忽视》、《高档羊绒大衣在北京市场畅销》等标题。这种标题既表明了作者的态度，又揭示了主题，具有很强的吸引力。

(3)提出问题式标题。提出问题式标题是以设问、反问等形式，突出问题的焦点和尖锐性，吸引读者阅读、思考。例如《消费者愿意到网上购物吗？》、《北京市房地产二级市场为什么成交寥寥无几？》、《中国旅游品牌为什么走不远？》等。此类标题的优点是能吸引人们的注意力，启发人们思考，调动读者进一步阅读的欲望。

标题从形式上看，分为单标题和双标题两种。

(1)单标题。单标题是指调查报告只有一行的标题。通过标题把被调查单位、调查内容明确而具体地表示出来。一般是由调查对象及内容加上"调查报告"或"调查"组成。如：《海尔洗衣机在国内外市场地位的调查》、《关于上海市家用电脑销售情况的调查》等。

(2)双标题。双标题是指调查报告有两行标题，采用正、副标题形式。一般正标题表达调查的主题，副标题用于补充说明调查对象和主要内容。双标题更为引人注目，富有吸引力。例如《竞争在今天，希望在明天—全国洗衣机用户问卷调查分析报告》、《××牌产品为什么滞销——对××牌产品销售情况的调查分析》、《国有旅游企业管理的性别策略与女工的企业依赖——对南北两家国有旅游企业的调查研究》、《北京人的梦中家园——对北京居民住宅择向的调查报告》等。

2. 目录

目录应列出报告各部分或分部分的标题及其对应的页码。提交调查报告时，如果涉及的内容很多，页数很多，为了便于读者阅读，把各项内容用目录或索引形式标记出来。这使报告使用者对报告的整体框架有一个具体的了解。目录包括各章节的标题，包括题目、大标题、小标题、附件及各部分所在的页码等。若图表较多，报告目录之后还应有图表目录、附件页码和展示品目录等。一般来说，目录的篇幅不宜超过一页。

目录的具体内容如下：

①章节标题和副标题及页码。

②表格目录：标题及页码。

③图形目录：标题及页码。

④附录：标题及页码。

以下是一份市场调查与分析报告的目录，见图 8-2。

目录

图 8-2 市场调查与分析报告目录举例

当市场调查与分析报告篇幅较小时,可以将页码省略,见图 8-3。

目录

图 8-3 "某品牌产品的广告效果调查报告"的目录

3.摘要

摘要是市场调查报告中的内容提要。摘要是调查报告中非常重要的内容,是整个报告的精华,应做到清楚、简洁和高度概括。概括地说明调查活动所获得的主要成果。

摘要包括调查的对象、研究的范围、采用的调查方法、调查的结论与建议。

摘要是报告中十分重要的一部分，这部分内容主要是为没有大量时间充分阅读整个报告的高层管理人员预备的。写作时需要注意以下几个问题：一是摘要只给出最重要的内容，一般不要超过 2～3 页；二是每段要有个小标题或关键词，每段内容应当非常简练，不要超过三四句话；三是摘要应当能够引起读者的兴趣和好奇心去进一步阅读报告的其余部分。摘要主要包括三方面内容：

(1)简要说明调查目的。即简要地说明调查的由来和委托调查的原因。为什么要开展调研，想要通过调研得到些什么？

(2)简要介绍调查对象和调查内容。包括调查时间、地点、对象、范围、调查要点及所要解答的问题等。

(3)简要介绍调查研究的方法。介绍调查研究的方法，有助于使人确信调查结果的可靠性，因此对所用方法要进行简短叙述，并说明选用方法的原因。例如，是用抽样调查法还是用典型调查法，是用实地调查法还是文案调查法，问卷设计、数据处理是由谁完成、有效问卷有多少、问卷结构、抽样的基本情况、研究方法的选择等。另外，在分析中使用的方法，如指数平滑分析、回归分析、聚类分析等方法都应作简要说明。

4. 正文

正文是市场调查报告的主体，是市场调查报告的主要构成要件，也是调查报告的核心部分。它要求对整个调查活动进行系统描述，并总结出调查结论和提出建设性意见。是体现报告撰写者的调查和研究成果的部分。对于某些市场研究人员，比如产品经理、营销经理或其他人员，除了要知道调查报告的结论和建议以外，需要了解更多的调研信息。比如考查结果的逻辑性，在调查过程中有没有遗漏，关键的调研结果是如何得出的等。这就要求正文部分必须正确阐明全部有关论据，包括问题的提出到引起的结论、论证的全部过程、分析研究问题的方法等。

正文的内容应涵盖如下三个方面：问题背景和目的的介绍、调查方法的说明、调查研究的结果。

(1)问题背景和目的的介绍。问题背景和目的的介绍是整个研究的缘由与整个调研方案的依据。问题背景和目的的介绍中着重说明两个问题：企业的产品或服务当时面临的问题或所处的状态；在当时的情况下，想通过调研解决什么问题，具体内容包括以下三点。

①企业所在的行业特点及企业的整体营销战略。

②竞争对手的情况。

③调研目的，即说明这次调查活动的动机、所要检定的统计假设以及所要了解的问题。

(2)调查方法的说明。撰写这部分内容要做好两个方面的工作：第一，调查方法的设计，采用什么样的研究方法才能够适应该项目的调查特征，要求明确调查项目的属性和特征，即该项目是属于探索性调查、描述性调查、还是因果性调查，是全面调查、重点调查、典型调查、还是抽样调查，需要根据调查项目的具体特征而进行调查方法的设计。第二，确定数据资料的收集方法，是采用文案法，还是实地调查法；是入户访问，还是拦截访问或电话访问，是用观察法，还是用实验法等。

调查方法说明具体包括以下内容。

①调研地域范围，说明调研活动在什么地区和区域进行，选择这些地区的理由。

②调研对象，指调研对象的界定及基本特点，在实际中怎样甄别等。

③样本容量。

④抽样方法。

⑤资料采集方法。

⑥调研的实施过程及问题处理,包括如何实施、遇到什么问题、如何处理。

⑦访问员基本情况介绍。

⑧资料处理方法及工具。

⑨样本的回收情况及有效样本,有效样本具备的两个条件:真实性、按要求访问。

(3)调查研究的结果。调查结果主要是调研数据资料的统计整理和统计分析。市场调查会得到大量的原始数据与资料,需要对原始资料进行统计整理,运用统计分析方法得出分析结果,并通过文字和统计表、统计图等表达。调研结果部分是市场调查报告的主体部分。

5.结论和建议

结论和建议是撰写调研分析报告的主要目的,既要对引言和正文部分所提出的主要内容进行总结,又要根据调查结果和结论,向决策者提出有效的措施以及解决某一具体问题可供选择的方案和建议。

调查结论是基于调查结果而提出的意见,而建议则是调查工作者提议应采取的行动,这部分内容是调查报告的关键之处。在写作方法上,要回应引言中所提出的主要问题,结论和建议与正文部分的论述要紧密对应,不可以提出无证据的结论,也不要没有结论性意见的论证。

结论和建议可以包含以下内容。

①概括全文:经过层层剖析后,总结调查报告的主要观点,进一步深化主题。

②形成结论:在对真实资料进行深入细致的科学分析的基础上,得出报告的结论。

③提出看法和建议:通过分析,形成对事物的看法,在此基础上,提出解决问题的方法和可行性方案,或提出下一步改进工作的建议。

④展望未来:通过调查分析展望未来前景。

由于时间的限制,许多读者在阅读调查报告时,通常会重点翻阅引言和结论部分的内容,尤其是结论部分的内容。因此,在撰写调查报告的结论时首先需要准确客观,不能在语句表达上含混不清;其次,在提出建议方面,要有针对性和建设性,提出的建议应该能够真正付诸实施;第三,就是在结论的安排上要讲究优先顺序,重要的内容应当排在第一位或者放在显要位置。结论可以是经验的总结和体会,也可以是教训的汲取和反思。结论作为调查报告的收尾部分,内容和字数安排不宜过多,要写得简要具体,使读者能够了解作者的见解。

6.附录

附件是用来论证、说明或者进一步阐述有关问题的辅助资料(材料)。是报告中正文包含不了或没有提及,但与正文有关必须附加说明的部分。它是正文报告的补充或更详尽说明。目的是增强所阐述问题的可靠性和准确性。附录一般包括以下内容。

①问卷副本、访谈提纲、量表等。

②调查对象的名单或名称表。

③文献调查所使用的参考资料的索引,即一些资料的来源。

④某种特殊调查方法和分析方法的介绍。

⑤认为有价值却又无法在正文中反映的调查资料。

子任务二　市场调查与分析报告的撰写

一、市场调查与分析报告的撰写过程

市场调查报告写作的一般程序是确定标题，拟定写作提纲，取舍选择调查资料，撰写调查报告初稿，最后修改定稿。

(一)选定题目

选定题目就是确定主题。主题就是调查报告所要表达的中心问题，是调查报告的灵魂，确定主题对调查报告写作的成败具有决定性的意义，确立主题是整个调查报告撰写过程顺利开展的前提。因此，确定主题要注意：报告的主题应与调查主题一致；要根据调研和分析的结果，重新确定主题；主题宜小，且宜集中；主题与标题协调一致，避免文题不符。

调查报告主题的选题的途径有上级布置、客户委托和自选。需要注意的是，调查研究报告的选题应是经过调查研究、刻苦钻研的自然结果；选题应注意扬长避短，发挥自己优势，增强适应性；选题还应该注意研究角度。

在一般情况下，调查报告的主题就是该项调查的主题，即调查报告所要反映的中心问题也就是整个调查的中心问题，二者往往是一致的。但在有些时候，可能会由于某些原因，使得调查报告的主题不能与调查的主题统一起来。还有的时候，由于某些因素的影响，使得调查所得的资料与调查最初的目标之间存在一定的差距，无法说明事先预定的调查主题，此时也要根据实际的资料和结果重新确立调查报告的主题。

(二)拟定提纲

提纲是对整个报告写作的总体设想和规划，是报告文章的“骨架”。拟定提纲，即报告撰写者根据市场调查与预测报告的内容要求对其框架进行设计，也是对调查与预测资料做进一步分析研究的过程。

写作提纲是调查报告内在逻辑关系视觉化的最好形式。它可以使调查报告中论点与论点、材料与材料、论点与材料之间的逻辑关系全部清楚地显现出来，便于作者全面把握调查报告的整体结构，认真考察每一部分和每一段落的地位及其相互之间的衔接是否恰当，部分与整体之间的关系是否合理，内容是否均衡，重点是否突出。

拟定提纲的过程实际上就是把调查材料进一步分类，构架成文的过程。

构架的原则是：“围绕主题，层层进逼，环环相扣，注重内在逻辑性，纲目分明，层次分明”。调查报告的提纲有两种，一种是观点式提纲，即将调查者在调研中形成的观点按逻辑关系一一地列写出来。另一种是条目式提纲，即按层次意义表达上的章、节、目，逐一地、一条一条地写成提纲。也可以将这两种提纲结合起来制作提纲。

调查报告提纲的拟定方法：对调查报告的主题进行分解，并将分解后的每一部分进一步具体化。第一，先粗略后详细，先大后小，由略到详。第二，要用文字写出每个部分、每个层次的标题及大意，并扼要写明每个大、小部分的论点、论据材料，论证角度等，为动笔写初稿时提供足够的依据。第三，拟写提纲时，对比较成熟的看法，有充分材料支撑的部分可详写，而对资料暂不充分、思考不成熟的问题，可粗略地写。

调查报告提纲通常包括以下内容。

①标题。

②观点句。观点句也叫中心论点句或主题句，概括全篇的基本观点的语句，作用是使作者牢记报告的中心之所在。

③内容纲要。内容纲要是提纲的主体部分，分条分项反映正文的构成状况。它不是观点和资料的简单罗列，而是精心设计的逻辑框架，使观点和资料在其中能居于最恰当的位置，其详略可自定。内容纲要的形式大致如下，见图 8-4。

一、大的部分或层次的论点
（一）分论点
1. 段的论点或大意
(1)材料
(2)材料……
二、三……皆依此类推。

图 8-4　调查报告提纲

例如，针对“青年结婚消费问题调查报告”，可先将“青年结婚消费问题”这一主题分解成：“青年结婚消费的现状”、“青年结婚消费的特点”、“青年结婚消费的趋势”、“青年结婚消费中存在的主要问题”、“正确引导青年结婚消费的建议”等几个大的部分。然后将每一部分的内容具体化。比如，将第一部分内容具体化为：①结婚消费的数量；②结婚消费的内容和形式；③结婚消费费用的来源；④当事人的职业、文化程度等背景与消费形式间的关系等。

(三)选择材料

调查报告不能是对调查研究中所获大量资料的堆砌和罗列，而是要根据主题和观点的需要，精心筛选素材，作为说明论点的论据，因此要进行材料的取舍。

在筛选调查资料时应把握以下原则：

第一，选取可靠资料。

第二，选取充分、完整而又适量的资料。

第三，选取有力的资料。

第四，选取新鲜的资料。

第五，选取易于理解的资料。

一般来说，可供取舍的资料主要有以下几大类：

(1)典型资料。典型资料是具有代表性的资料，通常具有深刻的含义和较大说服力，是能表现调查对象本质和发展变化趋势的资料。

(2)综合资料。综合资料能够说明调查对象总体的概貌和发展趋势，有助于认识总体、掌握全局。运用综合资料应注意处理好与典型资料之间的关系，使主题更具广度和深度。

(3)对比资料。运用历史与现实、成功与失败对比资料进行横向和纵向对比，可以使调查报告的主题更加突出，留给人的印象更加深刻。

(4)统计资料。经过前期市场调查工作取得大量原始资料和原始数据，对这些一手资料进行统计整理和统计分析，表明研究对象的本质和特征，可大大增加调查报告的说服力，提高报告的准确性和科学性。

(5)排比资料。采用从不同角度、不同侧面反映现象本质和特征的若干资料，全方位、多角度地说明现象、表达观点，可以使调查报告更有价值。

对经过统计分析与理论分析所得到的系统的完整的“调研资料”，在组织撰写调查报告时仍需精心选择，不可能也不必都写进报告，要注意取舍。如何取舍材料呢?

首先，选取与主题有关的材料，去掉无关的，关系不大的，次要的，非本质的材料，使主题集中、鲜明、突出。其次，注意材料点与面的结合，材料不仅要支持报告中某个观点，而且要相互支持，形成面上的“大气”。再次，在现有有用的材料中，要比较、鉴别、精选材料，选择最好的材料来支持作者的意见，使每一材料以一当十。

(四)撰写报告

撰写报告就是用适当的文字把选择的材料流畅地组织在一起。可以经过两个阶段完成：起草调查报告和修改定稿。

1.起草调查报告

市场调查报告的起草顺序与其文体结构的顺序正好相反，即从准备有关的图表和附件入手，进而草拟报告正文，最后再撰写调查报告摘要，具体见图 8-5。

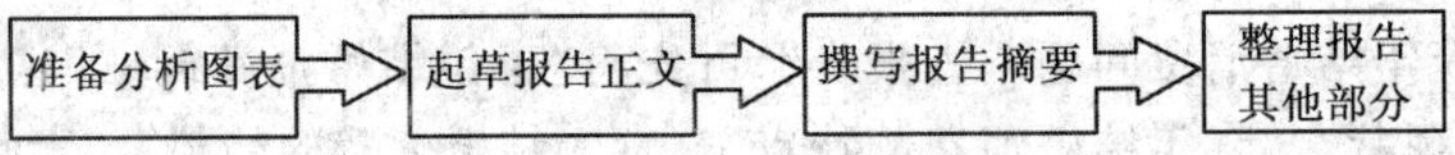

图 8-5　市场调查报告起草过程

在草拟调查报告正文之前，调查人员应对报告的文体结构、章节、段落有一个大概的写作思考框架，这需要反复的思考和构思才能形成。在起草时要条理性和系统性地集中阐明市场调研结论及其论据，注意突出重点，避免平铺直叙，面面俱到。报告草拟初稿形成后应进行认真审查，仔细进行修改，使报告更加完整和丰满。

2.修改定稿

报告修改包括观点的修改和材料的修改。当调查报告全文写完后，再反复地从头阅读、审查和推敲每一个部分：审查调研引用资料依据是否合理，是否有误；报告是否言之有理，持之有据；调查报告中所用的观点是否明确，表达是否准确；调查报告的思想基调是否符合调研的目的和要求；语言是否流畅，有无错别字和错误的标点符号等。认真地修改好每一个细节，使得调查报告不断丰富和完善。

在反复检查的基础上集中修改，统一修正格式和观点，调整结构和材料顺序，对不足部分拾遗补缺，对累赘部分进行删减，改换不恰当的资料、语言，改正错别字和标点符号，统一记数、计量单位等。这些工作完毕后，调查报告才能最后定稿。

撰写时要使整个调查报告紧紧围绕所确立的主题来展开，使得调查报告在整体思想、体系结构、内容形式、行文风格等方面都前后一致，浑然一体。要点是：以科学的市场调查方法为基础；以真实准确的数据材料为依据；以充分有力地分析论证为杠杆。

二、调查报告的写作技巧

市场调查与预测报告撰写中容易出现的问题有：处理不好篇幅和质量的关系、问题的解释不充分或不准确、资料的取舍把握不准、所提建议不可行、过度使用定量技术、报告数据的公正性不够等。为避免上述问题的出现，在撰写市场调查报告时，应注意了解并运用调查报告的写作技巧。

市场调查报告的写作技巧主要包括表达技巧、数字运用技巧、表格和图形表现技巧。表达技巧主要包括叙述、说明、议论、语言运用四个方面的技巧。

(一)写作表达的技巧

根据调查报告的结构和内容，在撰写是开头部分一般采用叙述方式，中间部分和后续部分常采用说明和议论方式。

1. 叙述的技巧

市场调查报告的叙述，主要用于开头部分，通过叙述事情的来龙去脉表明调查的目的和根据，以及过程和结果。此外，在主体部分还要叙述调查得来的情况。市场调查报告常用的叙述技巧有：概括叙述、按时间顺序叙述、叙述主体的省略。

(1)概括叙述。叙述有概括叙述和详细叙述之分。市场调查报告主要用概括叙述，将调查过程和情况概略地陈述，不需要对事件的细枝末节详加铺陈。这是一种"浓缩型"的快节奏叙述，文字简约，一带而过，给人以整体、全面的认识，以适合市场调查报告快速及时反映市场变化的需要。

(2)按时间顺序叙述。这是指在交代调查的目的、对象、经过时，往往用按时间顺序叙述方法，次序井然，前后连贯。如开头部分叙述事情的前因后果，主体部分叙述市场的历史及现状，就体现为按时间顺序叙述。

(3)叙述主体的省略。市场调查报告的叙述主体是写报告的单位，叙述中用"我们"第一人称。为行文简便，叙述主体一般在开头部分中出现后，在后面的各部分即可省略，并不会因此而令人误解。

2. 说明的技巧

市场调查报告的表达方式以说明为主。说明在调查报告中的主要作用是：将研究对象及其存在的问题、产生的原因、程度以及解决问题的办法解释清楚，使读者了解、认识和信服。包括：

背景说明。背景说明可以反映事物发生发展的时间、空间和条件，可以揭示事物的内涵，加深和突出调查报告的基本观点。

情况说明。情况说明对事物在产生和发展过程呈现出的各种不同的结构、状态、规模、速度、性质和特征等各种情况进行说明。——按逻辑顺序说明。

建议说明。建议说明对解决问题的办法、措施和建议加以说明。

市场调查报告常用的说明技巧有：数字说明、分类说明、对比说明、举例说明等。

(1)数据说明。市场运作离不开数据，反映市场发展变化情况的市场调查报告，要运用大量数据，以增强调查报告的精确性和可信度。

(2)分类说明。市场调查中所获材料杂乱无章，根据主旨表达的需要，可将材料按一定标准分为几类，分别说明。例如，将调查来的基本情况，按问题性质归纳成几类，或按不同层次分为几类。每类前冠以小标题，按提要句的形式表述。

(3)对比说明。市场调查报告中有关情况、数字说明，往往采用对比形式，以便全面深入地反映市场变化情况。对比要清楚事物的可比性，在同标准的前提下，作切合实际的比较。

(4)举例说明。为说明市场发展变化情况，举出具体、典型事例，这也是常用的方法。市场调查中，会遇到大量事例，应从中选取有代表性的例子。

3.议论的技巧

市场调查报告常用的议论技巧有：归纳论证和局部论证。

(1)归纳论证。市场调查报告是在占有大量材料之后，作分析研究，得出结论，从而形成论证过程。这一过程，主要运用议论方式，所得结论是从具体事实中归纳出来的。

(2)局部论证。市场调查报告不同于议论文，不可能形成全篇论证，只是在情况分析、对未来预测中作局部论证。如对市场情况从几个方面作分析，每一方面形成一个论证过程，用数据、情况等作论据去证明其结论，形成局部论证。

4.语言运用的技巧

语言运用的技巧包括用词方面和句式方面的技巧。

(1)用词。市场调查报告中数据用得较多，因为市场调查数据离不开数量词，很多问题要用数字说明；市场调查报告当中介词用得也很多，主要用于交代调查目的、对象、根据等方面，如用“为、对、根据、从、在”等介词。此外，还多用专业词汇和用语，如“流通渠道”、“营销组合”、“市场竞争”等，为使语言表达准确，撰写者还需熟悉市场营销有关专业术语。

(2)句式。市场调查报告多用陈述句，陈述调查过程、调查到的市场情况，表示肯定或否定判断。祈使句多用在提议部分，表示某种期望，但提议并非皆用祈使句，也可用陈述句。

(二)数字运用技巧

调查报告中存在大量数据，但要防止数字文学化，即在调研中到处都是数字。在大量使用数字时可采用以下技巧：

(1)化小法。数字太大时，读者不易理解和记忆，可换成较大计量单位将数值化小。

(2)推算法。为表达数字的可信性可采用推算法而不是直接给出数值大小。因为有时个体数量较小，但由此推算出的整体数量却大得惊人。

(3)形象法。用人们日常生活中熟悉的数字对比说明事物本身的具体数字，以增强生动感。

(4)数字表达形式尽量采用阿拉伯数字。

(三)图形和表格使用技巧

市场调查报告通常情况下会采用图表，图表是一种传递和表达信息的工具，它能非常直观地将调研成果表示出来。各种表格、组织图表、流动图表、矩阵等都被大量运用于市场调查报告中，最常用的图的形式有条形图、饼形图、线形图，表的形式有表单一表和一览表。使用图表的目的在于将复杂的数据变成简单、清晰的图表，使人能够一目了然地了解数据所表达的含义。因此使用图表的重要原则是“简单、直接、清晰、明了”。

最常用的图表有条形图、线形图和饼形图等。

(1)条形图。条形图是用一个单位长度表示一定的数量，根据数量的多少画成长短不同的直条，然后把这些直条按一定的顺序排列起来。特点：能够显示每组中的具体数据；易于比较数据间的差别；如果要表示的数据各自独立，一般要选用条形图。

(2)线形图。线形图用一个单位长度表示一定的数量，根据数量的多少描出各点，然后把各点用线段顺次连接起来，以折线的上升或下降来表示统计数量增减变化。特点：线形图能够清晰地显示数据增减变化。如果想了解数据随时间变化而变化的情况，就可采用线形图。

(3)饼形图。饼形图用圆表示总体，圆中的各个扇形分别代表总体中的不同部分，扇形的大小反映部分占总体的百分比的大小。特点：饼形图中，每部分占总体的百分比等于该部分所对应的扇形圆心角的度数与360°的比。

条形统计图能清楚表示出每个项目的具体数目；线形统计图能清楚反映事物的变化情况；饼形统计图能清楚地表示出各部分在总体中所占的百分比。在选用时要根据数据所表达的主题，确定可能使用的图表类型。例如，数据所表示的关系是频率分布、成分，则可以选择饼形图和条形图；若数据表示的是时间序列或相关性，则选择条形图。条形图是应用较为广泛的图形类型，而柱形图是使用最多的类型。这两种图表的使用占整个调查报告使用图表总数的一半左右。

调查报告中数据的整理和分析，需要借助于统计表，编制统计表。

(1)表格样式。统计表应设计成由横行和纵列组成的长方形表格，表的上下两条端线采用粗实线或双线绘制，其余线条用细线，表的左右两端一般习惯上不封口，采用开口式。为了使表的外形美观，一般将统计表设计成矩形，不要设计成正方形。

(2)标题和标目的设计。无论是总标题，还是横行标目、纵栏标目都应当简明准确，概括地表达出统计表的基本内容，总标题还应该标明资料所属的空间和时间范围。

(3)各行和各栏的排列。表中的主词各行和宾词各栏，一般应按先局部后整体的原则排列，即先列各个项目，后列总计。当没有必要列出所有项目时，可以先列总计，而后列出其中一部分重要项目。

(4)栏数的编号。如果统计表的栏数较多，通常要加以编号。在主词和计量单位等行，用(甲)、(乙)、(丙)等文字标明；宾词指标各栏，用(1)、(2)、(3)等数字编号。

(5)表中数字的填写。表中数字应该填写整齐，对准位数。当数字为0或因数小可略而不计时，要写上0；当缺乏某项资料时，用符号"…"表示；不应有数字时用符号"—"表示。

(6)表中数字资料的计量单位。统计表中必须注明数字资料的计量单位。当全表只有一种计量单位时，可以把它写在表体的右上方；表中有不同计量单位时，横行的计量单位可以专设一栏，不同计量单位的纵栏的计量单位，要与纵栏标题写在一起，用小字标写。

三、市场调查与分析报告的质量要求

(一)撰写市场调查报告的基本要求

调查报告力求客观真实、实事求是。调查报告必须符合客观实际，引用的材料、数据必须是真实可靠的。要反对弄虚作假，或迎合上级的意图，挑他们喜欢的材料撰写。总之，要用事实来说话。

调查报告要做到调查资料和观点相统一。市场调查报告是以调查资料为依据的，即调查报告中所有观点、结论都有大量的调查资料为根据。在撰写过程中，要善于用资料说明观点，用观点概括资料，二者相互统一。切忌调查资料与观点相背离。

调查报告要突出市场调查的目的。撰写市场调查报告，必须目的明确，有的放矢，任何市场调查都是为了解决某一问题，或者为了说明某一问题。市场调查报告必须围绕市场调查上述的目的来进行论述。

调查报告的语言要简明、准确、易懂。调查报告是给人看的，无论是决策者、管理者，还是其他一般的读者，他们大多不喜欢冗长、乏味、呆板的语言，也不精通调查行业的专业术语。因此，撰写调查报告语言要力求简单、准确、通俗易懂。

(二)调查报告的写作评价

1. 基本要求

调查报告的基本要求是语言简洁、结构严谨、态度客观、内容全面、资料翔实、结论明确。

2. 市场调查报告的评价内容

市场调查报告可以从以下六个方面进行评价。

①调查题目方面：是否简明清楚，让人了解其意义；能否明确界定题目的范围；如果题目明确了，便可根据其调查的对象和地区给予更明确的界定。

②问题陈述方面：是否依照问题来陈述要点；问题是否具有了解或解决的价值；重要名词是否都加以明确界定；研究假设可否加以验证。

③文献探讨方面：重要的文献资料是否都收入；文献资料是否加以有系统整理；文献资料是否能指出市场调查的重点和方向；文献资料是否都有调查者的评论；文献资料有无摘要？此摘要与调查主题有无关联。

④调查方法与步骤方面：是否详加说明调查设计；调查设计能否回答调查研究的问题；调查问卷编制的过程是否适当；抽样的方法与程序是否适当；调查实施步骤是否详述，有无缺失；资料分析是否正确。

⑤结果的分析与讨论部分：统计图表是否依规定格式设计；统计图表是否简明扼要；结果的解释是否合乎要求；是否规避讨论与调查不一致的资料；是否比较讨论其他相关的调查资料。

⑥结论和建议部分：结论是否摘述整个调查步骤和结果；结论与调查目的是否相符合。

(三)撰写市场调查报告的注意事项

撰写市场调查报告还应注意以下几个方面。

①考虑读者的观点、阅历，使报告适合读者阅读。

②切忌面面俱到、事无巨细地进行分析。

③用自然体例写作，使用普遍词汇，尽量避免行话、专用术语。

④务必使报告所包括的全部项目都与报告的宗旨有关，剔除一切无关资料。

⑤仔细核对全部数据和统计资料，务必使资料准确无误。

⑥充分利用统计图、统计表来说明和显示资料。

⑦按照每一个项目的重要性来决定其篇幅的长短和强调的程度。

⑧务必使报告打印工整匀称，易于阅读。

⑨切忌将分析工作简单化即资料数据罗列堆砌，只停留在表面文章上，就事论事。

此外，为了能够引起阅读者的重视，市场调研人员应该重视对调研书面报告形式的准备，如封面的设计，报告文体形式的编辑，图表的制作，题目的醒目性等等，目的是能够引起相关人员的注意，使阅读者无障碍地进行阅读，并能在阅读中迅速方便地抓住主题。

子任务三 市场调查与分析项目的口头汇报

一、口头汇报及其意义

市场调查报告的呈递方式(沟通方式)主要有两类,书面呈交方式和口头汇报的方式,即书面报告和口头报告。口头调查报告是市场调查的主持人或报告撰写者以口头陈述的形式向委托方汇报调查方法、报告结果以及结论、建议的活动。在许多情况下,除了向客户提供书面报告外,还需要将调查报告的结果向管理层或委托者作口头报告。而且大多数的委托者也都希望能听到研究人员的口头汇报。

口头汇报可以帮助决策者更好地理解书面报告并采纳其中的意见和建议,同时口头汇报还有助于加强研究人员和客户之间的沟通、交流,并及时解答客户的提问。此外,有些经理人员可能没有时间阅读书面报告,因此,口头报告也是他们了解调查报告的唯一途径。

相对而言,口头报告是一种直接沟通方式,它更能突出强调市场调研的结论,使相关人员对市场调研的主题意义,论证过程有一个清晰的认识。口头报告具有以下作用:

第一,口头报告能用较短的时间说明调查报告的核心内容,时间短,见效快,节省决策者的时间与精力,对于有关人士迅速掌握和理解报告内容具有重要作用;

第二,口头报告生动而富有感染力,容易给听取报告者留下深刻印象,可以帮助管理部门或市场调查委托方理解书面调查报告的内容并接纳书面报告;

第三,口头报告可以直接与听取报告者进行沟通和交流,针对管理者或委托人提出的问题及时做出解答,便于增强双方的沟通;

第四,口头报告具有一定的灵活性,一般可根据具体情况对报告内容、时间做出必要的调整。

二、口头汇报的准备

(一)口头汇报方法

成功的书面报告并不代表成功的口头汇报,而有效的口头汇报可能会弥补书面报告的不足,取得意想不到的结果。口头汇报的准备包括以下几个步骤:

1.分析听众

口头报告应该适合听众的需求特点,报告人应首先了解听众的背景、兴趣,在市场调查项目中充当的角色和本身的影响程度。

2.构思流程

高质量的口头报告需要有精心、充分的准备,应该遵循书面报告的形式,准备一个详细的提纲,按照报告的程序,将整个过程划分为几个板块,每个板块在列出具体步骤。

3.制作演示文稿

演示文稿以其良好的视觉效果取胜。将报告内容以演示文稿的形式表达出来,制作成可视性资料,能够给人以专业化程度高的印象。

演示文稿应该对报告内容进行高度概括和总结，突出重点、彰显特点、突破难点，同时注重设计技巧。例如，听众对资料收集过程感兴趣，关注数据获得的科学性，则可在PPT演示文稿中插入现场实施调研的照片、录音和录像，交代清楚抽样的方法和步骤。

4.反复演练

口头汇报要达到的目的有两个方面：首先是要形成良好的沟通；其次是要说服听众。口头报告在某种程度上类似于“登台演戏”，要想取得好的效果，应该反复演练，做模拟报告。这样才能不断发现问题进行修正，使报告内容更加凝练，条理更加清晰，也使汇报者增加自信，现场报告时不怯场，更加熟练地表述调查报告内容，加强与听众互动、沟通，提高口头报告的效果。

在准备口头汇报的过程中，调查者应时刻注意以下几个问题。

①数据的真正含义是什么？

②我们能从数据中获得些什么？

③在现有的条件下，我们应做什么？

④将来如何才能进一步提高这类研究水平？

⑤如何能使这些信息得到更有效的运用？

(二)口头汇报应准备的材料

一般来说，口头汇报之前需要准备好如下材料。

1.汇报提要

为了帮助听众理解报告，应该让每一位听众手持一份关于汇报流程和主要结论的提要。注意，提要中应该留出足够的空间让听众做记录或评述。

2.视觉辅助

如投影仪、笔记本电脑、幻灯软件等应该提前准备并安装好，如果已经安装好，应该再检查一下，以免临时出现问题。一些需要讲解的调查结论、建议等应事先应用幻灯软件做成演示文稿。

演示文稿是用PowerPoint等软件制作出来的供演讲人展示用的一组文件，它可以通过计算机、投影仪等播放。

演示文稿因其良好的视觉效果能给人以专业化的印象。一项调查显示，使用了演示文稿的报告被认为是：“准备更充分，更专业，更有说服力，更可信和更有趣的。”使用演示文稿可以更容易说服对方接受演讲人的观点。

3.执行性摘要

每名听众最好都有一份包括调研方法、调研结果、结论与建议的执行性摘要。

4.最终书面报告的复印件

为听众准备书面报告，以便听众了解调查报告的详细内容。

三、口头报告成功的技巧

口头调查报告是否能够达到目的取决于许多因素，主要有以下几点：

第一，按照书面调查报告的格式准备好详细的演讲提纲。采用口头报告方式并不意味着可以随心所欲、信口开河，它同样需要有一份经过精心准备的提纲.包括报告的基本框架和内容。当然.其内容和风格要与听者的特点相吻合。这就首先要了解听者的状况:他们的专业技术水平怎样?他们想了解的核心的问题是什么?他们的兴趣是什么等。

第二,进行充分的演练。在汇报时,经常会出现紧张,为减少紧张,可以采取做深呼吸和穿着舒适、贴身的服装等方法加以缓解,但更重要的是先做充分的演练,真正掌握汇报资料是减少紧张的有效途径。汇报中最紧张的时刻常发生在报告开始时,为减少心理障碍,尤其要注意演练报告的开头部分。

第三,尽量借助图表来增加效果。一张图表胜似千言万语,在做口头汇报时,要善于采用图表来辅助和支持你的讲话。注意的要点有:①要使制作的图表显得十分重要和有权威性;②绝对保证图表都是清晰易懂的;③对图表要有选择性,不要有太多的图表,一张图表上也不要挤太多的内容,以免使人望而却步;④可用不同的颜色来使图表更鲜明,但不要太过分;⑤图表可借助黑板、幻灯、录像和计算机等可视物加以表现。选择何种可视物可根据听者的情况和设施情况而定,但要保证使室内的人都能看清。

第四,做报告时要充满自信。有些人在演讲时过多使用道歉用语,这是不明智的。这既说明了演讲者的准备不充分,又浪费了听众的宝贵时间。

另外,演讲时要尽量面对听众,不要低头或者背对听众。与听众保持目光接触,在可以表现报告者自信的同时也有助于把握听众的喜爱与理解程度。

第五,要使听者易听易懂。由于听比讲更难集中注意力,故要求语言要简洁明了,通俗易懂要有趣味性和说服力。如果有一个十分复杂的问题需要说明,可先做简要概括的介绍并运用声音、眼神和手势等变化来加深听者的印象。

第六,要与听者保持目光接触。汇报时要尽量看着听者,不要低头看着讲稿或看着别处。与听者保持目光接触,有助于判断他们对汇报的喜欢或厌烦状况和对内容的理解程度。

第七,把握回答问题的时机。在报告进行时最好不要回答问题,以免出现讲话的思路被打断、时间不够用等现象,应在报告结束后,对听众提出的问题进行回答,以便更清楚地表达报告者的思想。

第八,在规定的时间内结束汇报。口头汇报常有一定的时间限制,在有限的时间内讲完报告是最基本的要求。时间过短,往往不能清楚表达报告者的思想;时间过长,容易引起听众的不耐烦,使听众对报告产生抵制心理,所以要在适当的时间内完成报告。

第九,口头汇报结束后,还要请用户或有关人士仔细阅读书面报告。

此外,还应注意对介绍现场的选择、布置;语言要生动,注意语调、语速;注意表情和形体语言的使用等。

◈ 案例资料

2010年天津旅游市场调查报告

2010年是实施“十一五”规划的最后一年,也是推动天津旅游业在高起点上实现新发展、再上新水平的一年。“十一五”以来,天津旅游产业实力明显增强,产业规模迅速扩张,产业素质大幅提升,旅游环境日趋优化。着力打造“近代中国看天津”、“都市博览游”、“海河风光游”、“滨海新区游”、“山野名胜游”等五大旅游品牌,“渤海明珠、魅力天津”的旅游形象日益鲜明,为天津发展入境入市旅游提供了良好的环境。现就2010年天津旅游市场进行数据分析和定性分析，并对2011年天津旅游市场发展趋势做出预测，以供大家参考，对于进一步发展和完善入境入市旅游市场、提高天津旅游市场的竞争力具有一定作用。编者水平有限，有不妥之处，请与批评指正。

一、入境市场

(一)2010年天津入境旅游市场数据情况

依据2010年全年的统计数据，天津市接待入境旅游者166.07万人次，比去年同期增长17.8%。在接待的入境旅游者中，外国人1 530 461人次，占接待总人数的92.2%，比去年同期的1 305 772人次增长17.2%；在接待的外国人中，居前六位的国家依次为：(1)日本569 028人次，占外国人总数的37.2%，占全国接待日本游客总数的15.25%，比去年同期的493 328人次增长15.2%；(2)韩国279 991人次，占18.3%，占全国接待韩国游客总数的6.88%，比去年同期的243 012人次增长15.2%；(3)新加坡103 327人次，占6.8%，占全国接待新加坡游客总数的10.29%，比去年同期的82 213人次增长25.7%；(4)美国101 355人次，占6.6%，占全国接待美国游客总数的5%，比去年同期的84 963人次增长19.3%；(5)马来西亚57 427人次，占5%，占全国接待马来西亚游客总数的4.6%，比去年同期的60 557人次增长27.5%；(6)菲律宾37 817人次，占2.5%，占全国接待菲律宾游客总数的4.6%，比去年同期的37 037人次增长2.1%。

2010年全年接待外国入境旅游者数据

国家	占总人数比例(%)	总人次	占全国接待比例(%)	增幅(%)
日本	37.2	569 028	15.25	15.3
韩国	18.3	279 991	6.88	15.2
新加坡	6.8	103 327	6.8	25.7
美国	6.6	101 355	5	19.3
马来西亚	5.0	77 220	4.6	27.5
菲律宾	2.5	37 817	4.6	2.1

2010年全年天津市接待来津的港澳台同胞130 221人次，比去年同期的104 472人次增长24.7%。香港同胞48 471人次，占2.9%，占全国接待香港游客总数的0.061%，比去年同期的39 377人次增长23.1%；澳门同胞8 108人次，占0.5%，占全国接待澳门游客总数的0.17%，比去年同期的6 255人次增长30.0%；台湾同胞73 642人次，占4.4%，占全国接待台湾游客总数的1.43%，比去年同期的58 840人次增长25.2%。

2010年全年接待港澳台同胞入境旅游者数据

国家	占总人数比例	总人次	占全国接待比例(%)	增幅(%)
香港	2.9	48 471	0.061	23.1
澳门	0.5	39 377	0.17	30
台湾	4.4	73 642	1.43	25.2

2010 年全国四大直辖市与周边省市入境市场数据

省市名称	入境人次及增幅(%)	创汇(美元)及增幅(%)
北京	490(18.8)	50.4(15.8)
天津	166(17.7)	14.2(20)
上海	734(37.5)	63.4(33.7)
重庆	137(30.73)	7(31)
河北	98(16)	3.5(14)
山东	367(18.3)	21.6(22)

2008—2010 年天津邮轮接待情况

年份	2008	2009	2010 预计
航次	15	26	40
航次增幅(%)	—	73	53.8
出入境人次	20 000	58 000	92 000
出入境人次增幅(%)	—	190	58.6

从 2008 年至今，邮轮航次和乘邮轮出入境人次保持了高速增长的良好态势。按照天津港邮轮接待计划，2010 年内天津邮轮母港有 40 艘国际邮轮停靠，全年接待国际游客 9.2 万人次。

(二)2010 年天津入境旅游发展特征

尽管国际金融危机和甲型 H1N1 流感对我国入境旅游市场的整体影响没有完全消除，天津作为北方的经济中心和国际大都市，也受到了一定的影响，但随着我市发展旅游业的热情不断高涨，我市认真贯彻落实《国务院关于加快发展旅游业的意见》，抢抓机遇，开拓创新，真抓实干，促使全市旅游经济呈现出持续、稳步发展的良好态势。

1. 主要客源地均呈快速增长态势

从数据来看，目前我市客源地的构成分布并无明显变化，但增长较快。除去菲律宾以外，其余主要客源地增幅比例均在 15%以上。增幅比例位居全国前列。尤其是新加坡、马来西亚和港澳台地区，增幅均在 20%以上。主要是由于天津与新加坡，天津与吉隆坡直航的开通促成该两地客源的增加。新加坡客源市场增长与我局 2010 年赴新加坡进行旅游培训并大型旅游促销活动，以及天津与新加坡连续三年举办津新两地经贸合作理事会也有密切关联。

我市与香港、台湾均有直航，交通往来便利，经贸往来频繁。2008 年我局曾组织大型包机港澳促销团赴港澳举办大型天津旅游推介活动，盛况空前，影响巨大。2010 年我局再次赴港举办了天津旅游推介会。自 2006 年起，我局每年组织天津旅游促销团赴台湾参加海峡两岸台北旅展和推介活动。经过一系列的宣传促销，取得良好的成果。从目前数据看来，港澳台市场均呈 20%以上比例快速增长，发展空间很大。

2. 客源地较为集中

在天津的入境旅游市场中，东亚和东南亚是外国客源市场的主体，日本、韩国、新加坡、马来西亚、菲律宾的旅游者比例之和占到了 9 成以上。欧洲、澳大利亚、新西兰等远程市场所占份额很低。

3.商务旅游者比重高于观光旅游者

天津的入境旅游者中，商务旅游者的比重高于观光休闲旅游者。在接待的入境旅游者中，商贸旅游人数占53%，观光人数占39.3%。这与天津加大改革开放力度，滨海新区的开发开放有很大关系。

4.旅游外汇收入增幅较快但基本旅游消费比重偏高

2010年天津市国际旅游外汇收入为141 950.77万美元，同比增长20%。其中长途交通费占40.8%，购物费占18.5%，住宿费占12.8%，餐饮费占7.8%，娱乐费占4.5%，游览费占4.2%。总体看来，基本型消费偏高，而娱乐与休闲消费较低。

5.占据全国客源市场的份额较小

从全国客源市场来看，除去日本市场，其他客源市场所占份额较低，特别是港澳台市场，比例甚至不足1%。根据国家旅游局旅游抽样调查资料显示：北京入境游客约4%流向天津，36%流向上海；上海入境游客约2%流向天津，26%流向北京，京沪入境市场形成对流，天津被边缘化。天津被边缘化由多种原因造成，如：国际知名度不高、旅游吸引力不强、对外宣传力度不够等；这种情况也是长期以来形成的。

（三）2011年入境旅游市场发展建议和对策

综合2010年天津入境旅游市场的发展特征，2011年天津入境旅游市场的发展格局可归纳为继续巩固日韩和港澳台等一级客源市场，提升新加坡、马来西亚、菲律宾、美国等二级客源市场，开拓澳大利亚、新西兰、欧洲等三级客源市场。建议从以下几点着手，做好市场营销工作。

1.继续巩固东亚和东南亚市场，对该地区的旅游宣传促销应是持续性的、不间断的。在巩固东亚和东南亚市场的同时，还应积极开拓欧美市场。首先，大力开展境外促销，提升天津旅游的知名度和影响力。其次，要充分利用区位优势，在旅游产品开发、线路设计、市场互动等诸多方面和北京、河北合作，促进对欧美市场的共同开拓，构筑京津冀旅游竞争力的合力和区域旅游的总体优势。再次，利用京津、京沪高铁的开通，加强与北京、上海的合作，争取与京沪形成合力，吸引更多的入境游客访津。

2.发展我市入境旅游，还应加大力度发展邮轮旅游。作为一种高端旅游产品和崭新的生活方式，邮轮旅游逐渐走入中国百姓的生活。现在，选择邮轮旅游消费的人数正呈逐年递增趋势，越来越多的世界豪华邮轮公司钟情中国，排定跟中国有关航线的豪华邮轮也明显增多。目前，2011年度天津港国际豪华邮轮接待计划已出炉，预计2011年将有39艘（次）国际豪华邮轮作客天津港。将有10万余名旅客通过邮轮入境到京津等地旅游。随着我市加大对天津邮轮母港和邮轮旅游的宣传力度，通过邮轮来我市入境旅游的旅客人次将稳定增长。

3.要创造更好的商务旅游环境，以确保商务旅游的可持续发展。同时，加快推进都市观光、休闲度假、商务会展三大旅游体系建设，辅助以购物、节庆旅游等多体系的旅游产品体系，最大程度的提升观光休闲旅游者的比重。其次要着力挖掘和开发具有时尚性、生态性、参与性和娱乐性为一体的拳头旅游产品，从而提升天津旅游产品的文化内涵。

4.创新旅游服务项目，建设休闲娱乐设施。使游客更多地参与到娱乐和休闲项目当中来，从而增加休闲娱乐消费比重。合理引导旅游者购物消费，优化购物环境，增加购物消费。

二、国内市场

(一)2010 年国内旅游市场数据情况

2010 年接待国内旅游人数突破 9 200 万人次,同比增长 14.8%。在接待的访津国内游客中,居前六位的客源地依次为:北京、河北、辽宁、山东、山西、广东。

关于国内访津游客的数据统计,因目前官方没有对客源分布具体统计数字,我们仅从航空和京津城际的数据统计进行分析。

1.航空(天津滨海国际机场)

2009—2010 年国内旅客吞吐量情况

年份	起降架次	旅客人次
2009	53 570	5 143 360
2010	63 896	6 274 637

从以上数据分析,2010 年天津滨海国际机场国内航班起降架次,同比增长 19%,旅客人次,同比增长 21.99%。2010 年天津滨海国际机场旅客吞吐量呈现高增长态势,这与天津滨海新区开发开放、天津经济地位的日益提升、天津城市整体改造产生的成果有密切关联。商务、观光旅客的增加,促成了天津与多地新增直航的开通,如兰州、石家庄等,新增国内航班 34 次/周,加密 108 次/周。

2.京津城际高铁

京津城际高铁以大运量、高密度、公交化运输组织模式,大大缩短京津间的时空距离,不仅加快了京津两地人员交流和资源配置,也为加快京津冀经济一体化进程、促进环渤海地区经济交流和人员往来发挥了重要作用。据天津火车站统计显示,2008—2010 年两年间京津高铁共运送旅客 4 096 万人次,日均运送旅客 6 万人次,高峰日输送量达到 12.5 万人,平均上座率 70%。目前,京津城际高铁正常每日开行 70 对,周末每日开行 75 对,节假日每日开行 85 对,遇客流高峰期开行 100 对,根据客流统计,开通第二年,京津城际客流增长更加明显,达到 2 226 万人,是第一年的 1.19 倍。据统计,京津高铁对天津旅游增长贡献率为 35%。

2008 年 8 月—2010 年 8 月京津城际高铁运送旅客情况

时间段	旅客总数(万人)	增幅(%)
2008.8—2009.8	1 870	—
2009.8—2010.8	2 226	19

2010 年全国四大直辖市与周边省市国内旅游市场数据

省市名称	国内旅游人次及增幅(%)	国内旅游创汇(美元)及增幅(%)
北京	17 900(10)	2 425(13)
天津	9 200(15)	1 150(21)
上海	21 500(74)	2 523(32)
重庆	16 000(32)	868(30)
河北	14 900(23)	890(29)
山东	35 000(21)	2916(25)

(二)2010 天津国内旅游发展特征

关于天津国内旅游的情况,深入旅行社和景区点进行调研,天津国内旅游发展呈以下特点:

1.游客中以旅游休闲为目的的游客越来越多

据统计,近两年来,天津市接待的游客中,以旅游观光、探亲访友、疗养为目的的自助旅游游客数量占接待游客总数的60%以上,以商务、会议或进行科技文化交流以及公务出差为目的的游客数量之和仅占全部游客的30%左右。

2.“一日游”游客人数增长最为明显

据统计,“一日游”游客人数占来津游客总量的49.8%,“一日游”游客大多来自北京、河北、山东、辽宁和山西等周边省市,在“一日游”中,天津人游天津的人次近两年来持续增长20%以上,日新月异的津城美景吸引了越来越多的市民。

3.越来越多的国内游客倾向选择自由行

从2009—2010年旅行社游客接待数据情况分析,大部分旅行社入市接待呈下降趋势,主要是以下两点原因:①京津城际高铁的开通形成了以首都北京为集散地的旅游模式,访京游客通过自行搭乘高铁来津旅游观光,而不再通过旅行社地接的方式;②游客旅游消费观念发生了转变,越来越多的游客通过自由行的方式来津旅游。尤其是旅游者中的年轻群体更加倾向于通过携程、Bycity 等网络方式安排自己的游览行程,或仅通过旅行社进行酒店和交通的预定。这些游客数量的统计不算在旅行社接待统计当中。

4.在国内旅游收入中购物消费比重较高

天津市接待的国内旅游游客在津期间的各项花费,按吃、住、行、游、购、娱等六大要素排序,排行第一的是购物费,占25%以上。其他依次为住宿费、餐饮费、交通费、游览费,吃、住、行、购四项花费占游客花费的70%以上。

(三)2011 国内旅游发展建议和对策

综合2010年天津国内旅游市场的发展特征,2011年天津国内旅游市场的发展格局可归纳为扎根京津冀;巩固环渤海;主推京沪线;发展两三角。建议从以下几点着手,做好市场营销工作。

(1)重视天津本地市场。“天津人游天津”是一个巨大的市场。近两年来,天津新增许多旅游景区点,城市面貌有很大改观,在节假日和黄金周,天津人游天津成为很多市民最舒适、最经济的旅游休闲方式,有很大的发展空间。

(2)加大对北京、河北、山东、山西、辽宁等邻近省市的宣传促销力度,强力推介有针对性的二日游或三日游精品线路,争取这些地区的客源能够在天津过夜。

(3)抓住机遇,提前做好营销铺垫。今年,京沪高铁6月开通,津秦高铁年底开通,滨海机场二期工程启动,周边高速公路增加,大大增强了我市的通达能力。大交通的改善,为我市吸引客源提供了便利,要抓住这一机遇,做好交通沿线上的天津旅游宣传推介工作。

(4)联合北京、河北形成合力,增强对长江三角洲、珠江三角洲等经济发达地区的吸引力。两三角地区距离天津较远,距离即会阻碍旅游,又会产生吸引力、神秘感。但针对远程市场,天津一个城市显然势单力薄,需联合北京、河北打造京津冀旅游精品线路,吸引两三角地区的游客。

资料来源:百度文库

◈ 思考题

1. 简述市场调研建议报告的基本结构。
2. 市场调查与分析报告有哪些作用？试举例说明。
3. 调查报告应注意的问题有哪些？请就每种问题举例说明。
4. 为什么说市场调查报告摘要的编写十分重要？
5. 为什么在市场调研结果报告中要详细说明市场调研过程与方法？
6. 对一份良好的市场调查报告的基本要求是什么？
7. 保证口头报告成功要采取哪些措施？
8. 哪一种市场调查报告的呈递方式最为有效？为什么？
9. 撰写一篇大学生手机消费的调查报告。

◈ 参考文献

[1] (美)小卡尔·迈克尔丹尼尔,罗杰·盖兹著;范秀成等译. 当代市场调研. 4 版. 北京:机械工业出版社,2000.

[2] 赵伯庄,苏艳芳,吴玺玫. 市场调研实务. 北京:科学出版社,2010.

[3] 阮红伟. 营销调研. 北京:清华大学出版社,2011.

[4] 张庚淼. 市场营销调研. 大连:东北财经大学出版社,2002.

[5] 岳海翔. 怎样撰写市场调查报告. 秘书工作,2004,4.